鹿鸣至远 叙言未尽

〔英〕 汉娜·罗斯 —————— 著
Hannah Ross

Revolutions

How Women Changed the World on Two Wheels

自行车改变的
世界

女性骑行的历史

林 娟 —— 译
欧阳凤 —— 审校

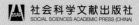

社会科学文献出版社
SOCIAL SCIENCES ACADEMIC PRESS (CHINA)

我希望克利奥也能爱上骑行

目　录

第四部分　赛道皇后、公路与山地

引言　"小皇后"

长期以来，法国人一直将自行车亲切地称为"小皇后"（La Petite Reine）。这极富讽刺意味，因为根据一个多世纪以来人们对于自行车运动的大部分描述，你可能会有以下印象：并无多少女性参与这项运动。

每年7月，人们若打开电视或阅读报纸的体育版，会看到大量有关当年一大体育盛事的报道：近200名自行车手在法国数千英里*赛程的比赛中奋力拼搏。参加比赛的选手都是男性。放眼全球大多数城市和乡镇，你很可能会发现骑自行车的男性多于女性。据此，自行车运动看起来更像小伙子们结伴去做的运动，而与"小皇后"们没什么关系。

然而，自行车运动出现以来，它便一直属于女性主义的话题。19世纪末的妇女政权论者苏珊·B. 安东尼（Susan B. Anthony）甚至认为自行车"在妇女解放方面所起的作用远非其他事物可比"[1]。

19世纪80年代，自行车的出现引发了一场革命。自行车这种既实用又高效的物品改变了无数人的生活。它不仅令骑行者**得以投入更少的精力行更远的路，到达他们可能从未涉足的地方，而且令旅程变得妙趣横生。即便现在旅行的方式如此多样，人们仍然喜欢骑自行车旅行。你踩着踏板前行时，发丝飞舞，下坡时人仿佛飞鸟，这种感觉永远不会让人觉得无聊。

1

---

　　*1英里约合1.6千米。——编者注
　　**书中的骑行者专指骑自行车的人。——编者注如果你问人们最喜欢骑行时的什么感受，"自由"和"飞翔"这两个词会反复出现。然而，当我开始研究自行车的历史时，却惊讶地发现女性不断地被人剪掉"羽翼"。男人总是毫不犹豫地跳上鞍座、骑车离开；而女人想要骑行却总摆脱不了政治方面的指控，因为社会对于她们何事可为、何事不可为设置了条条框框。

19世纪90年代，随着自行车热潮席卷各地，在英国和北美，拥有自行车的人中大约有1/3是女性。这一统计数字令人印象深刻，因为那时女性的行为受到严密监管，骑行的女性不仅会引起一些路人侧目，而且容易受到侮辱，有时还会被人投掷石块。她们还不得不应付不实用的长裙、衬裙等笨重服装所带来的危险，这类装扮在人们眼中是公共礼仪所必需的。女性毫不畏惧，激动地拥抱这一新发明。即便别人告知她们骑行会毁掉她们的容貌、令她们无法生育或导致滥交，她们也未停止骑行。

自行车令女性的世界变得宽广，她们决心抓住这个机会。有些女性甚至骑行环游世界。但即使是那些就在当地公园骑行的女性，也不再理会这类固有的观念：女性是脆弱的，如果她们的经济状况良好且无须赚钱养家，那么她们最适合在家过那种体面、优雅却令人窒息的生活，整日就做些针线活或压制些干花来消磨时光。第一波自行车热潮中的女骑行者们固守着女性特质方面的约束性观念。虽然大多数女性为了消遣而骑行，但女性骑行被视为一种政治行为。为妇女争取平等公民待遇的妇女政权论者都热衷于骑自行车，这绝非巧合；对她们来说，自行车是女性主义的"自由车"。

女性获得投票权1个世纪后，英国和北美的女骑行者人数仍不到骑行者总数的1/3，这似乎令人震惊。既然今天的女性比维多利亚时代的女性拥有更多自由，为何还会存在如此大的性别鸿沟呢？骑行的好处颇多且骑行的意义深远，骑行应惠及所有人。正如那些先驱所展示的，性别并不是障碍，那些笨重的裙子和过紧的胸衣才会妨碍骑行。

自行车能便捷地将人们送往他们要去的地方，这足以说明自行车是强大的变革工具。除了为人提供受教育或就业的便利外，它还能给人带来极大的健康益处，让人身心受益。在被问及骑行有哪些好处时，大多数骑行者认为骑行给他们带来快乐，有些人则认为自己需要骑车来保持清醒。在生活中，自行车种类繁多，可满足人们的各种需求和偏好——轻巧的公路自行车更适合竞赛，电动自行车可以在人们需要时提供额外的动力，而改装自行车则适合行动不便的人。人们普遍认为，如果更多人骑行，那么城市将不再弥漫有害气体，交通也不再拥堵，城市会变成安静、清洁、令人愉快的地方，碳足迹也会大大降低。

有些人觉得自己不适合骑自行车，这说明自行车的普及仍任重道远。在荷兰和丹麦，政府拨款建设更安全、更吸引人的自行车基础设施，这样不仅便于更多人骑行，而且骑行者的男女比例会变得合理。代表性比例十分重要。当我们看到与自己类似的人在做某件事时，我 3 们会更愿意也去尝试它。长期以来，骑行给人留下一种狭隘且排他的印象。

我打算呈现一幅不同的图景。我想把妇女和女孩——自行车运动的"小皇后"们——放在中心位置，并讲述一些关于她们的非凡故事。这些故事以自由、赋权和变革为中心，长期以来它们被遗忘或失去其代表性。无论是为了得奖或探索世界，还是为了传播信息以推动女性参与选举，女骑行者都令人鼓舞。本书围绕着 130 多年来那些骑自行车的女性展开，涉及欧洲、北美、阿富汗和印度等地。

当我跟其他人说自己正在撰写本书的时候，很多人以为我会重点关注那些从事最高水平赛事的车手。在本书中，那些实力很强的运动员当然是叙述的重要对象，然而自行车运动的意义不仅仅是赢得奖项。如果本书全部围绕自行车运动来叙述，那么它便具有局限性。人们不需要拥有最昂贵的自行车和最方便上照片墙（Instagram）的装备。女骑行者形形色色，具有不同的背景和广泛的兴趣，她们出于多种原因爱上了自行车运动。这就是我希望在本书中呈现的。

第一部分讲述引发社会变革于 19 世纪末问世的自行车以及早期的女性骑行先驱（她们勇敢地忍受扑面而来的恶言恶语和虚假消息）。第二部分讲述那些以自由、平等和姐妹情谊为名骑行的女性的故事。在第三部分，携手那些曾骑行在鲜有女性踏足的道路之人——她们还曾鼓励同时代的女性紧随其后——我们踏上了开阔大道。第四部分的焦点转向那些速度和行程超出众人心中性别极限的赛手——从自行车尚属新鲜事物的时代开始——尤其关注女赛车手，她们更了不起。最后，本书介绍了一些了不起的女性，她们不仅参加最高水平的比赛，而且参与改变这项运动的变革，呼吁同工同酬、改善条件、提升女车手知名度以及社会对她们的包容度。

早就该有一部聚焦女性骑行历史的著作。这是一个为众人所写的故事。有些人骑行时却在质疑骑行运动为何不像其他运动那样多样化；有些人甚至还未意识到这一点；还有些人将紧随而来，有望永远不用怀疑自己在公路、山地和赛道上的位置。

第一部分｜变革

第一章　为自行车疯狂

1897 年剑桥大学学生抗议授予女生学位时，抗议人群的上方有一座骑在自行车上的女性雕像。

剑桥大学的"暴徒统治"

1897 年 5 月 21 日，剑桥大学一处中世纪风格的广场上聚集了一大群喧闹的男生——有的还带着鸡蛋和烟花。而少数几个女生则有些忧心忡忡地站在人群外围。在人们的头顶上，正对着剑桥大学议会大厦书店二楼的窗外悬挂着一座女性雕像（见上页图）。"她"骑在自行车上，身着宽松衬衫和灯笼裤。"她"为何会在这里，为什么下方有一群大学生？

那群男生聚集在一起，等待来自剑桥大学评议会的决定，评议会当时在对一项提案进行辩论，该提案建议向在剑桥大学学习的女生颁发正式学位。虽然自 19 世纪 60 年代末以来，她们获准进入剑桥大学的格顿学院、休斯学院和纽纳姆学院等只招收女生的学院学习，可以听课（只要教授允许）、参加考试，但她们学完课程后无权获得学位。尽管她们可以在大学学习，但永远无法被视作剑桥大学的正式一员，也无法毕业。她们的情况比 19 世纪 60 年代的学姐们要好一些。剑桥大学最初接收的 5 名女生必须到 30 英里以外的地方学习，以免令男生不悦。

评议会外的抗议者们并不是质疑这一严重不公正、不平等的现状，而是对提案可能获得通过感到愤怒——尽管英国其他大学已对男性和女性一视同仁地授予学位。这个提案引发如此大的争议，甚至自伦敦开往剑桥的列车也加开了班次，以使毕业生得以返校投票。许多人高举标语牌，表达自己的感受："没有学士袍发给格顿学院的毕业生"和"这是男人的大学"。

当评议会以 661 票赞成、1707 票反对的结果否决了这一提案时，男生的喜悦之情溢于言表。他们疯狂地拆毁了雕像，扯下它的头，又将它的身体扯成碎片，然后把它的"遗骸"放到纽纳姆学院的大门口。学院里的女生既厌恶又恐惧地看着一群"暴徒"试图冲进大门。在这些男生看来，他们是道德上的胜利者。他们认为，女人需要明确自己的位置，不应该再提出任何荒唐的要求去侵犯男性的特权。

又过了50年，剑桥大学才根据同等条件授予女性学位——这是最后一所坚决抵制变革浪潮的大学。直到1988年，剑桥大学最后一所只有男子的学院才开始招收女生，而男生则再次进行抗议——这次抗议没有上次那么激烈——他们戴上黑色臂章，并降下半旗。

为了理解1897年的抗议活动为何以那个女骑行者雕像为靶子，我们需要追溯该事件之前的两大运动。最先兴起的是"新女性"（New Woman）运动，它是自1792年玛丽·沃斯通克拉夫特（Mary Wollstonecraft）的《女权辩护》（*Vindication of the Rights of Women*）出版以来不断壮大的女性主义运动。妇女决心打破维多利亚时代末父权制所强加的枷锁，开始要求获得受教育、就业等机会，而这些以前一直是男性专享的。这最终在20世纪初演变成呼吁妇女参政权的大规模运动。随后出现了"自行车热潮"，由于一种新型自行车问世，在西欧和北美骑自行车从少数人的娱乐活动变成了大众活动。大批女性开始骑自行车，但在了解她们对这项新活动的迷恋态度之前，我们必须弄明白自行车的革命潜力，以及为何一些男性打算将其留作私用。

双轮之起源

1885年，考文垂的约翰·坎普·斯塔利和威廉姆·萨顿推出了一款名为"安全"的新型自行车。它并非第一辆自行车，却是一款经得起时间考验、影响最大的自行车——它的基本设计构成了当今自行车的蓝图。虽然它刚亮相时并未引人关注，但经过部分调整和改进后，随后的 10 年里它成为人们的生活必备品。

如果仔细观察罗孚公司生产的"安全"自行车出现前其他自行车的照片，我们不难看出它们被取代是有原因的。第一辆自行车是由德国发明家卡尔·冯·德莱斯（Karl Von Drais）男爵设计的，他本打算制造不用马拉的车，并在 1817 年推出了他的 Laufmaschine，即"奔跑机"。骑行者需要在这个奇妙装置上奔跑。这个装置主要是由一块木板连接两个车轮，另加一个供骑行者使用的坐垫和一个基本的转向设备。骑行者坐下后沿路往前奔跑，以此推动车子。除了看起来挺滑稽之外，它上坡也不容易；而且由于没有刹车装置，骑它下坡也让人不舒服。然而，在汽车时代到来之前，人们显然需要这种自推轮式设备。虽然它有缺点，且价格昂贵，但 Laufmaschine 很快就出现在伦敦、巴黎和纽约等时尚城市。尽管风靡一时，它还是昙花一现。坐着奔跑的新奇感很快就随着骑行者的鞋底磨穿而消散，这注定了其吸引力有限。①

从德莱斯的发明到 1885 年"安全"自行车问世，其间，无数满怀抱负的自行车制造者对德莱斯的设计理念进行了改进。1867 年，第一辆脚踏动力自行车问世。② 它由巴黎铁匠皮埃尔·米乔克斯（Pierre Michaux）设计，这种早期自行车的特点是将踏板连接到前轮轮毂上——这样骑行者再也不用奔跑了！由于全铁车架和木制轮子对骑行者产生了有害影响（当时尚未发明充气橡胶轮胎），这种车子被称为"震骨器"。它受到那些有实力的买家欢迎（它的价格是 250 法郎，以

---

① 德莱斯的设计并没有完全过时——现在孩子们用来学习骑行的木制平衡车也有一些地方与之相似。

② 有人认为，早在 1839 年，苏格兰铁匠柯克帕特里克·麦克米伦（Kirkpatrick Macmillan）就创造了第一辆踏板驱动的自行车。由于他从未为自己的设计申请过专利，因此我们无法确切证实他的发明是否确实领先其时代数十年。

今天的货币计算约为 1200 英镑）。剧院和马戏团用它进行表演，而更多的竞技爱好者则参加了世界首次有组织的自行车赛。

当全世界的发明家竞相改进这种新式两轮车时，专利局发现了米乔克斯发明的自行车的不同版本。19 世纪 70 年代初，"震骨器"的热潮随着高轮自行车*或"平凡者"自行车的出现而消退。也许高轮自行车是维多利亚时代最具标志性的发明，骑行者坐在一个巨大的前轮之上，而较小的后轮则用于平衡车身。在英国，它被称为"便士–法新"（Penny-farthing），因为它的大小差异与两个硬币之间的差异相对应（当时，便士的尺寸要大得多）。现在看来，这种设计如此怪异且不实用，这种车似乎是某个不太关注现实的人发明的。然而，继 1871 年斯塔利和萨顿将有 48 英寸轮子的自行车投放市场后，至少数十年来，这一新奇的"走兽"有些陷入停滞，不见进展。

这种新型自行车比米乔克斯的"震骨器"便宜得多，而且重量更轻，异常敏捷。即便没有豪华的充气轮胎，超大前轮也意味着骑行者可以远离当时常见的颠簸道路和沟壑——那个时代尚没有柏油路，路面状况皆如此。

经过 10 年的发展，自行车车轮不断增大，骑行速度越来越快且行驶距离越来越远。各项自行车赛事吸引了大量观众，早期赛事中第一批骑手骑行 1 英里只需 3 分钟，人们在终点为此欢呼雀跃。人们对自行车的需求大增，因而 1880 年英国出现 100 多家"平凡者"自行车制造商。而美国消费者最初存在某些顾虑，在消除了这些顾虑之后，他们同样热情高涨。来自英国的移民托马斯·史蒂文斯（Thomas Stevens）改变了自己的观念，他于 1884 年骑着美国制造的"哥伦比亚

　　＊高轮自行车（High Wheels）在 18 世纪的德国以及欧洲的贵族中很流行。 ——译者注

平凡者"自行车从旧金山到达波士顿，成为首位骑自行车横跨美国的人。这次骑行之旅只是托马斯自行车冒险之旅的开端，第二年他从伦敦出发，骑车穿越欧洲、中东、中国和日本，成为首位骑自行车环游世界的人。

你可能会好奇，既然"平凡者"自行车有那么多优点，为何自行车的发展并未就此止步？因为这类自行车很危险：人们想要爬上鞍座得推行很长一段距离，而想要下来也非易事——对于高轮自行车爱好者来说，摔下车成为职业风险。哪怕是有经验的骑手，强风、坑洼的路面以及前方已摔落的骑行同伴等也可能是致命的危险因素。常有骑手出现严重的头部伤，这些危险因素吓退了很多人，他们不敢轻易尝试骑行。诋毁者们声称自行车运动是"年轻人的游戏"，但即使年轻人也会被这些可能致命的古怪设计吓倒。此外，自行车的价格非常高，只有中产阶级和上层阶级才买得起自行车。所有这些都意味着，囊中羞涩且理智的中年男性和女性无法享受骑行的乐趣和承受它带来的风险。

虽然一些女人确实对自行车感兴趣——部分勇敢的女车手甚至骑车参赛，吸引了大量观众——但可以这么说，高轮自行车的女粉丝为数不多。考虑到她们需要克服更多困难，这种情况便不足为奇了。社会规范要求女性穿着层层叠叠的衬裙和长裙以便遮盖她们的身体。穿着这样的服装坐上自行车鞍座几乎是不可能的，哪怕女性成功地坐上去了，裙子也容易被自行车辐条卡住，车上的人会在一瞬间不可避免地摔倒在地。①

一些女性——以及男性——开始骑三轮车，它们由踏板推动，于

---

① 虽然听起来不可思议，但约翰·坎普·斯塔利确实设计了一种带侧鞍的自行车，其特点是后轮偏向一侧以达到平衡。然而，我们很难找到证据证明真的有人骑过这种车。

19 世纪 70 年代末开始流行。三轮车不需要跨骑，这符合维多利亚时代的着装标准，而且膝盖可以紧紧并拢，这令骑车者的仪态很规范，不会引起争议。连维多利亚女王也于 1881 年买了一辆三轮车供自己和公主们骑行。但与高轮自行车一样，它们也有一些根本的缺陷。这种车非常重，上坡时需要有人从后面推一把，因为踏板承受不了这样的重量。尽管骑行者无须学习大量骑行技术，也不用担心会从数英尺＊高的鞍座上摔下去，但这种车还存在其他风险，比如在颠簸处可能会翻车。而且由于这种三轮车有点大，走廊无法存放它。如果没有马车房，你可能会很为难。更重要的是，如果你连一间马车房都买不起，那么你可能也买不起一辆三轮车。①

　　只有少数人可以使用高轮自行车，一家男士专属俱乐部以及专门为他们服务的各种俱乐部开始出现。有些俱乐部非常奢华：马萨诸塞州自行车俱乐部（Massachusetts Bicycle Club，由波普制造公司提供资金）位于波士顿一栋宏伟的四层联排别墅内，成员可以通过一条坡道直接骑车进入大楼，前往洗手间和图书馆，然后坐在会客室，在火堆前享受骑行后的饮料和雪茄。并非所有俱乐部的规模都这么大，很多俱乐部不挑地方，有的俱乐部开设在某个酒吧楼上的房间，但它们非常重视制服。成员的帽子和夹克都印了俱乐部的专属颜色，成员佩戴其俱乐部独有的徽章。这群年轻的精英敢于冒险和竞争。身为俱乐部的一员，他们都有种自豪感。所以，牛津大学和剑桥大学的学生成立自己的自行车俱乐部，也就不足为奇了。美国的常春藤名校的学生也纷纷跟进。

　　＊1 英尺约合 30 厘米。 ——编者注
　　① 经过改良的新式三轮车轻得多，更方便用户使用，老年人或残疾人也能骑。许多使用者发现骑三轮车比步行更轻松。

然而，当这种精英意识受到一种新型自行车的挑战时，帽子、徽章和得到致命的巨大车轮将被证明是不堪一击的。这种新型自行车将使自行车运动大众化。早就该如此了。

16

安全第一

早在 1885 年，约翰·坎普·斯塔利就直奔主题，将改良后的高轮自行车命名为"安全"自行车。这种自行车有两个标准尺寸的轮子，这正是一种安全的选择。与荒诞的"老版自行车"不同，它没那么高，骑行者在停车时可以踩在地上。其标志性的菱形车架至今仍是自行车的基本框架，说明这是此前所有有抱负的发明家希望能率先实现的设计突破。但就像大多数经典产品一样，高轮自行车在数年后才得到真正的发展。忠实的高轮自行车爱好者最初对"安全"自行车不屑一顾，认为它接近地面的设计很不像话。然而，自行车世界中的变革车轮不停地向前滚动，罗孚公司的"安全"自行车很快就被运往世界各地。斯塔利也没有料到它会成为如此具有革命性的产品。

3 年后，自行车在设计方面的另一突破终于掀起了真正的自行车热潮，实现这一突破的是约翰·邓禄普（John Dunlop），一位居住在贝尔法斯特的苏格兰兽医。他在闲暇时一直尝试给儿子的三轮车安装充气橡胶轮胎，以便骑起来更舒适。他意识到自己有了重要发现后，便注册了一项专利。当时常有人认为这种技术不会流行，但只要有一个邓禄普轮胎在快速旋转，就能证明充气减震轮胎比实心轮胎更好。比赛时，如果骑手使用这种轮胎，骑行的平均速度会提高 1/3。毫无疑问，这种轮胎将成为自行车的固定装置。因为自行车有了以上两个设计方面的突破，西方世界即将为自行车疯狂。

17

繁荣时期

我的曾祖父塞缪尔·莫斯（Samuel Moss）是伦敦舰队街（Fleet Street）的一名印刷商，他在 19 世纪 90 年代也迷上了自行车运动。90 年代中期，他经常前往伦敦新开放的赫恩山赛车场（Herne Hill Velodrome）参加比赛。他凭一己之力赢来的奖杯就陈列在我祖母家一张靠墙的桌子上，它们令人自豪。

尽管那时自行车赛已经是一件大事，但大多数人还是满足于在当地公园里静静骑一圈的那种新鲜感。此前，他们没有体验过这种不费吹灰之力就能滑行的愉悦感。他们现在有了自行车，如果他们想去更远的地方，又有什么能阻止他们呢？如今，人们认为乘汽车一天行几百英里不在话下，但在汽车出现前，我们的祖辈们是依靠马力和蒸汽火车出行的。很多人生活在未通铁路的村庄或小城镇，他们步行一天能走多远就走多远，不会超出这一区域。即使是那些养得起马的人，也只会骑马前往目的地，不会考虑去更远的地方。然而，骑自行车一天的行程可能是骑马一天行程的 2 倍。虽然火车的出行效率更高，但火车不能带人走遍每个角落。

随着自行车变得越来越便宜，对于 19 世纪末维多利亚时代的人而言，世界开始急剧扩大。他们得以获取新的体验和机会，甚至可能产生新的浪漫关系。英国社会学家认为，自行车的出现减少了近亲结婚导致的基因缺陷，而 1900 年美国人口普查局则认为这项发明改变了社会规则。它指出："很少有像自行车这样让社会产生如此巨大变革的物品。"

维多利亚时代晚期，人们热切地接受了"安全"自行车，19 世纪

18

末也成为自行车历史上最重要的时期，在短短几年内，骑行从少数人的活动变成了大众的娱乐活动。1890 年，美国有 27 家自行车厂，年产自行车约 4 万辆；1896 年，美国有 250 多家自行车厂，年产自行车超过 120 万辆，许多工厂为满足市场需求而通宵达旦地生产。当时波普制造公司是美国最大的自行车制造商，19 世纪 90 年代工厂每分钟能生产 1 辆自行车。与此同时，英国已经成为自行车国度，拥有 700 家自行车厂。

　　自行车在发展早期非常昂贵，但新的量化生产技术令自行车的平均价格从 19 世纪 90 年代初的约 150 美元（相当于波普制造公司 1 名工人 6 个月的工资）降至 1897 年的 80 美元，有些车型的价格还远低于这一价格。此外，顾客可选择分期付款的方式购买自行车，并且二手自行车市场也因富裕消费者追求最新车型而快速发展，这些很快令社会各阶层都买得起自行车。而 19 世纪 90 年代后，在西欧、北美等地区的街道上，骑行已是常见的活动。自行车不再仅仅是精英阶层的玩物，而被广泛用于大众娱乐和出行。

　　哥本哈根和阿姆斯特丹现在是有名的自行车骑行城市，人们很早就骑自行车出行。19 世纪 90 年代初，城里就到处是自行车。多伦多也在这一时期成为骑行城市，该市政府官员推广了自行车，这使不断发展的城市更具现代性。1895 年，在伦敦的皇家公园里，脚踏车是最时髦的物品。1896 年，每天有多达 3000 名车手在海德公园的小路上骑行。同年，英国电影界的一位先锋用有颗粒感的黑白影像记录下海德公园路边衣着光鲜的男女骑行驶过的情景，而路人则排队围观这一景象。这个时长 20 秒的影片名为《海德公园的骑行者》，令我们一睹那些时尚的公园骑行者的世界。

　　法国也将自己定位为自行车国度，并规定骑行者应该穿什么衣服才算恰当，还将巴黎的布洛涅森林公园（Bois de Boulogne）作为骑行运动的中心。骑行运动爱好者每天都会在埃斯佩兰斯小酒馆（Brasserie de L'Esperance）或自行车小木屋（Chalet du Cycle）见面，他们将自行车交给工作人员，换取一张写有编号的票，这样他们就可以坐下来喝杯咖啡或酒，然后在绿树成荫的大道上骑行。各色人等混杂其间，午休的侍者与总统卡西米尔·皮埃尔-佩里埃（Casimir Pierre-Périer）共享林荫道，人们可以看见总统与妻儿一起骑双人车，还能看到莎拉·伯恩哈特（Sarah Bernhardt）等舞台剧演员以及费尔南德·莱热（Fernand Leger）等艺术家和作家。意大利人也忙于登上自行车运动的舞台，但他们对为休闲而骑行兴趣索然——他们只关心比赛。

在澳大利亚，自行车与其说是一种时尚物品，不如说是一种实用工具，可用于应对充满挑战的气候和地理环境。在淘金热时期，那些需要长途跋涉穿越荒凉地带的探矿者开始使用自行车，继而，自行车迅速取代马匹成为澳大利亚偏远矿区城镇的大批劳动者以及穿梭于农场的、流动的剪羊毛工人的实惠选择。

而德意志帝国则与澳大利亚相反，它对自行车热潮不以为然。一些地方政府坚称骑行者必须通过考试，以此压制新式自行车那似乎势不可当的浪潮，而另一些地方政府则要求骑行者在自行车上贴一个清晰可见的识别码。在柏林、德累斯顿和慕尼黑，自行车不得进入市中心。在这个刚刚统一的国家里，每个地区似乎各自为政，而便衣警察则潜伏着，随时准备抓捕违规者。这些措施对外国旅行者来说可能是一大挑战，却未能阻止自行车运动在德意志帝国兴起，因为自行车既实用又能给人带来快乐。1896 年，在德意志帝国 50 万人成为骑行者。虽然沙皇尼古拉热衷于骑行，但俄国也曾给骑行者设置考试的环节——而想骑自行车的女性直到 1897 年才有资格参加此类考试。

在世界各地，各大制造工厂主开始抱怨自己的利润受到影响，因为消费者大多花钱买自行车了。一些公司利用了这种消费趋势。纽约珠宝商蒂芙尼公司便生产了一款自行车，其镀金的车身镶嵌着紫水晶，车把装饰着珍珠，价格为 1 万美元（约合今天的 23 万美元）。它是商人"钻石大王"吉姆·布雷迪（Jim Brady）委托制作的，他准备把这辆自行车当作礼物送给女友——演员莉莉安·罗素（Lillian Russell）。在美国的"镀金时代"，这种与自行车有关的炫耀性高消费，只会让教会对"自行车狂热症"产生更深的怀疑。一些知名神职人员谴责骑行是大不敬的，他们非常愤怒，因为越来越多的教友选择在周日骑车外出，而不是坐在硬凳上因原罪而接受"惩罚"。

不只神职人员担心骑自行车伤风败俗，甚至一些自行车爱好者也认为，对于社会的某个群体（女性群体）来说，这项活动并不适宜。

为什么这些人如此愤怒？因为在那个时代女性往往被剥夺了自主权，而且鲜有权利在手。大多数女性在社会与身体层面过着绝对不自由的生活。当时，人们普遍认为她们不应该独立，不应该在名牌大学接受教育，也不应该骑自行车远行。

第二章　骑自行车的"野女人们"

这是一则约 **1896** 年刊登的斯特恩斯牌自行车广告。

踩脚踏车的女士们

正是最初发明了"安全"自行车的斯塔利，再次极有远见地设计了一款专门吸引女性的自行车。斯塔利于 1887 年发布了"惊魂女式安全"（Psycho Ladies Safety）自行车，其特点是车架上的车杠是倾斜的，这样那些身着笨重长裙的骑行者就不必费力跨过横杆，同时车身还有护链，可防止衣服卷入车身而造成事故。①

一年后，哈里埃特·H. 米尔斯（Harriette H. Mills）的女性自行车俱乐部成员购买了这款自行车，即便这意味着要把"惊魂女式安全"自行车从英国一路运到她们的家乡华盛顿特区；哈里埃特拥有一辆美国生产的"标枪"女式自行车，但这款自行车的生产商无法快速生产以满足该俱乐部成员的需求。另一家公司将其女士专用自行车命名为"女巫"自行车——鉴于这个词彼时尚未被女性主义者接受，这似乎是一种出人意料的营销策略。尽管有些自行车名受到质疑，但很明显，大西洋两岸的制造商都意识到，若能专为女性量身打造车型，就能卖出更多的自行车。

我自己的家族史并未记录下：在塞缪尔·莫斯赢得比赛奖牌的同时，他的妻子也就是我的曾祖母，是否也疯狂迷恋骑行。但据统计，19 世纪 90 年代中期，女式自行车占据了英国和北美自行车市场 1/3 的份额。在此前 10 年高轮自行车热潮中，这似乎是不可能的事情。

一些上流社会人士十分热爱自行车运动，这推动了女式自行车的流行。例如，萨默塞特公爵夫人（Duchess of Somerset）经常邀请她的

① 诚然，如果你想吸引一个新群体进入自己的市场，选用"惊魂"（Psycho）这个名似乎很奇怪，但它的内涵与现在不同，这主要归功于阿尔弗雷德·希区柯克的同名电影，即《惊魂记》（*Psycho*）。

朋友们（50 人左右）来到巴特西公园的湖畔小屋享用早餐，然后一起在公园里骑车兜风。她们还喜欢在夜间骑车穿行于城市，用中国灯笼照亮道路，然后再停车享用盛大的晚宴。在伦敦各地贵族的大理石大厅里，人们都可以看到自行车的"身影"。每天早上，自行车都会被人小心翼翼地放进马车里，与女主人一起前往当地的公园。穿着制服的男仆在华屋大厦的台阶上等待，准备待那辆珍贵的自行车返家时将之擦亮。

对于当时社交界的骑行者来说，骑行不仅是为了向世人展示自行车，还关乎他们是否拥有最新款的自行车，以及骑车时穿什么样的衣服。沃里克（Warwick）伯爵夫人黛西·格雷维尔（Daisy Greville，威尔士亲王的情妇，威尔士亲王在后来成为国王爱德华七世）被认为染上了"自行车狂热症"[1]。对自行车的执着追求使她成为音乐厅主打歌《黛西·贝尔》（*Daisy Bell*）的灵感来源。在歌词中"我"的眼里，她"坐在为两人而造的自行车上，显得很甜美"[2]。媒体关注伯爵夫人的衣着，热衷于报道她的自行车颜色，以及她因季节变换而搭配的各色服装——秋天的苔绿色服装、夏天的全白服装、春天的棕色和金色服装——她穿什么，裁缝们就准备仿制什么。

当时媒体对骑行的报道全是对这些社交名媛和某些知名女演员的采访，她们对这一新的爱好特别沉迷，将骑行融入其大量的消遣活动。在最华美的乡间别墅举行周末聚会时，她们要求客人们都带上自行车，这样大家就可以去野餐，参与竞技游戏和化妆骑行活动。有些人甚至放弃了自己惯常采用的骑马出行方式，改为骑自行车出行，以便参加当地的"猎狐活动"。

纽约社交界的女士们同样对自行车运动充满热情。1894 年，《自行车》杂志报道："凌晨 5 点，就有许多女士带着女仆或男仆，前往第

25

五大道和林荫大道骑行。"其中一些人可能加入位于上百老汇的米乔克斯俱乐部（Michaux Club）。这家俱乐部准入门槛极高，只招待这座城市的名流，其中以社交界名媛卡罗琳·阿斯特（Caroline Astor）为首，洛克菲勒和罗斯福也在其中。1896 年，《哈泼斯杂志》（Harper's Magzine）报道说，该俱乐部由"这座城市的众多时尚人士组成，而且女成员和男成员一样多"。由于俱乐部成员人数上限为 250 人，米乔克斯俱乐部很快就多了一份长长的备选人员名单，名单上的人要经历漫长的等待方能正式加入俱乐部。该俱乐部的场地为一间书房、一间喝下午茶的休息室，还有一家冬季室内学校，成员们在俱乐部跟着音乐的节奏骑行——就像当今的 Peloton 或 SoulCycle 的动感单车健身课程一样。

《芒西杂志》（Munsey's Magzine）的记者被这一景象吸引，报道说："骑行者跟随领队在宽敞的大厅里骑行，在乐声中，骑行者交织的身影是整个纽约市的一道美丽风景。"³ 在春天和夏天，人们成群结队骑行前往风景胜地，如河畔车道（Riverside Drive），他们会在那里停下来吃顿午饭。城市规划者对这股热潮做出了回应，修建了一条自行车道，它从展望公园（Prospect Park）一直延伸到大西洋上的度假胜地科尼岛。这条自行车道非常受欢迎，以至于（建好）一个月内就因被过度使用而不得不维修和拓宽以满足大众的需求。

在意大利，萨沃伊的玛格丽特女王（Queen Margherita）也爱上了骑自行车，八卦专栏报道她骑的是一辆有纯金车轮的自行车。葡萄牙的阿梅利王后（Queen Amélie）在其丈夫的鼓励下也骑上了自行车，因为她的丈夫担心她花太多时间阅读物理学书籍。她欣然接受了这一消遣，尽管我希望她仍有时间去满足自己对科学的好奇心。

在中国，人们能感受到上流社会中自行车热潮所带来的影响，在上海，人们总能看到时髦女郎在公园里骑自行车，她们总是紧跟潮流。1896 年底，伦敦、纽约等地的自行车社交爱好者们开始将自己的自行车束之高阁。对他们来说，这一时尚几乎刚开始就结束了——一旦经济足够繁荣，大众都买得起自行车，这项运动就变得不那么稀奇了，对精英阶层来说也就失去了吸引力。不过，它还远未结束。

当时，教会逐渐接受骑行。一些有远见的神职人员安装了自行车停放架，令其会众可以将这两种活动（教会活动和骑行运动）结合起来。当时甚至出现了自行车婚礼：1897 年，一对意大利夫妇在伦敦莱斯特广场的教堂里举行婚礼。在婚礼派对中，人们骑着自行车上街，自行车上插满鲜花，后面跟着身穿婚礼礼服的新郎和新娘。这一幕引来众人围观，以至于婚礼派对需要警方去维持秩序。1896 年《女性骑车族》（*Lady Cyclist*）杂志报道了一个洗礼仪式，有 80 多人骑自行车参加该仪式。

新婚夫妇往往骑一辆双人自行车度蜜月。1896 年，汤姆·福莱特（Tom Follett）和海伦·福莱特（Helen Follett）便是如此，他们在获得某位叔叔赠送的一辆双人自行车后，花了两个月从新奥尔良骑行到华盛顿特区度蜜月。海伦一边感叹南方糟糕的路况，一边却对骑行情有独钟，将其描述为"最快乐"的体验。她感觉自己就像"一只鸟，掠过布满鲜花的草原；你幻想自己是一条灵缇犬，正在追赶一只气喘吁吁、惊慌失措的野兔；你甚至把自己比作一道闪电或一枚飞驰的炮弹。基度山（伯爵）爬上那块岩石宣布世界属于他时，也是这般感受"[4]。

而前一年，物理学家玛丽·居里（Marie Curie）和丈夫皮埃尔（Pierre）在法国以骑自行车旅行的方式庆祝新婚。在玛丽的要求下，婚礼很简单，没有白色婚纱、金戒指和婚宴，当然也无任何宗教元素。他们的女儿伊芙（Eve）在为母亲撰写的传记中这样写道，这对夫妇唯

27

一的放纵之举是用礼金买了两辆"闪闪发光"的自行车。"在踩下数千次踏板并花费数法郎在乡村留宿后，这对年轻夫妇在漫长而迷人的日日夜夜里享受了奢侈的两人世界。"她继续记录道："在这些快乐的日子里，两人之间最美好的纽带形成了。"⁵玛丽一直在骑行，这是她在繁重的工作和研究之余的一种放松方式。她成为首位诺贝尔奖女性得主。每年夏天，皮埃尔和玛丽都会骑自行车深入法国乡村。怀孕 8 个月时，她依然在骑行：夫妻俩前往布列斯特，所骑行程并不比她怀孕前的骑行行程短。直到玛丽回巴黎分娩时，这一旅行才中断。

28

你无法侧骑自行车*

19 世纪 90 年代中期，上流社会将骑行变为某种时尚之前，尽管骑行者显得风度翩翩，但女骑行者很可能会遭遇阻力和反对，其范围从轻微的骚扰——通常反对女性骑行的人质疑她们是否是女性，或认为她们缺乏女性特征，以及怀疑她们的性道德——升级至直接的暴力。

海伦娜·斯旺威克（Helena Swanwick）是一位妇女政权论者**和作家，她描述了 19 世纪 90 年代初自己在伦敦骑自行车时的经历："公共汽车司机毫不掩饰地用鞭子抽我，出租车司机认为从后面追赶我很有趣。有一次，我的裙子在诺丁山的一个贫民窟里被人扯掉了。"⁶她并不畏惧，继续骑行。对她来说，骑行带来的好处超过了其所引发的偏

　＊过去女性骑马时总是侧骑。 ——译者注
　＊＊妇女参政权论者（suffragette）与妇女政权论者（suffragist）不太一样，后者在英国历史上促成了女性获得选举权，是第一波女权运动的主要参与者。有学者认为"suffragette"属于暴力派，而"suffragist"属于温和派（由普通的男男女女构成）。 为了区分这两个词，有的人也将"suffragette"翻译成"战斗参政者"，而将"suffragist"形容为"守法的政治改革的拥护者"。 ——译者注

见，她的生活因骑行而变得“极为丰富”。她和丈夫喜欢从曼彻斯特的家中骑自行车前往乡村探险，也喜欢前往英法等地旅游。海伦娜曾在剑桥大学格顿学院学习，所以她有可能支持悬挂那座“臭名昭著”的女骑行者雕像。

作家伊夫林·埃弗里特-格林（Evelyn Everett-Green）和海伦娜一样，发现自己的骑车行为似乎冒犯了出租车司机，那些司机经常叫她“贱人”[7]，而一些妇女也说她“恶心”。朋友和家人则试图阻止她在伦敦骑行，因为他们觉得这样做“不太合适”。几年后，他们可能改变态度，这从伊夫林的评论可以看出：“1895 年 4 月，骑自行车仍被视作古怪之举，而到了 6 月底，那些不骑车的人才是古怪的。”

其他女性骑行先驱也遭遇了身体暴力。多萝西娅·吉布夫人（Lady Dorothea Gibb）在约克骑“安全”自行车时，有人向她扔石头，但她并未就此放弃骑行，甚至还鼓励自己的女儿尝试骑行。艾玛·埃德斯（Emma Eades），据说属于伦敦最早尝试骑行的那批女性，曾被人们扔过砖头，还有人对她喊“滚回家”。与很多人一样，她还是坚持骑行。当她出现在阿尔罕布拉音乐厅——这是莱斯特广场上的一个音乐厅——并在观众面前表演骑行技巧时，她的家人深觉丢脸并拒绝谈论此事。

上文提到的那些被封闭在剑桥大学里的女生和那些毁坏女骑行者雕像、聚集在门外大声喧哗的男生，可合理地比拟出 19 世纪性别规范的结构。当时，男性和女性专注于不同的领域，女性囿于家庭，照顾家人，而不应在众目睽睽之下四处闲逛；而工作、政治和学习等则是男性的专属领域。在那个时代，一个女人只要独自上街就可能引起骚乱，而胆敢这样做的女人有可能因涉嫌卖淫而被捕。女人骑着崭新的自行车，逃离了家庭的牢笼，明晃晃地占据了路面——这本是男人的领地。与在剑桥大学上学的女生一样，这些女骑行者常常不受欢迎。

女性成为"家里的天使"，专注于家庭生活，毫无政治权力，也完全缺乏行动自由，这样她们更易受人控制。女性"较为弱势"，她们被告知如果她们在精神或身体上过度劳累，就有可能彻底崩溃。人们构建了这样的女性特质，从而令许多妇女成为自己家中的"囚犯"。就法律而言，单身时她们属于其父，结婚后她们必须将自己的财产和身体交给其夫；如果她们工作，还必须将工资上交其配偶。

30　　同样，她们也不能随心所欲地展示并使用自己的身体。接受"得体"教育的女人用长裙和衬裙遮掩自己的身材，并尽可能地待在室内。只有妓女才会穿着暴露或走上街头，出尽洋相。虽然人们接受工人阶级女性在苦役中长期劳作，但认为，上流社会的姑娘们脆弱且娇贵，一滴汗都不能流。在简·奥斯汀的小说《傲慢与偏见》（1813 年）中，极端保守的卡洛琳·宾利（Caroline Bingley）对于伊丽莎白·贝内特（Elizabeth Bennett）步行 3 英里前往附近的尼日斐去照顾生病的妹妹而感到震惊，将之视作下等人，因为她满身泥泞独自出门。

自行车运动作为一项在公共场合进行的体育活动，违背了这一女性"闺范"。在"安全"自行车出现之前，来自富裕家庭的女性无论参与什么运动都要显得温婉贤淑、端庄优雅。打槌球、高尔夫和草地网球以及射箭是女性获准参与的运动，因为这些运动可在围墙内或私人花园等远离他人窥视的地方开展。20 世纪 20 年代之前，女性在无人窥视的地方才能游泳。当时女性的游泳服更接近于遮住全身的布基尼（burkini）而非比基尼，她们穿着灯笼衬衫和黑丝袜，外面还罩上过膝的羊毛浴裙，然而这种装束不便于女性在露天游泳池游动。对于上流社会来说，女性穿着浴衣的样子看起来太淫荡了。19 世纪 90 年代中期，女子足球比赛出现，但由于有人抗议，这项比赛很快就被终止了

（只在第一次世界大战中才重新举办，结果这类比赛非常受欢迎）。

当然，也有些女人不顾这些条条框框，成功地完成了很多壮举（比如攀登阿尔卑斯山），但这种人很少。

海伦娜·斯旺威克等人在街上骑她们的新车，大胆地展示她们矫健的双腿，这无异于在那些试图遏制、控制她们的规则下放了个"炸药桶"。在许多维多利亚时代的人看来，她们是危险且充满野性的女人，她们破坏既定秩序。很多人认为她们应该受到监视，当地报纸也尽了自己那份力，报道了镇上首批骑自行车的女性。埃塞尔·史密斯（Ethel Smyth）是一位作曲家，曾创作出无数的管弦乐作品和歌剧，她描述了19世纪90年代早期伦敦报纸如何登满那些骑自行车的"狂野先锋女性"[8]的照片。鉴于她此后创作了妇女参政权圣歌《妇女进行曲》，并且因打破议员窗户而在霍洛威监狱待了两个月，她被这些叛逆且独立的女性吸引便不难理解了。在母亲的鼓励下，她立即决定买一辆自行车。其他家人跟她说，这是一项"粗野"的活动，不适合"好"女人。她对这些话置若罔闻。为什么男人才能随心所欲地享乐呢？

骑行带来的独立和刺激吸引了这些女性，她们对于性别平等的诉求，应该不是一时兴起。凯特·谢泼德（Kate Shepperd）是"新女性"的光辉典范。"新女性"一词是作家莎拉·格兰德（Sarah Grand）于1894年撰写的文章中首先提出的。凯特是新西兰著名的妇女参政权论者，在新西兰1893年成为首个确立普选权国家的过程中起了关键作用，她还抽出时间成立了新西兰首个女性骑行俱乐部。

"新女性"希望接受教育，从而获得追求事业的权利。有些"新女性"认为她们也应该有投票权。简言之，她们希望对自己的生活拥有自主权。她们并非女权运动的先驱，但因为处于社会转型期，她们争取参政权将是一股不可遏制的浪潮。这些"新女性"意图打破强加在维多利亚时代女性身上的枷锁，她们提倡赋权、自由和变革。难怪媒体将这一运动与骑行联系起来。因此，在剑桥大学评议会外才会出现一座骑自行车的女性雕像。在那群抗议的剑桥大学"暴徒"眼中，骑自行车的女性和接受剑桥大学教育的女性一样，都威胁着已有秩序。

1896 年，《芒西杂志》宣称，自行车对男人来说"只是一个新玩物"，但对女人来说，它是"一匹骏马，她们骑着它跨入一个新世界"。玛格丽特·梅林顿（Marguerite Merington）曾在美国一所女子学院教授拉丁语和希腊语，后来成为剧作家，她也赞同这一说法。在 1895 年的一篇文章中，她指出骑行是女性打破家庭桎梏的最佳手段。她说："时常有人抱怨女人的活动范围有限。面对这种精神的不适，受难者最好踏平围栏，骑上车，然后出发。"[9]

第二年，美国女权运动家苏珊·B. 安东尼将自行车描述为"自由车"。她说道："每次看到某个女人骑着自行车经过，我都很高兴。她骑上去的那刻就给人一种自力更生、独立自主的感觉，而她骑车远去的身影则是一种无拘无束的女性形象。"[10]

同样，大学教育带来了家庭之外的新机会，而罗孚"安全"自行车则以同样的方式给人们带来了运动和探索新世界的希望，骑行远不只是一种时尚爱好那么简单。众多女性忍受禁锢并且被迫无所事事，33 而骑行则代表实现一种完全不同的生活状态。难怪她们如此热切地公然接受这一"自由车"，妇女政权论者兼作家伊丽莎白·哈尔丹（Elizabeth Haldane）代表那些生活已被彻底改变的女性，呼吁建造一座国家纪念碑，以纪念这一新型自行车的发明者。

但正如我们所看到的那样，并非每个人都对女性获得新自由抱有同样的热情。

呼叫医生

在一个女性身体处于父权制严密监控的时代，骑行引发了激烈辩论并成为伪科学和假消息的靶子。常有人问，在户外，远离家人和监护人的目光，谁知道女人会做出什么有违道德的事？

在美国，妇女救援联盟（Women's Rescue League）无疑认为，骑行会对女性产生负面的道德影响。该联盟的领导人夏洛特·史密斯（Charlotte Smith）向国会请愿，要求禁止这项活动，并谴责它是"魔鬼的工具"[11]。她还指出，如果允许它继续存在，它将令人们的道德尽丧、宗教消亡，"使鲁莽冲动的姑娘队伍壮大，她们最终将成为美国弃妇的常备军"。换而言之，它将令正派女性变成妓女。

很多人认为，骑行既不端庄，也不淑女。①

女人骑马已经持续数个世纪了，那为何把四条腿换成两个轮子会引发如此大的争议呢？这一切都归结于人们骑上去的方式。骑马的女性应侧身骑马（要想去除这一传统，需要一场"世界大战"），女性的双腿会端庄地垂在一侧，长裙可以将之遮住。但对于骑自行车，长裙并不实用，因为侧鞍根本不可能用于自行车。有些人认为，对女性来说，无论是在自行车上还是在马背上，仅仅是"骑上去"这一行为就象征一种性行为。他们古板、错误地认为，这种行为对女性的道德感及其生殖器官都是有害的。

一些男性自认为是医学专家（这个词的含义比较宽泛，别忘了

34

---

① 1891 年，一封写给华盛顿《星期日先驱报》（*Sunday Herald*）的信将一名骑自行车的妇女描述为"我平生所见最堕落的人……我曾认为吸烟对女人而言是最坏的事情，但我现在改变主意了"。

当时有些医生认为乘坐快速蒸汽火车可能会对大脑造成伤害），甚至还有一些女性认为他们的观点是科学的。美国妇科医生罗伯特·迪金森（Robert Dickinson）认为，女骑行者竭尽全力地跨上鞍座，以便"持续摩擦阴蒂和阴唇"[12]，而且"俯身向前会大大增加压力，而剧烈运动产生的热量可能会进一步加强这种感觉"。我认为这更体现了迪金森医生的思想。他在很多方面无疑是错的——尤其是他对优生学的认可，以及他眼中女同性恋对社会造成的威胁。他把大部分精力耗费在试图"治愈"她们。

还有些人则声称骑行会导致滥交，这一错误观点至今在某种程度上仍然存在于较保守的文化中，或许这也解释了为何在所谓的自由国度，女性在骑行时比走路时更易受到性骚扰。

维多利亚时代的自行车鞍座制造商利用这一争议，生产出新型鞍座，他们声称这种鞍座可以防止性刺激。很多鞍座标有"解剖学"或"卫生学"的标签，其特点是在鞍座正中开出一个深槽并且缩短鞍鼻。他们声称自己设计的鞍座可消除"会阴压力"或"减轻身体敏感部位承受的压力"。简言之，女骑行者使用这种新鞍座不会产生性兴奋。一家公司自豪地宣称："你没有骑过双层鞍座。"①

弗朗西丝·奥克利（Frances Oakley）既是女骑行者又是医生，她对鞍座刺激这一谬论并不认同。1896 年，她告诉《时尚芭莎》

① 这种说法现在看来很讽刺，因为许多女骑行者——即使在当今技术进步的情况下——也一直表示其鞍座会造成巨大的不适感，尽管市场上有大量针对这一情况的设计。在极端的情况下，如残奥会职业车手汉娜·狄恩斯（Hannah Dines）曾透露，她不得不接受外阴手术，因为她往往训练数小时，在比赛中则需保持向前倾斜的姿势，这压迫了该敏感区域，从而造成了创伤。她痛斥那些为令女性更为舒适而投入的研发设计是"可笑的"，这也是女性的需求在该行业内不受重视的又一例证。

(*Harper's Bazaar*) 的读者，市面上的"怪异"鞍座是针对这种错误的信息出售的，是建立在完全"错误的解剖学前提"之上的，它们的数量在增多，这令人困惑不安。可悲的是，这并未令该争论终止，一些医生不仅谈论生殖器官，而且在生育器官上做文章。一些人认为骑行会延长痛经周期，另一些人则坚持认为它可能导致不孕。当时占主导地位的医学论点是，女性生殖系统的性质使女性成为"弱势群体"，令女性劳累的活动对其生殖能力有害，然而这种医学论点是完全错误的。而诸如骑行这样的体力活动因鞍座直接接触女性生殖器而备受关注。 36

　　有人说，如果解剖一个骑行女性（尸体），会发现她从头到脚没有哪个部位尚未被骑行毁掉的。辛西娅（Cynthia）是一位焦虑的准骑车族，在 1896 年写信向《女性骑车族》杂志求助。她想知道，骑自行车是否真的会让她的双足变长。回复者向她保证这种情况不可能发生，但无疑会有一堆期刊文章提出相反观点。事实上，有一位来自纽约的医生认为，他可以在其"自行车狂热症"病人身上发现一种"自行车步态"。他将骑行描述为双脚踩轮运动而非向前运动。其他人则担心，身体前倾以抓握车把的行为可能会令自己产生难看的"骑行驼背体态"，因此彼时的女式自行车车把都设计得很高，以确保骑行者身姿笔直，这是一种可接受的、优雅的骑行姿势。尽管向车架俯身的姿势符合空气动力学的原理，但俯向车架的任何姿势都受到阻止。

　　人们谈到骑行对女性的危害时，除了其对生殖器的危害，骑行对头部的危害也一样引发争论。人们关注的焦点是所谓的"自行车面容"。1899 年，另一位优生学信奉者阿拉贝拉·肯尼利（Arabella Kenealy）医生声称其病人克拉拉（Clara）患有此病。克拉拉的脸曾极具女性魅力，但骑行后，她觉得自己的脸已经因"肌张力"而毁了。她说："脸部的朦胧神色、难以捉摸的表情、微妙的暗示都消失了，脸无法表达情绪。"[13]

还有一位医生认为，40 岁以上的女性最易受自行车运动的"摧残"。他表示："我见过她们的'姣好面容'迅速变丑，脸庞瘦削、皱纹满面，面容很快就失去了以前的饱满感。"[14]《哈泼斯杂志》建议通过咀嚼口香糖来防止这类不良影响。

37　　　男性也可能出现这种情况，《纽约先驱报》（*New York Herald*）的记者描述自己在新泽西州美国骑行者联盟（League of American Wheelman，LAW）会议看到的大多数参会人员带有"自行车面容"。医生更关心的是它对女性的影响，因为女性特质会减弱；此外，疯狂骑车的女性有可能变得与男性无异。肯尼利医生还声称，骑行令克拉拉变为一个邋遢的家庭妇女，使她的步态更像男人的步态，最糟糕的是，骑行将令之"挥霍"掉其未来孩子的"出生权"。

　　因此，有些人认为，哪怕骑行不会让女性坠入卖淫的生活，也会令她们变得不孕不育，或者更糟糕的是，通过剥夺女性特质、优雅姿态和生育能力，骑行将她们变成男人。这当然危及国家的未来。

　　那种认为骑行会令女性身心不适的观点似乎更具讽刺意味，因为当时很多医生通过休息疗法来治疗心理健康问题，比如抑郁症和"歇斯底里症"或"神经衰弱症"等。1892 年，夏洛特·帕金斯·吉尔曼（Charlotte Perkins Gilman）在其女性主义短篇小说《黄色墙纸》（*The Yellow Wallpaper*）中，批评了这种治疗方法，这是众所周知的。据说，小说中的"我"表现出"暂时性精神抑郁"的症状，其医生（也是丈夫）不准她下床，甚至不允许她写作，而写作是她真正的乐趣。她说，他"若无特别指示，几乎不让我动弹"[15]——我们今天会将这种行为称为高压型控制行为，而不是必要的医疗干预。

　　因此，这位作者逐渐与现实脱节，沉迷于卧室壁纸的图案，出现了幻觉，认为有个女人在图案后爬行并且"一直想爬过来。但没有谁

能够爬出那个图案——它是如此令人窒息"。她在癫狂中试图撕开墙纸   38
来解救这个幻想中的女人,但这个被困住的女人其实是叙述者自己以
及作者心理的投射。因为夏洛特·帕金斯·吉尔曼自己曾接受休息疗
法的设计者西拉斯·米切尔(Silas Mitchell)医生治疗,被要求在一段
时间内不从事任何活动,或者被禁足在家,以治疗她的产后抑郁症。
她说,这种"疗法"几乎令她精神崩溃,她决定违抗医生的命令停止
这一治疗。她还离开了自己的丈夫,拒绝过那种维多利亚时代令人窒
息的家庭生活,转而成为一名全职作家,她将离开家庭的这一决定描
述为保持理智的唯一途径。①

    米切尔医生肯定强烈反对这种做法,因为他反对女性工作或做任
何有利于实现男女平等的事。他表示:"女人想与男人一较高下,并承
担男人的职责,我确信这是场闹剧。女人在生理上便与男人不同。"[16]②   39
这种治疗方法是在附和一种更为广泛的文化,即希望压制女性身体和
智力方面的独立。事实上,妇女缺乏政治、社会和身体上的自由,这
才是令她们赢弱不堪的原因。但米切尔医生(故意)对这一现实视而
不见。

———————————

    ① 1915 年,作家弗吉尼亚·伍尔夫(Virginia Woolf)也接受了米切尔医生的休
息疗法,以治疗她的抑郁症。起初,她也被禁止写作,这种要求似乎野蛮得让人无
法想象,更别提有多荒谬可笑了。最后,她获准每天写几小时的小说,她后来在自
己的小说中嘲讽了米切尔医生的治疗方法。

    ② 即使现在并不明显,但米切尔医生那时候对男女并非一视同仁,这很荒唐。
他一边建议女性患者卧床休息,一边向男性患者宣传户外活动和锻炼的好处——因
为根据当时僵化的性别期待,在他人眼中这些男性患者过于聪明和娘娘腔。他的
"西部"疗法是让男性患者打包行李前往中西部牧场,从事刻板的"男性化"活
动,如打猎和放牛。西奥多·罗斯福(Theodore Roosevelt)曾是米切尔医生的病
人,当时有人描述他像奥斯卡·王尔德(Oscar Wilde)。数年后,他成为美国总
统,被认为有粗犷的男子气概。还有诗人沃尔特·惠特曼(Walt Whitman),现在
很多人认为他是同性恋。

　　这位医生应该听听众多女性所说的话。她们表示，自从开始骑自行车，她们的感觉前所未有的好；如果不整天待在家里盯着四面墙，她们会感觉很好。一位妇女在写信给《自行车旅游俱乐部公报》（*Cycling Touring Club Gazette*）时声称，她的新消遣是消除她所有疾病症状（包括头痛和呕吐）的良药，此前她的医生一直找不到这些症状的原因。而当她与女儿和丈夫一起骑自行车时，她欣喜地发现，不仅自己的体力增强了，而且以前的病痛消失了。她现在相信，所有女性都可以从户外运动中受益。另一位骑行爱好者也说自己以前的健康状况和体力不佳，但自从开始骑自行车后，她变得精力充沛，可以一天骑行 70 英里。[17]

　　在医学界，有个反对肯尼利和迪金森等人的派别，他们相信骑自行车对治疗各种病症都有好处。一位医生奥尔伯特（Albutt）开始给其病人开出适度骑行的处方，并声称所有听从其建议的人的身体健康状况都有明显的改善。1897 年，一位女医生在一本自行车杂志上撰文，明确指出了这种活动对女性身心健康的影响："当女性开始了解自己身体的需求，并令那些不受重视的部位——她们的肌肉——动起来时，整个人都因新的自由而欢喜。她们不再嘲笑奚落、牢骚满腹。风吹动她们的头发，阳光亲吻她们的脸颊，血液在她们跳跃的脉搏中变得温暖，她们变得身体强壮、精神焕发。"[18]

40　　法国的詹尼斯医生（Dr Jennings）反驳了骑行导致不孕的观点，他认为骑行产生的效果可能相反，他给患生殖系统疾病的病人开了处方。芬顿医生（Dr Fenton）痛斥了其同行认为女性骑车有害健康的错误说法。他指出，"根据女性解剖学或生理学"[19]，女性骑行不该受到任何阻拦。他坚称，女人可以"像男人一样骑车而不受惩罚"。他继续抨击针对维多利亚时代女性的错误医学学说和休息疗法，声称 90% 的病例是精神不振和缺乏锻炼造成的，并报告说"已有成千上万名病弱的妇女"因"骑行运动变得更健康"。毕竟，女性没有那么脆弱和无助，运动不会令她们死亡或丧失生育能力，而只会使她们变得更强壮。

骑行处方

芬顿医生说得很有道理。现在，运动的好处已获大量科学研究证实，尤其是 2017 年发表在医学杂志《柳叶刀》（*The Lancet*）上的一项研究，该研究认为人因懒惰的生活方式而早死的概率与因吸烟而早死的概率相同。[20]维多利亚时代的父权文化乐意将某种结果强加给女性群体，以不易察觉的方式控制她们。

科学家们还发现，经常骑行，特别是每天骑行上下班，可将早死的概率降低近一半。发表在《英国医学杂志》（*British Medical Journal*）上的研究概述起来便是：与自驾或公共交通通勤相比，骑行上班使人患癌症的风险降低 45%，患心血管疾病的风险降低 46%，还能降低患中风、Ⅱ型糖尿病等重症的风险。[21]如果你不喜欢健身，你可能会偷懒；41 但如果你骑行上班，那么你就可能坚持锻炼。对许多人来说，骑行比在健身房的跑步机上跑步或举重更有趣，这有助于激励我们继续骑行。

另一项研究表明，骑自行车可以延缓衰老过程，保持免疫系统和肌肉的年轻状态。[22]难怪，我最近在法国南部看到一群八十几岁的男男女女，愉快地骑自行车爬上一条又长又陡的山坡，看起来他们正享受多年骑行对身体健康带来的益处。根据英国自行车协会的数据，骑行对学龄儿童也是有益的：经常骑行上学的 10~16 岁男孩达到一般健康水平的概率高出 30%，而经常骑行上学的 10~16 岁女孩达到一般健康水平的概率则高出 7 倍。这些统计数据与政府数据相比则极为鼓舞人心——根据官方统计，在英国，每 5 个小学一年级的儿童中就有 1 个儿童肥胖或超重。

骑行对心理健康也有显著影响，开车通勤人士的心理健康状况远差于骑行通勤人士的心理健康状况。虽然所有人都骑行上班可能并不现实，尤其是对那些通勤距离较长的人而言，但经常骑自行车对心理健康有积极影响，这无可争议。锻炼心血管会降低肾上腺素和皮质醇的水平，这类压力荷尔蒙可令人的紧张程度飙升；而骑行释放的内啡肽有助于缓解焦虑和轻度至中度抑郁症的症状。众多研究表明，骑行可以提升自我价值感。所有这些全是证据，证明那些医生开出骑行处方比开出卧床处方要明智得多。

骑行可令情绪变好，我自己便有这样的体验并且已经开始依赖它了。当我的情绪有些低落时，骑行令我不会再深陷任何负面情绪，让我有时间天马行空地思考。它具有巨大的恢复作用。尽管每天上下班骑行数英里，还要应对伦敦的交通状况，但骑行对我的精神健康产生了不可否认的积极作用。我的行程自己说了算，不会因人群或交通工具延误而耽搁，我的血液在循环系统中泵动，这帮助我开始一天的工作，并分泌出令人充满活力的内啡肽。

骑行不仅使我们更快乐，还能拓宽我们的思路。《临床与诊断研究杂志》（*Journal of Clinical and Diagnostic Research*）上的一项研究显示，在骑行 30 分钟后测试人的记忆力、推理和计划能力，其得分会更高。[23]运动可增加大脑中的血管，并刺激那些负责产生新脑细胞的蛋白质生长，这表明骑行可以改善脑部健康，甚至可能有助于降低认知疾病（如阿尔茨海默症）的风险。

有令人信服的证据表明，如果有更多的人骑行，那么就可预防众多 II 型糖尿病、中风、乳腺癌和抑郁症。因此，英国的一些全科医生已经开始给病人开出骑行处方，保健专家正在游说政府投资建设自行车基础设施，从而令骑行惠及更多的人。要是 19 世纪的医生也持同样的观点，那么更多人的生活就会得以改善，可当时的女性想要开展任何形式的运动都遭遇阻力，这令其身心健康都受到极大影响。

43

第三章 你不能就那样出去

这是 **1901** 年的一张带有讽刺意味的明信片，上面写着"新女性，洗衣日"。

谁在穿裤子？

　　如果 19 世纪末的反动分子和观点错误的医生强烈反对女性骑行，都无法阻止她们，那么接下来的问题就是：她们穿的衣服远远称不上舒适或安全时，如何骑行？芬顿医生意识到这个问题，并将当时女性的时尚装扮描述为一种"障碍"，因为它们会令她们无法开展任何体力活动。

　　哈伯顿夫人，又名弗洛伦斯·华莱士·波默罗伊（Florence Wallace Pomeroy），会很赞同芬顿医生的观点。1899 年 4 月 5 日，她走进法庭，继续自己多年的抗议活动，以摒弃她这辈人的长裙和紧身衣等时尚服装。1898 年 10 月，弗洛伦斯骑自行车穿行萨里，途中她曾停下来前往奥克汉姆的豪伯酒店（Hautboy Hotel）品尝咖啡。在前往咖啡厅的路上，她被酒店经理斯普瑞格夫人（Mrs. Sprague）挡在了门外，斯普瑞格夫人不准她进入咖啡厅——"不能穿那件衣服进入咖啡厅"[1]。她被人重新带到公共酒吧，它是一个传统的老式酒吧，地板是锯末铺就。弗洛伦斯说："这个地方糟糕极了。它散发着烈酒的味道，非常恐怖。"[2]

　　酒店方被传唤至法庭时，才意识到没有人会将一名女士留在那个酒吧，因为这违反了酒类专卖法。也许把这种指控描述为基于衣着的歧视更为准确，斯普瑞格夫人之所以不希望弗洛伦斯出现在她的咖啡厅，是因为她没穿裙子。对斯普瑞格夫人来说，弗洛伦斯腰部以下可能一丝不挂，因为她穿着"理性服装"*，也就是上文中那个剑桥大学

　　＊理性服装出自理性服装协会（Rational Dress Society），该协会提倡用一件男女通用的连体裤替代衣橱中的所有衣服。"理性着装运动起源于 1881 年，其成员对当下时尚中的不健康服装表示关注，并特别反对紧身和变形的束腹，以及在衣服中添加没有必要的多层设计、填充物以及连接物。这场运动虽然在当时受到不少人的鄙视，但它最终实现了自身的目的。"【引自（英）詹姆斯·拉韦尔《服装和时尚简史》，林蔚然译，浙江摄影出版社，2016，第 192 页】这一运动与骑行运动密切相关，象征着女性摆脱束缚。——译者注

女骑行者雕像所展现的不太体面的服装。

理性服装形式多样，它们与其他服装的区别主要是下半身的服装。

46 下半身的服装是灯笼裤或宽松裤，而不是裙子。这些裤子基本上是短且宽松的，裤脚收口，裤子仅过膝。

对许多维多利亚时代的人来说，女人选择这种明显的男性装束，有可能变成男人。19 世纪，只有男人才有资格穿长裤，无论如何，许多人希望维持现状。当新闻界取笑那些"新女性"时，媒体普遍认为她们威胁到现状，其讽刺性专题报道中往往配这种插图：一个穿灯笼裤的女人要么骑在自行车上，要么站在自行车旁。有张 1900 年的图片，上面写着"照顾孩子，洗完衣服，12 点开饭"，图中，一位身穿宽大格子灯笼裤的妇女站在自行车旁，而她那系着围裙的丈夫则正跪着为她系鞋带。在美国杂志《Puck》的一幅插图中，一位穿宽松理性服装的女人表情严肃，正骑着自行车，车把上坐着一位只有她一半身高的男人，插图上写着"'新女性'带丈夫去兜风"。当时的漫画家们试图展示：人们从后面甚至正面看见那些穿理性服装的女人，都会将之误认作男人。他们的意思很明确：这些女人严重威胁到事物的自然秩序，她们应该安守本分。

自行车生产商则持不同看法。它们意识到这些自由女性对其收益至关重要，因此开展了广告宣传活动，颂扬那些穿理性服装的女性坚强且独立。在艾利曼（Elliman）万能擦剂膏（一种肌肉擦剂）的广告中，身穿灯笼裤的女骑行者毫无顾虑地飞驰在男骑行者前面。在另一则广告中，一名男骑行者在一名女骑行者经过时摔了一跤。

47 《女性骑车族》杂志一边称赞理性服装有助于女性拥有更多的身体自由，一边震惊于部分此类着装者采取"昂首阔步"的姿态并倾向于"像男人一样说话和做事"[3] 该杂志指出这种姿态"极不雅观"。现在，我们很难理解这种丑化中性着装风格并将它视为文明的威胁的行为。有位遭到围攻的理性服装穿着者将争取人们接受理性服装的斗争描述为一场"伟大的战争"[4]①。

哈伯顿夫人不仅在尝试这种"有伤风化"的时尚，还是理性服装协会的主席，该协会从1881年起就一直在反对维多利亚时代女性的多余装束，它们不便于女性出行，还给她们带来危险。骑行令女性着装问题成为人们关注的焦点，而她与酒店的冲突则令穿着理性服装有机会成为当时的热门话题之一，自行车手旅行俱乐部（CTC）是个足够进步的组织，代表她将此案提交金士顿法院。尽管媒体被穿着灯笼裤的弗洛伦斯吸引，但它们仍站到了斯普瑞格夫人这一边，英国司法系统也是如此，它们的结论是，由于豪伯酒店实际上并未拒绝为她服务，因此该指控并不成立。陪审团也受到酒吧照片的影响，当时照片中的酒吧被美化了，铺上了白色桌布并摆上了花瓶。自行车手旅行俱乐部进行了报复，将豪伯酒店从其推荐给骑行者的酒店名单中删除，并建议其女性成员在外出旅游时带一条裙子穿在理性服装外面，以避免被那些保守的场所拒之门外。同样，女性需要等下一次"世界大战"后才能无须冒上法庭的风险穿理性服装。 48

为时尚而死

许多女性像弗洛伦斯一样，不顾遭遇何种反对和嘲笑，继续穿着理性服装。在体验了它所带来的行动自由之后，她们不打算穿回传统

---

① 这场"战争"一直持续至今天。据报道，2019年，戛纳电影节将未穿高跟鞋的女性拒于红毯之外，而日本健康、劳动和福利部大臣拒绝了女性发起的、反对着装规范的请愿书，该着装规范将穿高跟鞋作为工作场所着装的必要条件。他的理由是，"这是社会公认的要求，属于职业领域必要且适当的范畴"。

的维多利亚时髦女装。长裙和衬裙加起来重量可达 7 磅*，人走动时它们沾满地面的污垢和细菌，还有不断将人绊倒的危险。更致命的危险是：在某些情况下，妇女因长裙与油灯接触或太靠近明火而被活活烧死；还有些妇女因长裙卷入了运货马车的车轮而死亡。因此，妇女不愿意穿长裙骑车。裙子的唯一作用是防止穿着者走得太远——也许这是有意设计的。一个人越有钱，其装束就越累赘、越不实用。

弗洛伦斯将对女性着装的限制与她们作为"弱者"的地位联系起来。她在《理性服装公报》（The Rational Dress Gazette）中写道："出于习惯，这个世界忘记了这些无力的状态是人为造成的，因此，女性的地位普遍降低了。"[5] 她还直接指出到底是谁造成了女性身体的变形："（裙子）最宽的部分垂到地面，周长七八英尺，而其上半部分渐渐变窄，到腰部时比一般尺寸的喉咙大不了多少……这种样式可以说是男人的杰作，它不仅忽视了女性的真实线条，而且完全违反了自然规律。"

虽然还需要一段时间，常识才能占上风，并且压倒此类将女性腰部束至喉咙般大小的着装风尚，但许多妇女已单方面决定不使用紧身胸衣……这并非小事，因为自 16 世纪以来，穿紧身胸衣就被认为是时尚的。一些医生支持她们，他们认为紧身胸衣既有害健康又让人不舒服。内森医生（Dr. Neesen）认为紧身胸衣会将器官和腹部往上提，对心脏形成压迫，这样"大血管受到的压力令性器官无瓣膜静脉中的血液停滞——这是许多妇科病的一大重要病因"[6]。我无法证明这种说法是否科学，但过紧的胸衣限制了血液和氧气的流动，致人昏厥，这确实是事实。

---

*1 磅约合 0.45 千克。 ——编者注

一位妇女在 1895 年写给《女性骑车族》杂志的文章中指出，那些追逐这一时尚的女性是在"漫长的自杀"[7]，而紧身胸衣则造成了"昏厥、歇斯底里、消化不良、贫血、乏力和活力减少"等可怕后果。在她看来，骑行在促进服装改革事业方面发挥了关键作用。"过去的女性有上述遭遇。庆幸的是，它们正在消失。服装改革是产生这一结果的一大重要因素，而自行车则在后面推波助澜"，因此她认为"所有有主见的女性都应该接受骑行"。

美国女士胸衣公司（American Lady Corset Company）对摒弃胸衣的女骑行者数量感到震惊。为了遏制这种趋势，顾客每购买一件新胸衣，它就给顾客免费提供保额 100 美元的免费自行车保险。

"灯笼裤队伍"

弗洛伦斯并非首位发起将紧身胸衣和衬裙扔进垃圾箱运动的人。最先宣传女装理性化的那位女性将自己的名字冠在了那件令无数人反感的服装上：阿米莉亚·詹克斯·布鲁默（Amelia Jenks Bloomer，而 bloomer 这个词常被用来指灯笼裤）。

19 世纪 50 年代，阿米莉亚与女性主义者伊丽莎白·卡迪·斯坦顿（Elizabeth Cady Stanton）和伊丽莎白·史密斯·米勒（Elizabeth Smith Miller）一起，穿上了长度到脚踝的土耳其式宽松长裤，上面套着及膝的裙子或套裙。它被命名为"自由服装"——就像后来苏珊·B. 安东尼将自行车称为"自由车"一样。这两种物品都代表着女性通过行动自由而获得独立。

这些女性对解放行为有着浓厚的兴趣，她们曾参加过 1948 年的塞内卡福尔斯会议（Seneca Falls Convention），它是有记录以来首次召开的妇女权利大会。阿米莉亚在美国和英国巡回展示（其服装），并在她的妇女报纸《百合》（*The Lily*）上撰写文章，鼓励其他人穿这种服装。有些人确实这样做了，女演员范妮·肯布尔（Fanny Kemble）是其中最为引人注目的灯笼裤爱好者之一。在更偏远的地方，妇女穿这类服装是出于实用而非政治原因。边疆的妇女需要适合她们恶劣生活环境的服装。一位在中西部草场率先穿这种服装的妇女对自己的新式服装赞不绝口："我可以为 16 头牛和家里 18 个人劳作，并且走 7 英里路依然不感到疲倦。"[8]

这类女性并非媒体的焦点，媒体对"灯笼裤"大肆渲染，讽刺那些接受这种新时尚服装的人，以男性化的女性及其被阉割的配偶为题材绘制漫画。伊丽莎白·卡迪·斯坦顿的丈夫在竞选连任参议员时，因媒体对其妻子服装的选择存在偏见而受到影响。头条新闻宣称"20 个裁缝拿针线，斯坦顿夫人穿裤子"，这无疑令他（本已过半的）票数减少。

51　　在公共场合穿灯笼裤会引发不必要的关注，苏珊·B. 安东尼在前往纽约市一家邮局时有过类似经历。一群男人围住她大加奚落，而后她不得不由一名警察解救出来，这迫使她重新思考这个世界是否已做好准备让女性穿类似于裤子的服装。

不久之后，最初那些倡导者们，甚至阿米莉亚·詹克斯·布鲁默，都不再穿这种服装。尽管她们很重视衣服的舒适性，但她们认为妇女权利这一问题才是当务之急。又过了 40 年，当下一代女性想要舒适地驾驭自己的"自由车"时，"自由服装"这一理念才再次引人关注。遗憾的是，阿米莉亚于 1894 年去世，没有看到（这种服装）新一波的追捧者和她们所引发的争议。

"可悲的事件"

尽管理性服装对骑行者的好处显而易见，但在整个 10 年中关于它是否应被接受一直有争议。1893 年，距离弗洛伦斯因灯笼裤而被豪伯酒店拒之门外这一事件发生 5 年后，新泽西州纽瓦克的安吉丽娜·艾伦（Angeline Allen）和她的骑行装备成为新闻焦点。当时美国最流行的男性杂志之一《警察公报》（*Police Gazette*）刊登了一篇《她穿长裤》的报道，描述了安吉丽娜如何在穿灯笼裤和黑丝袜骑自行车时震惊了她的邻居，"这身打扮令数百人惊讶不已，她似乎完全没有意识到自己所引发的轰动"[9]。这种说法并不完全准确，在接受另一位记者采访时，安吉丽娜承认自己穿灯笼裤就是为了给人看的。公众可能也并非毫无预感——几个月前，她在阿斯伯里公园游泳时，就在泳友们面前闹出一桩丑事，她穿着一件下摆到膝盖上方几英寸的泳衣。人们既震惊又兴奋，大吵大闹，警察不得不护送她回浴室换衣服。很快，纽瓦克的居民只要听说她可能骑车经过，就纷纷跑到窗前观望。

就在安吉丽娜在新泽西州引人注目的同一年，来自英国布莱顿的 16 岁少女泰西·雷诺兹（Tessie Reynolds）试图打破一项新的女子骑行纪录——从布莱顿至伦敦单程 120 英里的距离往返骑行，这成为人们激烈争论的焦点。她取得了 8 小时 38 分的成绩——在女性骑行尚未被人普遍接受（更何况是女性参赛）的情况下，这是一个惊人的壮举。事后，医学专家对她进行了检查，确认她没有任何损伤，尽管很多人可能不愿意相信这一点。泰西就是一位"野女人"，她彼时已至少骑行了 3 年——如果要就这次骑行说点什么的话，那就是她是认真的。她的父亲既是那次竞赛的计时员，也是一位自行车狂人。他经营着一家自行车店，在其附近的普雷斯顿公园自行车馆（Preston Park Velodrome）赛车，他还为骑行者提供食宿。

全英各地以及远在美国的报纸都报道了泰西的成就，尽管多数媒体并不热心。《骑行》（Cycling）杂志宣称这是一起"可悲的事件"[10]，会令任何相信"异性天性谦逊、得体的人感到痛苦"。它们还对她的着装特别关注。像安吉丽娜和弗洛伦斯一样，泰西没穿裙子骑车，而是选择了及膝的羊毛灯笼裤，配上同样面料的长外套。一家英国报纸称泰西骑行的画面是"人类最可爱、最美好另一半的讽刺画"[11]。值得称道的是，许多骑行媒体更具前瞻性，认识到女骑手的优势。《骑行新闻》（Bicycling News）女性版祝贺雷诺兹小姐"有勇气成为该运动的反叛者"[12]；而同一刊物的一位男作者将她描述为"暴风雨中的海燕，预告着反衬裙运动的风暴"。

不管人们是否认可，泰西已经成了名人。很快，布莱顿的商店就开始出售她穿着理性服装的明信片。她义无反顾地接受了宽松的衣裤，这也许给了其他女性效仿的信心。做类似装扮的女性越来越常见，一位女性因而怒火中烧，她给《每日电讯报》（The Daily Telegraph）写信，"抗议"那些女人所展现的"令人震惊和痛苦的场景"[13]。她指出，"她们除了堕落地骑自行车之外，还穿着男人衣服骑行，更令她们不男不女"。她认为这些女人令女性这一性别在男人眼里更加可鄙，她接着询问是否可以以女人穿男人衣服违法为由进行司法干预，因为她认为男人穿女人衣服就是非法的。从泰西收到的粉丝来信（包括一封求婚信）看，并非所有男人都对她的装扮很排斥。

泰西继续大力倡导女性穿着理性服装，这可能是布莱顿被视为"灯笼裤之乡"的原因。1894年《骑行》杂志书信版的一位记者对此不以为然，他称在布莱顿码头上看到一位此类着装者在酒吧里和男人

一起喝酒，并将这座海滨城市中穿着理性服装的女性斥为想要"制造
点小轰动的女店员"。换句话说，他认为真正有教养的女士是不穿灯笼
裤的。

　　同时，在大洋彼岸的美国，一些州将身着"异装"定为违法行为。
在巴黎，女性主义革命者曾穿长裤。但 1799 年大革命结束后，巴黎通
过了一项法律禁止妇女穿长裤，除非她们持有许可证说明是出于健康
需要而穿长裤的。巴黎布洛涅河畔的时髦女性却无所畏惧，她们踊跃
地穿上了灯笼裤。政府并未将她们统统逮捕起来，而是于 1892 年修改
了法律，允许女性在"骑车或骑马"的情况下破例穿长裤（否则她们
必须前往警察局申请"穿男装"）。有些女人不顾一切地穿长裤，冒
着被捕的危险。作家乔治·桑（George Sand）喜欢穿传统意义上的男
装，这样她就可以在巴黎自由活动，出入那些不欢迎女性甚至禁止她
们进入的场所。

　　这条法律直到 2013 年才被正式废止，不过它早已被人们忽视。也
许是人们对这条新法令的新奇感，令灯笼裤突然流行起来，但至少当
时的政府已经认识到穿长裙骑车既不实用也不安全，哪怕它并不打算
一下子改到底，从而放任女人随心所欲地穿着理性服装。《骑行》女性
版的编辑羡慕地评论道："巴黎女人正在骑行，享受着自己的生活。她
们神采飞扬，对于自己担当理性服装先锋的意义毫不知情。"[14]

　　巴黎是一个总是走在时尚前沿的城市，很快就带动了全世界女
性的骑行风尚。大多数自行车杂志——还有《时尚》（*Vogue*）杂
志——定期报道布洛涅最新的运动服装款式。大多数人对巴黎女性
的灯笼裤充满热情——尤其是它们由精致细腻的浅色面料制成时更
是如此，并将其描述为"优雅的"和"女性化的"。虽然灯笼裤已赢
得了一定程度的认可，但这取决于这种着装风格的优雅程度。而没

55　那么注重时尚的英国理性服装穿着者身着实用的羊毛哗叽和粗花呢服装，在他人看来这种服装仍然类似维多利亚时代性别谱系中的男性服装。

　　穿着时髦灯笼裤的巴黎女人并不足以令顽固的反对者改变主意。1896 年，在海伦·福莱特踩着双人自行车度蜜月期间，新奥尔良的一位本地人警告她，在南方各州，一个女人如果穿着灯笼裤会被"处以私刑"。海伦娜·斯旺威克说，她经常因为裙子被脚踏板绊住而跌倒，她觉得只有在夜色的掩护下，自己才能穿灯笼裤。这种服装令她感到自由，她发现自己会突然唱起歌——一首德国歌谣，其中有一句歌词是"做一个男子汉叫人光荣又快活！"

创意针线活

　　虽然一些女性认为灯笼裤的好处远远超过了它们所引发的敌意，但另一些女性则试图修改其传统服饰，令自己既能更自由地行动，又显得"得体"。有的女人只将裙子的下摆提高一点，有的减少布料、裁剪出更简洁的裙子，有的增加下摆的重量以避免裙摆飞起而露腿；还有些女人则用巧妙的手法，制作一条既方便骑车又不会引发争议的裙子。

　　这种实用性与可接受性之间的紧张关系意味着，19 世纪 90 年代女性的骑行装束设计是个复杂难题。无数女人试图解决这个问题，许多女人向专利局登记了她们的设计，希望将自己的兴趣转为商用。

56　伦敦切尔西的艾丽斯·拜格雷夫（Alice Bygrave）就是其中之一，她在 1896 年凭借其获得专利的"拜格雷夫可改装裙"（Bygrave Convertible Skirt）而大获成功。当时的耶格卫生羊毛系统有限公司

（Jaeger's Sanitary Woollen System Co. Ltd，拥有时装品牌 Jaeger）购买了该设计，并生产了一系列各种面料的裙子。艾丽斯前往美国进行推广。配重、滑轮和纽扣组成的复杂系统令穿着者在骑上自行车时裙子前后都能提升，裙子后幅在臀部形成褶皱。对骑行者来说，最重要的是（正如广告中所标榜的那样）：裙子可以"瞬间升起或放下"。下车时，穿着者可以无缝对接大众所接受的维多利亚时代的女性服饰标准。

艾丽斯让她的嫂子罗西娜·莱恩（Rosina Lane）———一位在伦敦一家水族馆比赛的骑手，在比赛时穿上了这条裙子，以对该设计的优点进行宣传。新式服装迅速流行起来，很快，那些买不起耶格卫生羊毛系统有限公司裙子的人便可以函购版样，以便在家里也能做一条。

裤裙被巴黎布瓦区的时尚人士称为"裙裤"（Jupes-culottes），它是另一种解决方案。这种有褶皱的阔腿裤既方便行动，又不暴露身体，最重要的是，穿着者站起来时，它们与下摆宽松的裙子无异。奥斯卡·王尔德也认可这种裤子，他是时尚的仲裁者（如果有这种头衔的话）。奥斯卡于 1885 年在《纽约论坛报》（*New York Tribune*）发表的《服饰哲学》（"The Philosophy of Dress"）中，指出女性的服装需要简化和理性化，并决定支持裤裙，因为裤裙给予穿着者"轻松感和自由感"。他不太喜欢用这么多的布料来"冒充"裙子的设计理念，因为他觉得这无助于实现妇女服装改革的长期目标。他指出："实际上是什么，就清楚地展现什么吧。这对于解决真正的困难将大有裨益。"[15]

他之所以纠结女性时尚这一问题，无疑是因为他的妻子康斯坦斯·王尔德（Constance Wilde）。康斯坦斯经常穿着她那优雅的裤裙，与弗洛伦斯·哈伯顿（Florence Harberton）一起参加理性服装协会的活动，并担任其公报的编辑。10 年后，当奥斯卡因被控鸡奸罪和严重猥亵罪而可悲地入狱时，尽管穿长裤的女性和同性恋者在他人眼中依然威胁着维多利亚时代的男性气概，但服装改革已经远远偏离了王尔德的初衷。

裤裙因为自行车的出现而卷土重来，巴黎人早先曾支持女性穿灯笼裤，此时则认为裤裙至少能流行一季。对于那些渴望摆脱服装束缚，但不愿意用灯笼裤来表达女性主义态度的女人来说，裤裙能巧妙地解决这些问题。

淘汰胸衣，迎接莱卡

值得庆幸的是，当今女性，至少西方女性，可以相对自由地决定自己穿什么。弗洛伦斯·哈伯顿一定会为 21 世纪女性可以穿上简约、毫无约束的骑行专用服装而激动。观察伦敦的女骑行者，你会发现穿着职业装及高跟鞋的白领以及从头到脚穿着莱卡的运动员。遗憾的是，至少在英国和美国，骑车出行的女性仍然少于男性。根据 2017 年英国交通部的一项研究，英国男性骑车出行的次数是女性骑车出行次数的 3 倍，男性平均骑行距离是女性平均骑行距离的 4 倍。[16] 缺乏安全的自行车基础设施是造成这一局面的一大主要原因，但另一个极大的障碍是女性在多大程度上认为自己的外表受到外界评价。我们可能比维多利亚时代的女性有了更多的选择，但我们能做什么、不能做什么依然取决于自己的外表。

当我于 2018 年骑行环游法国时，一位酒店的男老板评论我的骑行鞋，这反映了女性所承受的压力。酒店老板指着我的防滑鞋，不无嘲讽地告诉我，它们"非常性感"。他在开玩笑，但这个玩笑源自一种假设，即女人有责任在任何时候都看起来富有吸引力、显得女性化。这双鞋能帮助我骑行时提高效率，考虑到我那天骑了 90 英里，这一好处远远盖过了它们"不够性感"这一缺点。在此类态度比比皆是的情况下，有些女性连运动服都不愿穿，这有什么奇怪的呢？

女性对身体形象的危机感在西方社会比比皆是，新闻界和社交媒体的施压在其中起了重要作用。有些女人为了看上去更像金·卡戴珊（Kim Kardashian）而去整容，结果因手术失败而死。英格兰体育协会（Sport England）的职责是鼓励更多人参与体育运动，该协会发现，许多女性因担忧身体形象而拒绝参加体育活动。许多女人觉得自己的体型在锻炼时毫无吸引力，她们因太过难为情而不愿运动。

骑行者必须穿得像环法自行车赛的参赛者一样——穿着紧身短裤和运动衫——这种想法可能足以阻止部分女性从事骑行运动。许多女性担心如果她们看起来太过运动化，会被认为"毫无女人味"。自理性服装穿着者被嘲笑为"不像女人"或"一点都不优雅"之后，我们的观念似乎没有进步。这有助于解释为何女孩到了十几岁往往不再骑车上学，以及为何女性比男性更不愿意锻炼。

幸而，身体积极性*终于成为主流，广告公司选取的主角也是更具代表性的模特。英格兰体育协会的"这个女孩可以"（"This Girl Can"）活动没有选择名人和专业运动员，而是让不同年龄、种族、体型和有不同能力的普通女性来分享她们挥洒汗水的积极经历。相关影片赞颂了这些女性——包括她们身上的橘皮组织、汗水和晃动的肉体——因为她们感受到让自己血液沸腾所产生的大量内啡肽。该活动极具包容性，挑战了关于妇女和女孩在运动时应该是什么样子这一根深蒂固的想法，同时重新定义了运动员的形象。英格兰体育协会声称，在 1 年之内，280 万名 14~40 岁女性说，因为该活动，她们参与体育

59

---

* Body Positivity，即对自己的身体保持自信、追求身体健康的一种积极的生活态度。 ——译者注

活动的频率更高了，其中有 160 万名女性此前没有参加过体育锻炼。

观念上的破旧立新任重而道远。许多职业女运动员仍然认为，在公众和媒体眼中，她们的外表比其体育成就更有价值。在社交媒体时代光影渗透的文化中，人们期待女运动员不但看起来性感，而且是比赛中的佼佼者。2018 年，当足球界有史以来首位国际足球联合会金球奖女性得主上台领奖时，主持人要她在观众面前扭腰送臀。但她拒绝了。

无数职业女运动员抱怨遭受其他行业专业人士的贬低。"瘦＝好"的现象即使在职业体育领域也普遍存在，无论运动员的成就如何。奥运会自行车骑手杰丝·瓦尼什（Jess Varnish）向英国骑行协会（British Cycling）投诉，指控其技术主管多次侮辱她的身材和体型。虽然这位主管否认自己存在任何不法行为，但内部调查结果支持瓦尼什的说法。在田径运动方面，奥运会女子七项全能金牌得主杰西卡·恩尼斯–希尔（Jessica Ennis-Hill）声称，英国田径界某位资深人士说她很胖。据报道，众多女性甚至男性职业自行车骑手由于承受巨大的瘦身压力，出现或几近出现饮食失调的状况，因为教练们经常取笑车手。

如果处于业内顶尖水平的女性被迫装扮成某种样子，那么很多非运动员觉得运动不适合她们也就可以理解了。如果没有更真实、更具代表性的女性积极形象，这种情况是不可能改变的。因此，人们正在错过已经证实的、巨大的健康益处。即便在身体外观没有很大变化或根本没有变化的情况下，仅仅几周的适度运动也可以改善人的身体状况。一旦内啡肽开始起作用，就会让人上瘾。这是它的好处，而骑行可以让人体产生更多内啡肽。自行车的变革将引发一场全然不同的变革。

第四章　传播

约 1895 年，玛丽亚·"维奥莉特"·沃德（Maria "Violet" Ward）正扶着黛西·艾略特（Daisy Elliott）骑自行车。

踏板的力量

在伦敦东部哈克尼唐斯（Hackney Downs）的一个大风天，天空灰蒙蒙的，黄红色秋叶出现得恰到好处，将天空的阴郁之色冲淡了不少。我在这里与一群女性难民和避难者待在一起，她们已报名参加一个名为"自行车项目"的慈善会专为女性开展的骑行课程。她们处在不同的学习阶段，有的人试图在柏油球场边走边骑以掌握平衡；有的人则围着球场绕圈，练习如何打手势、紧急刹车和换挡。我带着一群骑手殿后，她们已参加该活动一段时间了，可以自信地骑车离开练习场，进入下一个学习阶段，跟教练开始学习骑行技能。她们沿着公园绿树成荫的大道，骑行经过宠物狗、慢跑者和一群小学生。一位公园管理员看到这群戴着头盔、穿着反光衣的女骑手长队，骄傲地喊道："我的女儿也在学骑自行车，而且刚刚不需要用辅助轮。"不借助辅助轮是学会骑自行车的重要一步。

大多数学习这种踏板的力量（Pedal Power）课程的女性在儿时没有机会学习骑行，所以她们希望掌握这项新技能——该技能特别令人生畏。当被问及为何学习该课程以及她们从这次经历中获得什么时，她们的答案是减压、放松、习得新技能。一位参与者说："骑行给了我翅膀，我像在飞翔。它令人如此快乐！"这对任何人来说都是心驰神往的积极体验，而对于那些因难民身份或避难而被剥夺了工作权的人尤为如此。他们的生活动荡不已，所以他们时刻担心会被遣返回国，更别说背负的生存压力了。他们每周至少要有 37 英镑才能过活。

一名伊朗妇女告诉我，她来英国之前是一名护士。现在，她和女儿住在一起，因为未能获得工作许可，她觉得自己失去了很多自由，包括经济自由和个人自由。她在伦敦已待了 8 年，但仍在等待英国内政部的决定，看能否批准她在英国永久居留。这种自推式的骑行运动及其速度不仅令她的身心愉悦，还令她有机会获得一种经济的交通方式，更可以帮助她重获一种力量感，这是她急需的。

在初级骑行课程中，一名仍然骑得摇摇晃晃的厄立特里亚妇女摔了一跤。但是，她依然坚持练习，教练建议她休息一会儿，她不理会，又直接骑上去。尽管摔了一跤，但她是这项课程最热心的学员之一。她告诉我："每周五我都非常兴奋，就像陷入爱河要去见情郎一样。自从来到英国，我从来没有这么开心过。"许多学员很快就掌握骑行技巧，之后，每个人都会得到一辆二手自行车，这些自行车是他人捐赠给该慈善组织，并由机械师修好的。这些女人拥有自行车后，可以免费享受探索其新家园的乐趣。

对于很多人来说，学骑自行车是童年必做的事。我的爸爸、哥哥、姐姐帮我从一开始学会骑三轮车进阶到学会骑自行车。我家每个人都会骑车，妈妈骑车上班，爸爸骑车解压。我的长兄骑的是赛车，而另一个哥哥则更喜欢山地车。我的姐姐有一辆棕色的老式弯把自行车，她经常让我坐在舒适的弹簧后座上，骑车送我去学校。毫无疑问，我也骑自己的自行车到处跑。

我还能描绘出第一辆自行车的样子：车身为酸黄色，大轮胎为白色，它是我的一个兄弟在布里斯托尔（Bristol）的林地里发现的，他技术娴熟，令它得以重新上路。他收藏的自行车不断增加，而他永远都在拆卸和重装它们，所以他清楚自行车修理和组装技术。轮胎越宽越利于车身保持平衡，而我进步得很快，马上就着手学习骑车轮更细、车身更大的自行车。后来，我会骑那辆粉红色的"凤头牌比安卡购物者"* 自

65

---

* Raleigh 自行车最早由英格兰诺丁汉兰令街的一家小型自行车厂生产，国人因它的标志形似凤凰头而称它"凤头牌"自行车。 ——译者注

行车（Raleigh Bianca Shopper），和我的朋友们到附近转转，他们要么买了新自行车，要么骑哥哥、姐姐的旧自行车。我很羡慕某个朋友的兄弟，他有一辆"凤头牌哈雷太子"（Raleigh Chopper）自行车，它是以摩托车为原型制造的，有变速杆、大座椅和靠背。它的车把很高。有段时间，我很想拥有一辆小轮车（BMX），因为孩子几乎都骑着它耍酷。

学习骑行是我成长过程中不可缺少的，就像自己系鞋带一样。当朋友告诉我，他们成长的历程中没有这一项时，我深感惊讶。不是人人都有"老师"来教骑行，也不是人人都能接触自行车，更别提了解骑行的积极性了。

在踏板的力量课程中，大量学员没有这样的机会，因为她们的国家禁止女性骑行。其他学员则没有可供练习的自行车。而成年后再学习骑行并不容易。它不像游泳，你可以去最近的游泳池报名学习。面向成人的自行车课程确实有，但相对来说非常少。尽管有些优秀的组织正在做这件事——它们为想学骑行的人提供自行车以及教练，但是它们的学费很高，并且学习骑行需要开阔的训练场地。对成年人来说，骑自行车给身体带来的挑战也更大，因为身体更难保持平衡，成年人更容易摔倒——摔倒时身体受到的伤害也更大。如果你已骑行多年，那么骑行就像走路一样，你不需要想太多。但目睹了踏板的力量课程中的女学员一边要维持平衡，一边要提升速度继续前行，我发现对这些学员而言，骑行还是很复杂的，她们不像那些骑行多年的人，骑行已然成为他们的第二天性。

那位厄立特里亚妇女一直骑得晃晃悠悠——她摔得太厉害，足以让那些不太坚定的人再次考虑自己是否真的想骑行——但一个月后，当我再次来到踏板的力量课程教学现场时发现，她已能自信满满地围着哈克尼唐斯骑行。因为勇气和决心，她突然开窍了。那辆翻新的"凤头牌"自行车（她称之为"兰博基尼"）将和她一起回家，这样她就不必再数着日子等待周五的自行车课程。众多女性在其他女性的帮助下，从骑行运动中找到了力量、自由和乐趣，这一经历可追溯至女性骑行之初。

重返校园

19 世纪末，学习骑行会带来类似问题。许多渴望骑行的人已成年，而且由于人们认为骑行是成年人的专属活动，一般不鼓励儿童去学。学习骑行的人要有勇气，不仅要学会骑行，还要克服这种"有损淑女形象的"活动所引发的种种顾虑，并忽略它可能对一个人道德造成的影响。众多女性表现出了这些特性，在她们看来，为了掌握一辆既能带来快乐又能让人享受自由的自行车，这种努力不过是小小的代价。 67

19 世纪 90 年代，自行车运动爱好者的需求如此之大，骑行学校取代了溜冰场，成为人们消磨时间常去的场所。位于伦敦斯隆街（Sloane Street）的金士顿公司（Kingstone & Co）是一所特别高级的学校，被《女性骑车族》杂志称为"上流社会的学校"。在这里，新手们会从"自动教练"开始练习，它是一辆悬挂在滚轴上的车，可帮助学员在无摔倒风险的情况下练习踩踏和平衡。该杂志不厌其烦地指出，这些女学员配了一条带手柄的皮带，因此男教练实际上不会与她们发生肢体接触。

在伦敦的高级住宅区贝尔格莱维亚（Belgravia），H. G. 托马斯的学校此前曾是一名雕塑家的工作室，等候室里摆满了大理石雕像，还有一架三角钢琴提供音乐伴奏。并非所有的骑行学校都如此讲究，许多学校附属于自行车商店，店主意识到为新骑手提供（骑行）指导有利于卖车。就像人群聚集在公园里观看伦敦的社会精英骑车一样，一些自行车学校也吸引了学员的亲朋好友围观，后者关注他们学习骑行的情况；巴黎香榭丽舍大街（Champs-Élysées）上有一所名为"小家庭"（Le Petit Ménage）的学校，里面还有个酒吧，方便观众观看时随时能喝上一口。

骑行教学并不限于自行车学校。许多妇女撰写手册，与姐妹们分享她们的骑行技术，并且互相鼓励。其中一位作者是美国妇女政权论者、基督教妇女节制联盟（Women's Christian Temperance Union）主席弗朗西丝·乌伊拉德（Frances Willard）。她在1893年53岁时成为一名骑行爱好者，并且认为自己的故事可能激励其他女性。

弗朗西丝身体一直不好，来到其好友伊莎贝拉·萨默塞特夫人（Lady Isabella Somerset）在英国的豪华庄园——赖盖特修道院（Reigate Priory）调养身体。弗朗西丝描述了自己如何濒临崩溃，她工作多年没有休息，母亲的去世雪上加霜。医生没有给她开出休息疗法的处方，而是制订了一套锻炼计划来增强她的体力。伊莎贝拉也热衷于骑自行车，她鼓励弗朗西丝学习骑行，还送给她一辆自行车，并给这辆自行车命名为"格拉迪斯"（Gladys）。两个女人之间有着深厚情谊，弗朗西丝将伊莎贝拉形容为"我的美丽画廊、图书馆、风景和管弦乐队"[1]，伊莎贝拉则称弗朗西丝为"我获取幸福的靠山"[2]。那么，弗朗西丝毫不犹豫地听从伊莎贝拉的建议，这也就不足为奇了。

弗朗西丝真的被这辆新"自由车"迷住了，这辆车帮助她找回了儿时在威斯康星农场"撒野"的感觉。那段短暂的自由体验在她16岁时戛然而止，她被迫接受维多利亚时代对成年女性的约束，穿长裙、紧身胸衣，在室内生活。她穿那种紧身的胸衣，走路都变成一种考验，更别提去户外寻找乐趣了——尽管她"生来就不愿待在家里"[3]。她通过教育来追求自由，成为西北大学（Northwestern University）女子学院的院长，之后又加入基督教妇女节制联盟。她提倡戒酒，因为她认为妇女和儿童常常因丈夫或父亲酗酒而受到伤害，那些男人把钱都花去喝酒了，她还争取妇女受教育权、参政权，并呼吁结束家庭暴力、改善监狱状况和工作条件。

弗朗西丝曾计划撰写一部小说，构想美国第一位女总统的生活，但她因全身心投入上述宣传活动，所以一直没有动笔。如果得知自己产生这一想法一个多世纪后，现实中还没有出现一位女首相①，她会倍感震惊。　　69

不过，弗朗西丝还是抽时间写了《轮中轮》（A Wheel Within a Wheel）*。这本书是献给伊莎贝拉的——那个将她引入骑行世界的女性——并且她希望自己的读者也参与骑行活动。在弗朗西丝骑车的照片中，她看起来严肃且坚定，周围几乎总是有一两个朋友以此强调骑行是一项属于女性的活动。这些支持者无疑既是她在骑行上的老师，也是"她忠实且令人愉快的伙伴"，他们在她学习平衡时帮助稳住自行车、提供建议，并给予鼓励。弗朗西丝告诉女性读者，要成为一名有成就的女骑行者，她们需要时间、耐心和意志力，而这些品质在她看来通常也是女性掌控自己生活的基本要素。的确如此，她发现自己"在学习骑行时，找到一种完整的人生哲学"，她认为害怕被人评头论足是学习这项新技能的一大障碍，因为"我们不知不觉中成了舆论的奴隶"。这句话放在当下无疑也是对的，而在当时更是金玉良言，尤其是对一个五十几岁的未婚女性而言相当重要。弗朗西丝看到了自行车

① 巧合的是，1913 年伦敦《标准晚报》（*Evening Standard*）的读者将伊莎贝拉夫人选为她们最希望成为女首相的女人。

* 该书名本为《圣经》中的语句，本意是指复杂的事物或局面，这里一语双关，wheel 又代指自行车。 ——译者注

在推动女性事业发展方面的潜力，指出自行车在推动女性穿着理性服装方面产生了积极的影响，并且对于女性能做什么或不能做什么这一根深蒂固的观念有所削弱。事实上，作为一位公众人物和让许多人敬仰的女性，她认为自己有责任证明性别不是障碍。

弗朗西丝引用了一些医生的言论，这些医生确信锻炼身体对女性有好处。在理性的声音常常被无理的和声所淹没时，这是一种明智的策略。她还传授自己如何成功掌握"格拉迪斯"的经验和诀窍，比如平衡比数学更需要精准度，如果车头摇晃则车轮也会随之摇晃，以及怎样低头会摔倒。弗朗西丝在 3 个月中的大部分日子里每天练习 10～20 分钟，最后无须教练们扶车，她就能骑着"格拉迪斯"愉快地离开。

骑行对弗朗西丝来说并非一时兴之所至，而是再次激发了她少女时代对冒险活动的热爱。1896 年，她与伊莎贝拉夫人一起踏上了前往法国南部的自行车旅程。途中她们决定前往马赛去帮助那些逃离国内大屠杀的亚美尼亚难民，因而中断了这次旅行。她们在某家废弃医院设立了一个中心，为难民提供食宿，并成功地组织大量难民到美国和英国重新安家。

就在伊莎贝拉和弗朗西丝为了人道主义工作而暂停骑行的同一年，纽约斯塔滕岛自行车俱乐部（Staten Island Bicycle Club）的成员玛丽亚·沃德正忙于出版她的《女性骑行指南》（*Bicycling for Ladies*）。在前一年拍摄的某张照片中，玛丽亚（绰号维奥莉特）及其朋友卡罗琳骑着她们的"安全"自行车与俱乐部的其他成员站在一起。与这一时期存世的大多数俱乐部照片不同的是，这张照片展示了一个男女数量至少相当的团体。玛丽亚位于中间，似乎身着理性服装，其他女性大多穿长裙、蓬袖衬衫并戴花哨的帽子，而男性则穿及膝中裤和长袜并

70

戴草船帽。这张照片的背面文字显示，受到邀请的人参加 6 月 25 日下午 4 点半从圣乔治出发的骑行活动，然后返回俱乐部喝茶。这张照片是由艾丽斯·奥斯汀（Alice Austen）拍摄的，她是该俱乐部的成员，也属于最早一批纪实女摄影师。艾丽斯拍摄的许多照片收录进《女性骑行指南》，在这些照片中，体操运动员黛西·艾略特穿着灯笼裤，骑行姿势各异。

71

玛丽亚撰写的这本书是一本指导性的骑行入门书，介绍了女性要成为一名出色的骑手所需要了解的各种知识。弗朗西丝·乌伊拉德撰写的骑行指南的内容全面且宽泛，如选择哪种类型的自行车；穿什么衣服（最好是宽松的衣服，或者长度在膝盖以下、脚踝以上的裙子）；如何上车并保持平衡；遵守什么道路规则以及如何教授骑行。

虽然玛丽亚强调骑行的实际好处——便于出行、锻炼身体，但她谈及骑行有助于探索世界时最为雀跃。骑行时，她沉浸在"各种美妙的感受"，思考着"道路如何在面前延伸"。她指出，"你熟悉了好几个城镇，而不局限于几个广场；你不再只对本乡几英里的环境知根知底，而是对两三个郡县也如数家珍；远行原本需要一整天，而现在只需要几个小时"。如果按照玛丽亚的指导，维多利亚时代的众多妇女就有可能去冒险，这是多么新奇的体验和丰厚的回报。玛丽亚对骑行的感受在这本骑行指南豪华的精装皮面上得到了呼应。深蓝色封面上有金色浮雕字样，配图是一个穿理性服装的女人正兴奋地从山坡上疾驰而下的图片，她双脚踩在前轮踏板上，帽子在身后飞舞；而在封底，一只小狗紧随其后在路上飞奔。

玛丽亚反复使用"征服""掌握""实现"等词语，深入阐述了目标：成为一名积极的推动者。她建议女性友人在学习骑行上互相帮助。《女性骑行指南》一再强调独立自主、自给自足的女性翘首以盼的自

72 由——在那个时代，女性往往被定义为附属品，因而这本书的思想是
十分激进的。虽然她强调骑行的社交作用，但她也希望自己的读者能
够"随时准备好应对任何紧急情况"，而不是依赖他人来修理或维护其
自行车。在玛丽亚看来，那些能做到这点的女性是最"有活力的"，也
最不可能因轮胎破了或链条断了而被无助地困在路边。

　　如果你必须等别人来解决你的问题，那么何谈畅通道路上的自由？
玛丽亚详细描述了自行车的平面形状以及各部件的组合方式，指导读
者检查每个螺母和螺丝以确定其用途。在"女性与工具"这章中，她
揭开使用五金工具的神秘面纱："任何能够使用针或剪刀的女人同样可
以使用其他工具。"虽然对于当代女性读者来说，该书的提法可能有些
过时，但我相信我并非唯一一个能补轮胎却不会补袜子的人，而玛丽
亚坚持认为锤子和扳手与主要的家务工具相比没什么不同，这是值得
夸赞的。她让读者了解了自行车修理厂所需工具的各种用途，然后布
置了一个任务，即将一辆自行车完全拆开，清洗其组成部件，然后再
重新完成组装——这些步骤都要在一个可以锁门的房间里完成，以避
免干扰。在玛丽亚珍爱的那间房子里，似乎摆着一个工作台，还散落
着自行车零件。她详细地描述了这间房子，所有的东西都放在合适的
位置上。从她自信地传授知识来看，她已在这间房子待了很长时间。

　　同年（1896 年），在英国，莉莉亚斯·坎贝尔·戴维森（Lillias
Campbell Davidson）出版了《女骑行者手册》（*Handbook for Lady*
73 *Cyclists*）。莉莉亚斯于 1853 年在布鲁克林出生，截至 1896 年已在英国
南部生活了数年。她之前曾为女性旅行者写过一本手册，因此可以说，
莉莉亚斯希望女性能走出去看看世界。与玛丽亚一样，莉莉亚斯也希
望她们熟悉自行车的机械结构，特别是那些渴望在乡村独自骑行的人。
她与玛丽亚的不同之处在于她给女性的建议。她指出，女性没必要

"不断地宣扬自己知晓骑行方面的知识"。知识是力量，但对莉莉亚斯来说，让人们注意到你具备这类知识，并不总是可取的。她已经习惯于隐藏那些在他人看来不适合女性的东西：当她于 19 世纪 80 年代末开始成为骑行先驱时，她只在清晨骑车，以避免被别人认出来。

莉莉亚斯拒绝放弃合适的骑行装束。她坚称，女性在骑自行车时穿长裙和衬裙是"不适合的"。她更喜欢穿的服装是更短、更修身的裙子和灯笼裤，她认为女性参加任何日常活动都应该穿这种服装。男装的设计很实用，男装让男人可以自由自在、随心所欲地跳上自行车。他们对"女人身上随风飘扬、风帆一般的大堆布料带来的可怕阻碍"视而不见，而这种服装带给女人"最深切的焦虑和最深刻的悲伤"。对莉莉亚斯来说，必须换衣服才能骑上鞍座，这令骑行成了"重大的事先计划事项"，而自行车也远远称不上绝对的"自由车"，其实它本可以成为真正的"自由车"。

莉莉亚斯认为，理性服装或者灯笼裤似乎是最便利的骑行服；但她告诫说，人们必须为穿着者量身定做这些服装。尽管她在书中以及《自行车旅游俱乐部公报》的专栏中为女骑行者发声，但她依然为了避免惊动牧师而拐进小巷。在她撰写的骑行手册中，她一直强调女骑行者需要保持"女性的优雅和尊严"，那些做不到这点的人是"可怕的幽灵"。在她看来，99% 的女骑行者"不够时尚"，而责任在于她们的女伴。女性在教毫无经验的朋友骑自行车时，有责任提醒后者，外表就是一切。根据莉莉亚斯的说法，"如果女骑行者看起来喧闹、风风火火且令人害怕，那就会不利于女性骑行"。

当时各类手册和骑行刊物的共同特点是强迫性地鼓励女性骑自行车，同时坚持要求她们以得体的方式骑行。以女性为读者对象的骑行杂志，如《女性骑车族》（由一名男性担任编辑），强调了女性骑行时的举止和穿着得当的重要性。虽然它们可能会推荐一些理性服装，但前提就是这些服装必须剪裁得体，以免令路过的男性反感。许多杂志刊载的短篇小说——这些骑行途中的异性恋浪漫故事都以中产阶级举止端正的女性为主角——清楚地表明：女骑行者可以而且应该女性化，并且具有吸引力。女性的身体遭受无情的控制，评论者们指出，有些衣服不适合某些体型。一位作家认为，"身材、体型特殊"[4]的女性骑自行车永远不会好看。虽然维多利亚时代的女性被剥夺的种种权利和自由，到了当下，全都重归于女性，但在报纸和杂志上，身体羞辱的内容依然时常出现。在某些方面，我们似乎还有很长的路要走。

75 　　另一位撰稿人声称："一个盛装打扮的女人在尘土飞扬的道路上骑了一整天的自行车归来，风尘仆仆、衣衫不整，没有什么场景比这个更让人心烦意乱的了。"[5]他说，只要女性在车把上固定一面小梳妆镜，时不时检查一下自己的仪容，就可以避免这一困扰，因为"毫无疑问，长途跋涉中，一个人的头发确实会变得乱蓬蓬的，有时鼻子上黑乎乎的，帽子也会戴歪"。

　　我们有时分不清那位撰稿人提出这些建议背后的动因是意识到女性必须要遵守父权社会的规范，还是出于妥协的精神。通过表面上遵守现有规范——而不是藐视它们——女性将有更多机会平静地享受骑行的乐趣。反对者们对女性外表和行为举止能挑的刺越少，人们就越容易接受骑行成为适合女性的娱乐活动。这反过来可能会鼓励社会上没那么叛逆的女性尝试骑行。这种策略看起来似乎设定了限制，但在当时的背景下它是合理的。比如，英国第一位领薪水的女记者和热心的反女权主义者伊利莎·林恩·林顿（Eliza Lynn Linton）经常在她的专栏上攻击骑行运动，认为它带来了"危险的"、新的女性自由，这会损害维多利亚时代的女性形象。

莉莉亚斯不能被界定为叛逆者——尽管值得注意的是她从未结婚，她更愿意独自生活或与其他女人一起生活——但她确实希望更多女性去体验骑行的好处。骑行的女性越多就越安全，女性骑行越是司空见惯，就越不会有人跳出来指责这一行为不合时宜。对她来说，每个骑自行车的女性都是"倡导者"——只要她们注意成为"该活动的最佳代言人"。女性骑行的标准不能下调，因为"邋遢的"、不得体的骑行者有失众望，会劝退而非鼓励那些十分重要的新成员。

76

自己的俱乐部

哈克尼唐斯是个适合踏板的力量课程的学员学习骑行的地方——最早的一大骑行俱乐部匹克威克自行车俱乐部（Pickwick Bicycle Club）原址便在此地。该俱乐部成立于1870年，这一年查尔斯·狄更斯去世，该俱乐部便是为了纪念狄更斯而这样命名的（狄更斯曾写下作品《匹克威克外传》）。它将骑行运动与对狄更斯作品的兴趣相结合，独树一帜。这家俱乐部延续至今，其成员继承了一些早期的传统，包括采用《匹克威克外传》中某个角色的绰号，如史摩尔笃克伯爵（Count Smorltork）、史拿格拉斯（Snodgrass）或忧郁的杰里米（Dismal Jeremy）等名字。成员被称为"匹克威克之父"（The Pickwick Fathers），这个称呼恰如其分地展现出其性别限制，因为该俱乐部只招收男性，即使在2019年也是如此。

在该俱乐部网站上的年度花园派对照片中，我们可以看到白人男子挤满了豪华的康诺特大厅，厅内有水晶吊灯和拱形天花板。康诺特大厅曾是另一个兄弟会专属社团——共济会所在地。许多成员穿着俱乐部的制服，戴着平顶硬草帽和金黑色领带，并享受号手吹号等庆典活动。

俱乐部所宣扬的承诺——传播"友谊和欢乐"——似乎只适用于男性。你会认为这样的俱乐部会随着老式自行车的消失而消失，但事实并非如此，所以一位成员与另一位成员合影才合适。21 世纪，它可能是一个不合时宜的组织，但要加入其中，好像需要等待 7 年。①

77

19 世纪 90 年代中期，美国和英国的自行车运动员中，女骑手占了1/3。虽然大多数俱乐部开始对女性敞开大门，但匹克威克自行车俱乐部并非唯一一家因坚持过时规则而只接收男性的俱乐部。在马萨诸塞州的波士顿，有一家俱乐部于 1894 年投票决定将女成员全都赶出俱乐部，于是这些女性与那些反对该禁令的男成员共同组建了一个新的俱乐部。

英国的自行车手旅行俱乐部曾将弗洛伦斯·哈伯顿灯笼裤案提交法院，自 1880 年起就接收女性。即便如此，许多女性还是想成立自己的俱乐部。很快，英国和北美各地就出现了女性骑行俱乐部。部分俱乐部的模式与男士专属俱乐部的模式相同。就像纽约的米乔克斯俱乐部一样，这些高端机构的成员可以在会所豪华的餐厅里喝茶和聊天，或许还可以同其裁缝一起商议她们新的骑行装束。波士顿的伍德布里奇自行车俱乐部（Woodbridge Cycle Club）甚至有自己的号手。然而，大多数俱乐部更加注重男女平等，比如西南自行车女性俱乐部（Ladies' South West Bicycle Club），每周三下午 3 点都会在克莱芬公园（Clapham Common）的一个池塘边聚会。

---

① 当前奥运会自行车赛运动员克里斯·博德曼（Chris Boardman）质疑该俱乐部只招收男成员这一政策时，一名成员在推特上回应说："大多数真正的女士不想加入我们。"他可能是对的——她们会感到无聊。我写信给该俱乐部询问其只招收男性这一政策的理由，但我没有得到回应。不过，我对"匹克威克之父"的发现越多，就越兴奋。在这一排外俱乐部的原址，新一代以非白人为主的女骑行者爱上了骑行，帮助改写了"允许谁骑行"的相关规则。

莉莉亚斯·坎贝尔·戴维森意识到许多女性更愿意只与女成员一起骑车，于是在 1892 年成立了女骑手协会（Lady Cyclists' Association）。作为一个交际互联的协会，它帮助将英国各地的女骑行者联合起来，令她们得以组建自己的本地俱乐部，进行骑行社交。它还出版自己的杂志，每月一期，刊载全英各地的酒店和旅馆名单，这些店家热情欢迎独自骑行的女性，不管她们是否身着理性服装。该月刊还专门刊载了制衣和骑行等方面的专属折扣。

许多女性想开辟一个女骑行者交友的安全空间。在大多数现有俱乐部中，她们的人数可能远远比不上男性的人数，而俱乐部生活中更为敌对的局面很可能会惹人生厌。我加入了伦敦的一家俱乐部，该俱乐部努力支持其女成员，但女成员只占成员总数的一小部分（约 20%）。周日上午到达集合点，女性看着一群身穿莱卡材料服装的男性——大多数是白人——可能会望而生畏。人们很难改变俱乐部的性别比例，也很难使骑行俱乐部更具包容性并接纳少数群体。

莉莉亚斯并不热衷于为俱乐部选择制服，她认为众口难调，制服可能会令潜在的成员不愿加入。但一些俱乐部认为制服可促进团结，而另一些俱乐部则希望成员的服装能代表他们的身份，比如芝加哥的"灯笼裤"（Knickerbockers）和哈伯顿子爵夫人成立的"切尔西理性服装派"（Chelsea Rationalists）。哈伯顿夫人的俱乐部只允许成员穿理性服装，以促进和推动该组织的工作。与此相反，马姆斯伯里（Malmesbury）伯爵夫人每周三从萨里的里士满公园（Richmond Park）带领队伍骑行，她成立的俱乐部只接收穿裙子的女性。这是为了鼓励更多的保守女性，因为她们可能犹豫要不要加入某个有成员穿宽松灯笼裤的俱乐部。大多数俱乐部并不强制执行严格的着装规定，允许成员根据自己的个人喜好选择不同风格的服装。大多数俱乐部有徽章，有些俱乐部选择特

78

79

定的颜色以识别本俱乐部的自行车队。就像如今大多数俱乐部的成员一样，包括我自己在内，所穿运动服装都根据所在俱乐部的专属颜色设计而成，并且成员需佩戴本俱乐部徽章。

作为斯塔滕岛当地（混合）俱乐部的活跃成员，玛丽亚·沃德热衷于向其读者推荐骑行社交的好处。她还对如何成立骑行俱乐部提出了建议，如首先最好购买两辆自行车让成员共享——这是一种分时共享自行车的方式。骑行俱乐部的成员越多，购买的自行车就越多，购买自行车的费用大概出自会费。这种平等且包容的方式意味着骑行俱乐部向那些买不起自行车的人开放。伦敦的"莫布雷之家"骑行协会（Mowbray House Cycling Association）由弗洛伦斯·哈伯顿和伊莎贝拉·萨默塞特夫人这位信奉人道主义的贵族骑手于1892年成立，也得到了沃里克伯爵夫人（又名黛西·贝尔）的支持。它专门面向劳动妇女，因为她们永远买不起自行车。

一开始，弗洛伦斯和伊莎贝拉在自由派报纸编辑 W. T. 斯泰德（W. T. Stead）的支持下，自己掏钱购买了一批自行车。凡是想加入某个骑行俱乐部的人，只要缴纳一笔不高的费用，每月都可以使用自行车。截至1897年，弗洛伦斯和伊莎贝拉拥有24辆自行车，它们由150名成员共享。"莫布雷之家"骑行协会的成员不仅可以使用自己负担得起的交通工具，而且可以在工作之余享受难得的放松和乐趣。难怪妇女政权论者米利森特·加勒特·福西特（Millicent Garrett Fawcett）十分支持她们，她写信给高端杂志《女骑手》（*Wheelwoman*）的读者，让她们将自己的旧自行车捐赠给该俱乐部。

"莫布雷之家"骑行协会为毫无经验的成员提供培训。一旦她们有信心，就可以参加定期举办的骑行社交活动，前往伦敦周边的乡村。成员还可以选择分期付款的方式获得一辆自行车。此外，该俱乐部还

80

拥有一辆吉卜赛敞篷车、一顶帆布大帐篷和一栋别墅，它们全都位于伦敦南部的乡村，这样成员就有机会享受经济实惠的骑行周末，这样的假期是许多人唯一负担得起的假期。成员们定期在俱乐部会所聚会，它位于伦敦市中心 W. T. 斯泰德负责的《帕尔摩公报》（*Pall Mall Gazette*）的办公室，她们或商讨俱乐部事务和财务状况，或听穿着理性服装等与当时社会和妇女问题有关的讲座。因为弗洛伦斯为该协会的创办者，所以许多成员穿着理性服装。所有人都佩戴有蝴蝶标志的"莫布雷之家"骑行协会徽章，同时穿蓝白相间的服装。

　　它并非唯一一家专门面向劳动妇女的俱乐部。伦敦的盖斯医院（Guy's Hospital，又译佳氏医院）在 1896 年为其护士成立了一家俱乐部。医院的护士长诺特-鲍尔（Nott-Bower）小姐说，骑自行车给"疲惫不堪的护士们"[6] 提供了一个机会，令她们"避免夜以继日地待在压抑的病房，还可以改变观念、锻炼身体"。虽然我们不清楚该俱乐部存在了多长时间，但其传统延续至今。伦敦皇家医院护士骑行俱乐部（Royal London Hospital Nurses' Cycling Club）在东伦敦成立。它的宗旨是帮助女护士从体育锻炼中获益。有一半参与者表示，她们之前每周的运动时间不到 30 分钟，超过 75% 的人是第一次骑自行车，其中一位参与者表示，"过去 5 年，我一直试图寻找价格合理的课程来学习骑行，这是第一个定期组织骑行培训的团体，让人觉得安全和舒服"[7]。120 多年前弗洛伦斯和伊莎贝拉的计划中关键的基本原则是女性负担得起骑行俱乐部的费用并给她们提供免于被他人评头论足的空间。

"自行车厨房"

　　在伦敦哈克尼区的"自行车厨房"（Bike Kitchen）中，工具和自行车零件有的在墙上一字排开，有的悬挂在天花板上；而黑板上则展示了一辆自行车，并标明了其所有的组成部件。在这个地方玛丽亚·沃德会感到像在家中一般自在。但是，这个非营利的自行车维修工作室并未锁上大门以免被打扰，而是向所有想要修理自己自行车的人开放，让他们从丰富的技术资料和必备的工具中受益。玛丽亚传授知识、鼓励骑行者自力更生，同时提供了所需的场所。这些在这个空间稀缺的城市里极为重要，因为许多人住在小公寓和合租屋里，有一个专门的自行车修理场所简直是天方夜谭。

加州人詹妮·格维兹多夫斯基（Jenni Gwiazdowski）是伦敦"自行车厨房"的创办人。她说，其创办宗旨是要解开自行车修理的"魔法"，"拉开"修理车间的幕布，让女性可以尝试自己动手修自行车。"自行车厨房"举办了实用的研讨会，它们涉及一系列技能，从调整齿轮到从头开始制造自行车。詹妮受洛杉矶某个类似概念的启发，"自行车厨房"不仅为了分享自行车维修技术，也为了挑战"谁能参与进来"的观念。

"自行车厨房"中的女机械师比大多数修理店多，但詹妮敏锐地意识到了性别偏见。她曾接受培训，想成为一名合格的自行车机械师，当时她是同期课程中唯一的女性。尽管玛丽亚的《女性骑行指南》已出版120多年，但自行车修理厂仍以男性为主。工具房中的性别政治需要彻底革新，人们仍然认为女性对修理不感兴趣，并且男性天生就会使用锤子和扳手。心理科学协会（Association for Psychological Science）2015年的一项研究表明，童年发展时期，人们鼓励男孩——通过营销和其他社会力量——去玩建筑游戏或复杂的益智游戏，这些游戏可以培养孩子的"空间推理"能力[8]和认知技能，而这些能力在科技、工程与数学（STEM）方面非常重要。这便令"技术和机械属于男人的领域"

这一观念变得正常化，人们认为这也是在科技领域及自行车修理厂中女性人数不多的一大原因。

詹妮对于进入这样一个在刻板印象中属于男性的职业领域并不感到畏惧，她"决意"创办这一开放式的修理厂。她的首位导师是特蕾丝（Therese），她属于美洲世居民族，在伦敦的自行车店工作了几十年，并在业内享有盛名。她指导詹妮开了修理店，并热心地帮助自己这位学生取得成功。

"自行车厨房"开业时，几乎没有女性使用其中的工具。现在这种情况有所改变，部分原因是该机构每两个月举办一次女性和性别变异者（Women and Gender Variance，WAG）之夜课程活动。詹妮之所以开设这些课程是因为她认识到那些人几乎毫无自信，不大可能或不太愿意参加"自行车厨房"的其他课程。就像女性可能对于加入一个75%的成员皆为男性的自行车俱乐部深感困窘，对于加入一个刻板印象中全是男性的修理厂，很多女人也会有类似感觉。当我学习其中某节课程时，大约有 10 个人亲密地挤在修理厂中，听詹妮讲解如何保养自行车链条。我们一步步学会了如何让自行车链条和相应部件保持好用的状态，老师鼓励我们提问题，没有哪个问题过于基础。

詹妮希望她的 WAG 之夜课程能成为一个"后门"以及通道，以便人们能够舒适地进入一个看似封闭的修理厂或环境陌生的领域。这些课程与"摆脱'你不可以做某些事情'这一观念"有关。在这个安全的、无人评头论足的空间，没有人会因认为用卡带听音乐是复古举动而被嘲笑。

"自行车厨房"的课程涵盖了如何令自行车保持良好工作状态的主要内容。正如莉莉亚斯和玛丽亚·沃德所认为的那样，女性只有懂一些基本的维修技能令车轮转动起来，才能自立。而且，相比每次自行车出问题就把它拿到修理厂维修，自己维修要实惠得多。

在"自行车厨房"的其他课程中，男女比例现在更为均衡，这证明了 WAG 之夜课程的"踏脚石"作用。在太多人仍然觉得自己不适合骑行世界之际，这是值得颂扬的事。

84

第二部分 ｜ 抵制与反抗

第五章　为骑行权而战

约 1895 年，凯瑟琳·"凯蒂"·诺克斯（Katherine "Kittie" Knox）

凯瑟琳·"凯蒂"·诺克斯与美国骑行者联盟斗智斗勇

1895 年 7 月，一个晴朗的夏日，记者们来到新泽西州的阿斯伯里公园，参加美国骑行者联盟的年度会议。数以千计的成员从全美各地赶来参会，但新闻界的注意力集中在一位特殊的骑手身上，她就是来自波士顿的 21 岁女裁缝凯瑟琳·"凯蒂"·诺克斯。但引起媒体轰动的并非她的性别，而是她的肤色。诺克斯是个混血儿，而在前一年美国骑行者联盟刚通过了一项颇具争议的"肤色限制"令，以便将非白人骑手排除在外。因此，所有的目光都聚焦诺克斯与美国骑行者联盟。

那时种族偏见尚根深蒂固地存在于美国生活的方方面面，而肯塔基州刘易斯维尔的 W. W. 瓦茨上校（Colonel W. W. Watts）带领某个南方派别成功地发起一场运动，将该组织转变成一个只有白人可以参加的组织，推翻了其 1892 年《各种族人士都有资格加入》这一声明。瓦茨上校 3 年来一直在请求将黑人排除在外，并要求该组织的加利福尼亚分部拒绝中国人加入。一位支持该规定的南方成员说，加入该组织曾是一种"荣誉"，但如果允许非白人骑行者成为成员，那么人们就不会继续将加入该组织视作一种荣耀。[1] 他的种族主义观点一唱百和。一次无记名投票的结果为 127 票支持、54 票反对，支持瓦茨上校的提议，南方成员一致投票支持吉姆·克劳（Jim Crow）式的修正案。美国骑行者联盟的章程因此被修改为"除白人外，其他种族人士不得加入本联盟"。

并非所有成员都赞同这项新规定，一些比较开明的分会拒绝执行这项修改章程的决议。美国骑行者联盟马萨诸塞州分会便是如此，它秉承波士顿废奴主义的核心观念。这些分会允许黑人成员在年度会议中同其他成员一起出席，它们不介意这会惹怒南方的种族主义者。

无论如何，虽然新规定带有严重的歧视性，但理论上它对诺克斯并不适用，因为在新规定生效时，她并非新申请者，而是联盟的老成员。尽管如此，诺克斯及其波士顿同胞都准备好迎接可能出现的某种冲突。

诺克斯作为一个非白人女骑手，相比白人女骑手，要面对更多的审视和说教。除了种族和性别之外，她的服装也引起了轰动。就像布莱顿的泰西·雷诺兹一样，她利用自己的缝纫技能给自己做了一套理性服装，包括灰色的宽松及膝灯笼裤和配套夹克，再配上侧面系扣的长靴。芝加哥骑行杂志《裁判》（Referee）称她是"一位美丽而丰满的黑女郎，属于穿灯笼裤一族"。这套服装非常适合她所骑的男式横梁自行车，并在一项进步的马萨诸塞州自行车服装比赛中为她赢得了奖项，当时是 19 世纪 90 年代，社会尚不太开明，所以有些人还在抱怨该奖项颁给了一名非白人的参赛者。

诺克斯还属于河边骑行俱乐部（Riverside Cycling Club）。该俱乐部成立于 1893 年，是美国最早的黑人骑行俱乐部之一。她热爱骑行，而且与泰西一样，她也数次参加骑行比赛，包括参加 100 英里骑行比赛。虽然对于媒体如此关注其参加阿斯伯里比赛这件事她并不感到惊讶，但是她可能好奇为何关于她的报道会如此矛盾。

89

有些报道声称她被拦在赛场外，但《纽约时报》报道称，诺克斯用了些"小手段"，所以她一定会与其他成员一起骑车进入公园。舆论关注当她向美国骑行者联盟出示会员卡时，该组织是否承认她。根据《旧金山电话报》（San Francisco Call）的报道，她的会员卡被拒了，她"悄悄退出了"，尽管该报认为，99% 的成员对此表示遗憾。其他报纸则报道说，执行委员会的某位成员（一位波士顿人）要求人们承认诺克斯是美国骑行者联盟的成员，并给予她应有的权利。《波士顿先驱报》（*The Boston Herald*）声称，诺克斯对她在阿斯伯里公园的遭遇毫无怨言，并对媒体的骚动感到困惑。美国骑行者联盟的成员向新闻界提供了更多相互矛盾的说法：诺克斯不仅在活动中受到欢迎，而且在当晚舞会与白人男子共舞。一些目击者声称，其他女成员对其举止感到厌恶，并大规模地离场。

对于诺克斯的出席，南方媒体中的种族主义者恶语相向，这种情况不会很快消失。《纽约时报》的结论是："这一插曲会令美国骑行者联盟将种族界限问题暂时摊开"，部分成员"将进行抗议，不允许诺克斯小姐继续留在该组织"。

虽然诺克斯的波士顿同胞曾以她彼时已是该组织成员为由为她辩护，但依然未能阻止这一针对非白人新成员的歧视性新规定最终通过。他们未能阻挡骑行界日益严重的种族歧视之势，更多的骑行俱乐部——包括波士顿的骑行俱乐部——禁止非白人成员加入，这项规定将直接禁止凯蒂等人加入骑行俱乐部或者参加此前曾对之开放的赛事，比如波士顿骑手百英里骑行赛，这是诺克斯之前擅长的比赛。

直到 1999 年，美国骑行者联盟［今天被称为美国自行车手联盟（League of American Bicyclists）］才公开放弃了颇具争议的"种族歧视"规定，尽管这项规定早已被人忽视。撤销该规定的同时，它宣布会为支持骑行运动的多样性做出更多努力。这是它早该做的事，而且骑行界的种族歧视问题现在仍需解决。根据 2008 年美国运输部的报告，美国女骑手仍只占该国自行车骑手的 25%，英国女骑手占该国自行车骑手的 27%，而非白人女骑手则只占很小一部分。[2]

无论 1895 年 7 月那天发生了什么，诺克斯都有理由参与骑行比赛，面对美国国内日益高涨的种族隔离煽动潮，她表现出了非凡的胆识。这就是为何今天许多波士顿人称她为骑行界的罗莎·帕克斯（Rosa Parks）。她面对极度不公、先入为主的态度和行动时进行了抵抗，那些有偏见的人只因她的肤色就打算阻止她骑行。诺克斯坚持无视这些态度和行动，她在众多女性中有一定影响力。很多女性在被他人告知不适合骑自行车的情况下仍然继续骑行，有些人甚至在面对极端暴力的威胁下，仍然锲而不舍。她们的抗争反映出自行车在很大程度上仍处于那些关于种族政治、性别、公共空间、气候变化、城市规划等交叉话题的中心。

91

疯狂的姐妹们

在旧金山进行的 2019 年气候变化妇女行动（Women4Climate）调查显示，该市只有 13% 的骑行者是非白人女性，而其中亚裔和西班牙裔女性的比例最低。如果考虑到该市 34% 的人口是非白人女性，非白人女骑行者的比例就太低了。许多受访者表示，"像我这样的女性"[3]不会骑自行车，她们认为骑行这一活动的参与者以年轻的白人男性为主。同往常一样，代表性比例问题十分重要。该问题不仅存在于旧金山，而且存在于全美及其他国家。①

当非裔美国人莫妮卡·加里森（Monica Garrison）2014 年开始在匹兹堡骑行时，她很快就意识到，在这座城市里，像她这样骑行的女性很少。在某次采访中，她承认，自己所属的骑行群体明显不具有代表性，并且表示："我曾经对'骑行者是哪些人、他们是什么模样'

① 伦敦交通局在 2017 年进行的一项研究显示，黑人、亚裔和少数族裔群体的成员（包括男性和女性）尽管占该城市人口的 41%，但只占这座城市骑行者总数的 15%。[4]

存在先入为主的想法。我不确定自己能融入哪个团体。"[5]

后来，她创立了"黑姑娘务必骑行"组织（Black Girls Do Bike，BGDB），她形容该组织像"黑人女孩骑行动员会"。就像莉莉亚斯·坎贝尔·戴维森创立的女骑手协会一样，BGDB 将女性（尤其是非白人女性）与其所在地区的其他骑行爱好者联结起来。目前，BGDB 在该国各地都有分会，并且不断有新分会成立，这些分会由受该组织支持和激励的女性建立。它们安排骑行集体活动，支持新的学车者，分享相关技能，从而创造了一个支持性、培育性的圈子，令骑行成为一项更具多样化和包容性的活动。BGDB 旨在改变自女性开始骑自行车以来一直延续的关于"谁能骑自行车"的说法。

自行车骑行群体缺乏多样性这一问题在洛杉矶同样存在。在这个明显对自行车不友善的城市——它是为汽车时代而建的，高速公路将每个相邻街区分割开来——连骑上自行车都变为一种令人抗拒的行为。就在人们将道路安全视作女性参与骑行的一大主要障碍时，这个城市的骑行者中只有 1/5 为女性，这毫不令人意外。某个地区女骑行者的数量可视作衡量骑行安全的指标。在荷兰等自行车基础设施完善的国家，男女骑行者比例更为合理。在洛杉矶东部地区博伊尔高地，一个以拉丁裔妇女为主的女性团体，像 BGDB 一样，正在挑战这座城市中占压倒性优势的白人男性骑行文化，并将骑行与行动主义相结合，以便"收回街道"*。

"疯狂卵巢自行车队伍"（Ovarian Psycos Bicycle Brigade，以下简称"疯狂卵巢"）也被称为 OVAS（反对 Vendidos——Vendidos 意指那些出卖自己文化的墨西哥裔美国人，他们支持占主导地位的美国文化），

---

* 20 世纪 90 年代，英国便出现了"收回街道"运动（Reclaim Street，RTS），以抵抗汽车文化、抵制汽车空间。——译者注

它是来自邻里社区的非白人"妇女"（"WOMXN"）① 的自行车姐妹会。与凯瑟琳·"凯蒂"·诺克斯不同的是，被边缘化的非白人女性并未被正式禁止加入其他俱乐部，但她们认为以一种代表其价值观念和日常现实的方式开辟自己的骑行空间是十分必要的。虽然"疯狂卵巢"成员骑行时的形象——成员系着印有该团体卵巢和子宫图像的黑色方巾——可能会让她们看起来更像一个飞车帮派，但她们未止步于此。

93

　　"疯狂卵巢"是个女性主义和政治力量公开介入的团体，由音乐人和社区活动家谢拉·德拉·埃克斯（Xela de la X）于 2010 年成立。当谢拉的汽车坏了而她又没钱修理的时候，她便开始骑自行车前往洛杉矶市中心上班。与其他地方的女性一样，她每天骑行时，不断听到嘘声，还遭受其他形式的公然的性骚扰，而她步行时则没有遭受过类似的骚扰。无论如何，她很享受在这座城市名声在外的阻塞的道路中自由穿梭的感觉，这令她觉得"自由自在和畅通无阻"⁶。她希望其他女性也有机会体验这种感觉——不是像她那样曾因落单而被骚扰，而是在骑行大军中相互支持。于是，首次月夜骑行（Luna Ride）的想法诞生了。它是为她所在团体的女性和非二元性别骑行者举办的月圆之夜的骑行活动。这些人以前可能没有信心独自上街骑行，但如果周围都是相似的骑行者，她们可能会这样做。

　　谢拉所在的博伊尔高地与向四周延展开来的洛杉矶市中心只隔着洛杉矶河，但博伊尔高地与闪闪发光的摩天大楼和资本主义的其他标志性地区有天壤之别，不过随着中产阶级化悄然而至，这种状况改变了。20 世纪 60 年代，墨西哥裔美国人（Chicano）的民权运动便以该地为中心，因为墨西哥裔美国人聚居此地。"疯狂卵巢"这个团体自豪

---

　　① 精神病学家经常使用性别中立和"非二元性别"（Non-binary）的术语"拉美后裔"（"Latinx"），以及"妇女"（"WOMXN"），来表示变性妇女和非白人妇女。

地将其群体争取社会正义的历史与自行车骑行者的活动联系起来，"疯狂卵巢"的成员自称"勇士"，不过她们重点针对那些对该地区非白人女性产生影响的问题。

自由、自主和无畏是这一团体的核心精神，这些精神是谢拉觉得自己在成长过程中极度缺乏的。当她的兄弟们可以自由闲逛时，她却囿于室内、倍感压抑——和女骑友们一起上街占用道路成为一种反抗之举。有些"疯狂卵巢"的成员说，小时候她们想骑自行车时，总是遭到劝阻，因为她们的父辈认为这并非姑娘们应该做的事；还有些成员小时候骑过车，但后来受到骚扰或遭到反对而放弃。现在，她们正在改写规则，并重新掌控自己的身体和生活。在此过程中，她们释放出一个强烈的信息：依靠团体的力量，她们将不再害怕在街上自由活动，尤其是在夜间。

在一次月夜骑行中，"疯狂卵巢"的成员两两或四人并排骑行，高呼："谁的街道？我们的街道！"这一团体的力量使她们能够无畏地居住在博伊尔高地的社区，而以前她们会避免在夜间单独出入街道。谢拉说："当你和一群女人一起骑行时，感觉就像，'我得到了支持，我有后援'。你觉得自己可以打赢这场仗。绝对没有什么可以阻止你。于是女人要么不再害怕骑行，要么刚在极度危险的地区占据一席之地。"另一个成员说，她作为骑行队伍中的一员能体会到安全感和赋权感。

作为其"行动主义"的一部分，"疯狂卵巢"因组织成员前往危险地区开展骑行活动而闻名，其目的是增进对于那些针对女性的系统性暴力的了解，并强调她们不会因恐惧而远离街道。"疯狂卵巢"促使更多女性加入其活动，这些女性以前可能没见过像该团体成员那样骑行的女性。丽兹·波顿（Lizzie Borden）于1983年拍摄了反乌托邦电影《硝烟中的玫瑰》（*Born in Flames*），其主题是女骑行者拯救街道上

94

95

那些受到威胁或攻击的女性，而"疯狂卵巢"也与这部电影中的女性骑行帮派极为相似。女骑行者的实际存在鼓舞着其他女性加入她们的运动，这些人可能此前从未见过与自己相似的人骑自行车。很多骑行活动是有主题的，"疯狂卵巢"还就与其成员相关的问题举办讲座，如妇女健康和自卫，并开展以人道主义为核心的活动，如向无家可归者分发救济包。"疯狂卵巢"的活动是流行的群聚效应①（Critical Mass）骑行活动的替代方案，该团体认为至少在洛杉矶，群聚效应骑行活动过于白人化、男性化，不具有充分的包容性。该团体组织了自己的年度 30 英里骑行活动，该活动被命名为"阴蒂效应"（Clitoral Mass）。该团体坚持不让一个骑手掉队——如果有人爆胎，那么整个骑行队就停下来等着车修好。正如成员玛丽安·阿奎尔（Maryann Aguirre）所说："我们不看重谁骑得最快，我们看重的是姐妹情谊。"[7] 相形之下，当她们骑车到回声公园（Echo Park）和帕萨迪纳（Pasadena）等以白人为主的高档住宅区时，经常有人盯着她们，这令她们觉得自己不属于那里。她们认为，如果自己骑着昂贵的自行车，穿着全套骑行装备，就不会有此类感受。

《洛杉矶人》（*LAist*）上有一篇关于最近的一次"阴蒂效应"的线上文章，当我翻看其下的评论区时发现，这群女骑手显然被人视为危险分子。有人匿名评论，将她们描述为"女权主义分子"和"陷入妄想的疯婆子"，并建议人们"往她们的自行车辐条上扔棍子，看她们有多强悍"。但这个团体仍在继续壮大，并在对其群体产生影响的问题上

① 群聚效应于 1992 年起源于旧金山，当时骑手们每月一次聚集在一起骑行，他们穿过街道，利用人数优势从机动车方夺回空间，并深化人们对气候变化以及骑手们在道路上的安全性的认识。该活动在世界各地的城市举行，既是对骑行运动的一种庆祝行为，也是一种"行动主义"活动形式，以更为绿色的交通方式"收回街道"。

变得越来越活跃，特别是其所在社区的中产阶级化问题，该团体成员认为这将导致租金上涨，从而出现有人被扫地出门的情况。她们还特别关注政府对美国和墨西哥边境的政策，如不人道地拘留移民儿童并强行将之与其父母分离。

巴米扬的骑行者

世界各地仍有一些妇女不仅骑车被人劝阻，而且其家庭和社区还主动禁止她们骑行。但她们依然坚持骑行。尽管阿富汗妇女在1919年获得了投票权，仅比英国晚一年，还比美国早一年，但在2018年汤森路透社（Thomson Reuters）开展的民意调查中，她们在此面临基于性别的严重暴力、虐待、贫困及侵犯人权的行为。很多女性是文盲。这些是这个国家50年动荡局面的遗留问题。

在阿富汗，政府出台相关法律禁止女性上学、工作、参与政治活动以及在无男性陪伴的情况下走出家门，并要求她们在外出时一直穿罩袍*。如果女性不遵守这些规定，那么她们将面临暴力的惩罚。毫不奇怪，给人带来自由、独立、机动性和快乐的骑行未获准许。2001年，阿富汗部分地区的妇女状况开始得到改善。教育体系重新恢复，女性甚至开始再次竞选议会成员，有的女性成为法官，有的女性在商界发挥更大的作用，有的女性在公共生活中引起普遍的关注。

冒险家、运动家香农·加尔平（Shannon Galpin）花了十多年在阿富汗访问并开展妇女权利项目。她在科罗拉多州的家中给我打来电话，她不旅行的时候便与女儿住在那里。她记得2007~2008年该国妇女权利和其他重要权利似乎一直有增无减。很多新的自由形式涌现，但她

＊这种罩袍名叫波尔卡（Burqa），是阿富汗妇女的一种传统服装。 ——译者注

从未见过骑自行车的女孩。香农热衷于骑山地车，她决定骑行穿越该国的部分地区。这令她能够以完全不同的视角看待这个国家，而倘若使用其他交通工具，她难以以同样的方式享受壮丽的风景。这个国家不是一个单一文化的国家，事实上它有多种文化。

2010 年，香农成为首位骑自行车穿越喀布尔（Kabul）北部高山中潘杰希尔峡谷（Panjshir Valley）的女性，大多数与她相遇的人之前从未见过女性骑自行车。作为一名外国女性，她发现那些阻止阿富汗妇女骑行的严格社会规范并未影响她；在旁观者眼中，她更类似于"一个稀奇古怪的人，就像马戏团的熊在玩杂耍"。如果这位美国妇女像大多数外国人一样乘车旅行，那么按照他们惯常的想法，接近她便是不妥之举，但他们主动与她交谈。她说，这是一个破冰的过程，"所有束缚都消失了。好奇心超越了文化界限"。当地人一开始只希望能公开与她交流，最后常常变为他们盛情邀请她前往自己家中喝茶。 <!-- 98 -->

有一次，在与一名女翻译同行时，香农得以与一个家庭的女性成员无拘无束地交谈，她们觉得屋里没有男人，可以畅所欲言。这些阿富汗妇女首先询问了避孕措施和女性健康问题，然后香农趁机向她们询问了该国妇女的生活状况。由于政府意识到体育活动对女性健康至关重要，因此鼓励她们参与某些运动。足球、排球、板球、跆拳道甚至拳击她们都获准参加，因为这些运动可以在封闭环境中开展。但是，骑自行车仍然未获准许，因为它主要是在户外公共场所进行的。阿富汗传统文化要求女性穿着得体，而且在某些地区女性应待在室内辟开外人目光，所以有些人认为骑自行车的女性太过招摇，将自己置于男人的注视下。

香农认为，在阿富汗，骑自行车仍然存在很大争议的另一个原因是：跨坐在自行车鞍座上的行为被视为淫乱的暗示和公开性行为，因此骑行还是禁忌。①

伊朗的情况也是如此，伊朗领导人阿亚图拉·哈梅内伊（Ayatollah Khamenei）在 2016 年发布了一项由宗教领袖做出的决定：反对女性在公共场合骑自行车，理由是她们对道德构成了威胁。有人指出："女人骑自行车往往会吸引男人的注意力。她们必须放弃骑行。"[8] 在伊朗，尽管有些女人因为骑行被捕，许多女人依然继续骑行，她们的自行车被罚没，她们还被迫签署声明，承诺自己不再骑行。2019 年，伊朗城市伊斯法罕的市政府不支持女性骑行，但该城市因拥有宽广的自行车道网络并吸引了大量骑手聚集此地而名声在外。

显然，伊斯法罕市政府工作人员正在为女性设计一辆"有盖自行车"。香农说，在阿富汗，人们经常对准新娘进行童贞测试，许多人认为骑自行车会对极其珍贵的完整处女膜造成直接威胁，尽管其他活动也会带来类似风险。她曾遇到一个持不同看法的男人。他告诉她，骑自行车需要大智慧，这就是为何女性不能骑自行车。

香农觉得她在阿富汗的骑行经历可表明，女性可以而且确实在骑自行车。但她意识到，作为一个外国人，她永远无法改变当地人对阿富汗女性骑行的看法。香农不知道的是，当她在潘杰希尔峡谷骑行时，朝西几百英里的地方，有一个阿富汗妇女正冒着不被认可和遭遇暴力的风险在骑行，希望借此纠正人们对像她一样的骑行者的看法。

扎赫拉·纳林（Zahra Naarin）已经二十几岁了，她在伊朗生活时不顾众人反对，从 13 岁就开始骑自行车。她尚是稚儿时父母就去世了，她由一个姐姐抚养长大，她说姐姐把她当作男孩来养，并期望这

---

① 就像我看到有人在评论 2018 年《阿拉伯新闻报》（*Arab News*）中一篇关于沙特阿拉伯妇女骑自行车的文章时写道，出于这个原因，他们"预计艾滋病很快将进入沙特阿拉伯"。

能赋予她相较大多数阿富汗女孩来说更多的自由和勇气。这似乎起了
作用，因为扎赫拉直面并对抗那些因其性别而对她的各类行动加以阻
止的行为，如她想上学的要求。 100

18岁时，扎赫拉迁往喀布尔西北方向的巴米扬省，进入一所大学
学习考古学。她很快就因骑自行车去上课而引人注目。当地的男孩会
骑自行车上学。尽管没有公交车可坐，而且从家到学校每天步行往返
可能需要2个小时，但没有女孩骑自行车。不管有什么风险，扎赫拉
认为，"女孩应该拥有和男孩同样的权利，无论是接受教育的权利，还
是骑自行车的权利"[9]。

当我后来在喀布尔与扎赫拉交谈时，她告诉我，当她首次用这种
方式出行时，该地区的宗教学者非常生气，他们说大家应该朝她扔石
头。如果她放弃骑行，没有人会指责她，这样的斗争太危险了，但扎
赫拉仍坚持骑行。最终她说服了他们：为了继续学业，这是必要的。
她因成为一名女骑行者而出名，很快就有人想加入她。其中一个想同
她一起骑行的人是扎奇娅（Zakia），她在伊朗学会了骑行，回国后一
直很怀念它。

扎奇娅的父亲经营一家自行车店，他支持女性参与骑行活动。但
她对独自骑行缺乏信心，这是可以理解的，所以她在街上拦住扎赫拉，
与她交谈，很快两人就一起骑行了。不久，又有女孩想加入她们，于
是她们决定成立一个团队，进行训练和比赛。但购车是参与其中的又
一障碍——一辆自行车的价格相当于一个月的工资，甚至有位父亲为 101
了支持女儿加入该团队，借钱给她买了一辆自行车。

这个团队的女孩开始定期聚会，先聚在一起聊天、吃饭、热身、
清洗和修理自行车，然后再骑车上路。在繁忙的公路上，她们排成一
路纵队骑行，与之同行的有大卡车、牵着驴的农民及背上驮着农产品

的驴。而在交通不那么繁忙的道路上，她们则分散开来，两人并行，车辆经过她们时都得减速。她们经常骑车经过历史悠久的岩洞群，6 世纪雕刻在砂岩悬崖上的巴米扬巨型佛像曾矗立于此，直至 2001 年被炸毁。

2015 年，该团队参加了"环巴米扬自行车赛"，这是阿富汗首个允许女性参加的比赛。然而，该团队成员仍在努力争取世人的接受，并且仍在继续遭受不当的关注。有人对她们说，如果她们在私密场所骑行，那是没有问题的，但是如果她们这样"成群结队地骑行"，便会有遭受暴力袭击的风险。她们还遭受不实指控，理由是她们骑车时没戴头巾、穿着不得体（成员们其实全都遵守这个国家的着装规定，将手足和头发遮住了）。

许多成员感到害怕，这是可以理解的，但扎奇娅和扎赫拉仍然深信她们没有做任何可耻的事情。她们与巴米扬省省长会面，这个省长（思想）较为进步，她们想获得他的支持——他也很乐意提供支持，但他当然无法保护她们免受可能突遇的暴力行为。此后，与扎赫拉及其团队一起骑行的香农将扎赫拉描述为自己所知的"坚强的女性之一"。

5 年后，这个团队仍在继续壮大。成员们现在普遍为公众所接受，一些当地人为该团队成为当地的一大象征而感到自豪。看着她们出去骑行，男孩们告诉她们自己要去教姐姐、妹妹骑行。虽然仍有一些男人不让自己的女儿或姐妹骑行，但扎赫拉乐观地认为，人们会逐渐接受这种观点，即任何人都可以骑自行车。

102 扎赫拉正在喀布尔接受全日制教育，所以扎奇娅成为该团队的负责人和培训师。就像维多利亚时代"莫布雷之家"骑行协会的成员一样，该团队成员共享 6 辆山地自行车，她们在早上和晚上学习训练课程。星期五不上课时，她们把自行车运到高高的兴都库什山（Hindu Kush）

上，由此前往该国的首个国家公园班达拉米亚公园，进行大约 100 公里的长途骑行——在扎赫拉开始反抗性地驶过她所在城镇的街道之前，这是难以想象的。

该团队继续鼓励女性尝试骑行，并与喀布尔和马扎里沙里夫的女性骑行团体联系，但在该国的许多地方骑行尚不安全。与部分地区相比，巴米扬相对进步，这里的人相对自由，而且战争遗留下来的地雷也较少。

就在扎赫拉骑行上学、参观考古遗址（这是她学习的部分内容）以及锻炼身体之时，阿富汗仍有太多的人连这种基本的流动性都被剥夺了，特别是在农村地区，只有一小部分人有轿车，公共交通工具也极少。

在有些国家，过去女性骑行超出了其文化规范的边界，但现在这些国家农村地区的女孩正在骑行上学，她们获得了医疗保健或工作的机会。她们的生活已经被自行车改变了。以前她们可能会因步行路途太远而辍学，现在她们可以快速、轻松、安全地去上学。骑行改善了她们的就业前景，更有利于她们掌控自己的生活，骑行的好处不一而足。

香农认为，自行车是实现社会正义的有力工具，如果阿富汗有更多的妇女获准骑自行车，那么她们也会享受类似的好处。慈善机构世界自行车救济会（World Bicycle Relief）证明了这一点，据它报告，那些接受了该机构捐赠自行车的女孩，学习成绩和出勤率都有所提高。

阿富汗妇女权利的前景并不明朗，但不可否认的是，目前在安全地区，更多的女性骑自行车，其中许多人受到那些先驱（如扎赫拉）的鼓舞。喀布尔还有一支女子国家队，该团队目前正在重建。如果这支队伍的成员有一天能够代表阿富汗参加自行车国际赛事，甚至能参加奥运会，那么想要合理地拒绝给予其他女性此类机会就更难了。

一辆绿色自行车

阿富汗以西的沙特阿拉伯最近才给予妇女驾驶汽车的权利。它是世界上最后一个这样做的国家。在这个国家，这是女性权利的一个历史性时刻，该国曾多次试图且现在仍然试图限制女性的自由。2015 年，她们终于获得了地方选举的投票权和参选权。鲜为人知的是，2013 年，由沙特阿拉伯"倡导美德、防止罪恶委员会"（宗教警察）所实施的禁止女性骑行的禁令也被取消了。

2012 年上映的电影《瓦嘉达》（*Wadjda*）通过讲述同名女主角对拥有一辆自行车的迫切愿望，探讨了沙特阿拉伯女孩的骑行禁忌。导演海法·曼苏尔（Haifaa al-Mansour）是首位在其祖国拍摄电影的沙特阿拉伯女性。在这部影片中，瓦嘉达最好的朋友阿卜杜拉（Abdullah）偷偷地教她骑自行车，瓦嘉达恳求当地的自行车店老板不要卖掉她心心念念的那辆绿色自行车，等她攒够钱会来买它。她的母亲最初不支持她骑自行车。尽管如此，瓦嘉达仍然专注于骑行。她的学校举办《古兰经》朗诵比赛，赛事的奖金可以支付这辆自行车的费用，这一消息激励她成为一名模范学生。瓦嘉达在比赛中获胜。然而，当她告诉老师（其职责包括监督女生的行为）自己将如何使用这笔奖金时，他们大吃一惊，没收了这笔钱，并以她的名义把钱捐给了巴勒斯坦。不久之后，她的父亲娶了第二任妻子，瓦嘉达的母亲给自己的女儿买了一辆自行车，以此进行反抗。影片结尾，我们看到瓦嘉达在一场自行车赛中击败了阿卜杜拉，她的脸上洋溢着喜悦之情。

虽然 2013 年颁布的法令使像瓦嘉达这样的女性从法律层面获准骑自行车，但很少有女人骑行。女性要获准骑行需要满足一长串的条件：女骑行者必须穿阿巴雅（Abaya，即阿拉伯妇女穿的罩袍），或朴素的长袍；她们只能在某些指定区域骑车；必须有一位男性监护人陪同；有一项规定最能说明问题，即她们不能将自行车作为交通工具，而只能用于娱乐。

今天，在波斯湾东海岸城市胡拜尔（Al Khobar），我们可以看到女性成群结队地沿着海滨骑行，但走到如今这一步，她们用了很多年。有一位叫法蒂玛·阿尔-巴鲁什（Fatimah Al-Bloushi）的女骑手在决定前往欧洲参加为期一周的慈善自行车赛后，于 2017 年开始在该城市骑自行车。她很小就学会了骑自行车，但成年后就没骑了。只有当她出国旅行，到伦敦和阿姆斯特丹这类将自行车视为交通工具的城市时，她才会抓紧机会骑行。

为了准备即将到来的赛事——她需要每天骑行 100 公里——法蒂玛决定在家乡训练。当时，她在胡拜尔从未见过女骑行者。由于不想引起别人注意，她选择在清晨或晚上前往安静的地方骑行。她告诉我，尽管她的行为并未违法，但她经常被警察拦下。他们会训斥她，要求她签署某些文件表明自己不会再犯，并警告她如果她再骑行便可能会面临法律诉讼。尽管这些警察告诉她，他们是为她这个独自外出妇女的安全着想，但她所经历的唯一麻烦就是警察带来的。法蒂玛认为他们的行为是出于个人偏见。这些人都是自有主张之人，并且有权力将之付诸实践，他们不喜欢她挑战沙特阿拉伯的文化规范。其中一个警察指责道："你以为你在哪里？这不是美国。在我们这里，女人骑车外出是不被允许的。"

法蒂玛被参加该赛事的沙特队拒绝了，该队伍的成员都是男性。

因为他们担心让一个女人与自己一起骑行会在政府那里惹麻烦。她转而加入了一个国际骑手队伍。当媒体报道有位沙特阿拉伯妇女参加比赛时，她收到了来自沙特阿拉伯国内女性的大量信息。一些人告诉她，她们想学骑自行车；另一些人希望下次能与她一起参加比赛。大多数人是对自己独自骑行缺乏信心的女性。

应这些要求，法蒂玛成立了"她骑行"（HerRide）团队，每周两次带领其成员沿着该市唯一的自行车道骑行，那里机动车不能通行。2018 年，该组织中有 4 个人，其中包括法蒂玛的妹妹亚萨（Yasa），她要前往欧洲参加同一个赛事。这次比赛的起点在瑞典，终点在德国。当她们与来自世界各地的数百名骑手一较高下后回国时，法蒂玛感到形势开始逆转。至少在吉达（Jeddah）和胡拜尔这样相对自由的城市，女性骑行正逐渐被人接受。

2012 年有 2 名沙特阿拉伯女性进入奥运代表团，2016 年有 4 名沙特阿拉伯女性进入奥运代表团。2018 年前，女性不得进入体育馆。许多女性为了保持健康，只能逛商场。因此，据统计，沙特阿拉伯妇女患肥胖症、癌症等疾病的比例高于男性。沙特阿拉伯甚至禁止女性观看体育赛事。直到 2018 年，政府才取消了女性不得进入体育场馆的禁令。

虽然相关法规可能略有松动，但沙特阿拉伯社会对妇女参加体育活动仍然充满敌意。反对者们的主张与 19 世纪末西方社会的主张相同：体育活动将使女性变得男性化，而且会令她们不再严格遵守服装方面的规定，这反过来会影响人们的道德水平。吉达的一位女骑手说，当她于 2015 年首次与朋友们一起骑车外出时，有公众不满，有时会叫警察来拦住她们。

想在沙特阿拉伯骑行的妇女们现在有了一个强大的支持者，那就是沙特驻美国大使瑞玛·宾特·班达尔公主（Princess Reema Bint Bandar Al-Saud）。她不仅是沙特阿拉伯有史以来的第一位女大使，还曾担任沙特社区体育联合会（Saudi Federation for Community Sports）主席，其职责是令社会对女性参与体育运动更为包容。她主要负责让体育教育进入学校，并积极鼓励女性走上街头、走进公园进行锻炼。她说："我告诉女性，她们去公共场合锻炼无须获准，她们想要开展自己的体育项目也无须获准。而越来越多的女性正在这样做。"[10]

法蒂玛已从文化变革中获益。她受命传授其他妇女自行车骑行技能，还参加训练营以成为新组建的女子骑行车队的一员并准备参加奥运会赛事。

纳迪玛·阿布·艾尼恩（Nadima Abu El-Einein）也因沙特阿拉伯对女性骑行态度有稍许松动而受益，并为女性骑行做出贡献。在她的家乡（红海之滨的吉达），她已参与到鼓励、教导女性骑行的活动。2018年，她组织了该国首次女子自行车比赛，这是该国有史以来第二届女性体育赛事。此前，她一直受到反对女性骑车的文化态度的影响，在她还是少女的时候就已停止骑行。2015年，当她的姐姐和母亲鼓励她再次参加比赛时，她便开始在照片墙上分享她的骑行照片，并且像法蒂玛一样，很快就收到其他女性发来的信息，想要与她同行。同年，16岁的她成立了"自行车"（Bisklita）组织，这是该国第一个专门的女子骑行俱乐部，截至2021年其成员已从6人增加到500人，成员的年龄不一，能力各异。其中一位成员曾受过脑部伤，因而其平衡能力不太好，于是骑着三轮车加入了该组织。

纳迪玛的母亲曾教她骑行，所以对她而言，支持其他妇女参与骑行似乎是自然而然的事。她相信，伊斯兰教中没有任何规定禁止她们骑自行车。当她们刚开始一起骑行时，骑车的女性是一道罕见的风景，旁观者们大喊大叫，有时还朝她们扔东西。但她们仍然坚持下去，而现在她们已日益为这座城市里的人所接受——就像巴米扬的女骑行者那样。

这一改变尚未影响该国其他地区。在许多城市和乡村，骑自行车的妇女仍然受到骚扰。虽然没有相关法律明文规定必须携带沙特骑行联盟（SA Cycling Federation）的会员卡，但法蒂玛发现当她出示会员卡时，警察就会让步。而纳迪玛对其团队成员遭受警察拦截不厌其烦，于是写信给班达尔公主，要求沙特骑行联盟给她们发放许可证。班达尔公主安排她们使用当地的一个体育场，这样纳迪玛就可以安心教其
109 成员骑行。

一项名为"沙特愿景2030"（Saudi Vision 2030）的倡议有很多目标，比如让更多的妇女有机会工作，再比如增加女性参与体育活动的机会。批评者认为这是"装点门面"，因为该倡议没有提及妇女平等或给予她们充分的社会和政治权利。妇女权利活动家为改变监护人制度付出了高昂的代价。为解除驾驶禁令而斗争的女性被关押，根据人权组织的说法，某些人还遭受了折磨。尽管该禁令于2018年失效，但仍有许多女性依然被关押着。

一位离开沙特的妇女表示，她不再需要征求许可就能去做无数众人视作理所当然的事情，如离开家、随心所欲地打扮等。她现在正在
110 学习骑行、游泳和滑冰——这些其监护人必定不会允许她做的事。

在撰写本书时，有传言称沙特阿拉伯正放宽有关监护人的部分规定，这表明女性很快就能获得护照并在无须监护人同意的情况下出国旅行。尚无确切消息保证该国将彻底废除监护人制度，因此我们目前还不清楚放宽相关规定将对妇女权利和行动自由产生什么影响。

像法蒂玛和纳迪玛这样的草根阶层女性至少能够享受这项几年前

尚属违规的活动。法蒂玛告诉我，她希望"沙特妇女被赋予更多权利"，而允许她们骑行就是其中之一。法蒂玛等人正在激励其他女性参加这种与自由、运动和体能相关的活动。

当被问及教女性骑行对她意味着什么时，纳迪玛认为"它令我心中充满喜悦"[11]，这样她们也能"摆脱对社会边界的恐惧"。她相信，在过去几年里，社会对女性的态度已经出现了积极的转变，而骑行在这一转变中发挥了关键作用。　　111

第六章　"女同胞们，行动起来吧！"

1914 年，推着自行车的妇女参政权论者，为妇女社会政治同盟与埃米琳·潘克赫斯特（Emmeline Pankhurst）的会面进行宣传。

踏板助力变革

当议会准备于 2 月 13 日正式开启 1907 年的会期时，400 多名女性当天下午 3 点聚集在伦敦的卡克斯顿大厅（Caxton Hall），成立"女性议会"。她们既是妇女社会政治同盟（Women's Social and Political Union，WSPU）的成员，也是妇女参政权论者。她们在此抗议，因为前一日国王所发表的演讲再次遗漏了妇女选举权。

当妇女社会政治同盟领导人埃米琳·潘克赫斯特下令"女同胞们，行动起来吧！"时，大厅里众人开始呼喊："就现在！"这一代表团分成若干小组，人数之众覆盖了维多利亚街半英里的范围。她们来到议会大厦（又称威斯敏斯特宫），准备向首相递交请愿书，要求对这一问题进行辩论。理性服装的倡导者和骑行者弗洛伦斯·哈伯顿女士连同妇女社会政治同盟中其他高知名度的社会活动家共同领导其中一个小组。

她们到达威斯敏斯特教堂时，一排警察挡住了她们的去路。游行者们没有回头，而是试图强行闯过去前往议会。有的警察徒步，有的骑马，他们反应激烈，试图用警棍驱散人群。许多妇女在这场残酷的打斗中受伤。一家报纸后来将此次游行描述为宛如"足球抢球大战"[1]，许多妇女一小时接一小时地对抗警察。

一些妇女愤然喊道："我们不会离开，我们要见首相！"有 15 名妇女设法闯破警戒线，冲到议会大厦入口处，却被逮捕。又有 51 名妇女被带到苏格兰场（英国伦敦警察厅的代称），其中有妇女社会政治同盟领导人埃米琳、西尔维亚·潘克赫斯特（Sylvia Pankhurst）和克丽斯特布尔·潘克赫斯特（Christabel Pankhurst）。晚上 10 点，示威的妇女终于放弃了斗争，不再试图闯入议会大厦。

大多数被捕者于次日被判处在霍洛威监狱服刑两周。宣判时，法官决定结束她们"这种无序而令人厌恶的活动"。 114

被捕的人中有来自莱斯特的工人艾丽斯·霍金斯（Alice Hawkins）。她是公平鞋靴厂（Equity Boot and Shoe）的机械师，该工厂采取合作社的形式，培养了她对社会公正的深层关注。长期以来，她认为，女性与男性应同工同酬，而且政府应该给予女性最基本的民主权利——投票权。

艾丽斯和丈夫是积极的社会活动家。她认为所有社会阶层的妇女都应在政治体系中占有一席之地。公平鞋靴厂鼓励其工人参与政治活动，并支持她去伦敦参加游行。这与大多数工厂形成鲜明对比，在那些工厂工人如果请假参加抗议活动就会被解雇，如果被捕入狱，他们的情况就会更糟糕。虽然进监狱服刑，但艾丽斯没有停止活动，更加坚定地投身于妇女参政权事业。在描述霍洛威监狱时，她忠于自己的怜悯之心和对社会正义之承诺，谴责了那些不是妇女参政权论者的女囚们所遭受到的恶劣待遇，特别是那些被判服苦役的妇女的待遇。在接下来的 7 年里，她又被捕、监禁了 4 次。

艾丽斯从霍洛威监狱首次坐牢获释后回到莱斯特，她对政治制度的不公局面更加愤慨，成立了妇女社会政治同盟莱斯特分会，并努力从该市的众多工厂招募女工。她们的首次会议在公平鞋靴厂大厅举行。西尔维亚·潘克赫斯特讲述了妇女参政权事业，艾丽斯则分享了她在霍洛威监狱的经历。很快，妇女社会政治同盟莱斯特分会就开了一家"为女性投票"商店，出售该组织的报纸和其他文献，为妇女参政权事业筹集资金，并为成员提供一个聚会点。虽然反对这一运动的当地人经常打破这家商店的窗玻璃，但它仍然是莱斯特妇女参政权运动的中心，这多亏了艾丽斯。

这一切与一本关于女性骑行运动的书有什么关系呢？艾丽斯的活动与自行车有关。有自行车，她便能够四处奔走，在工厂门口举行集会，宣传即将举行的妇女社会政治同盟会议，这是她步行所无法做到的。她既能在市内也能在莱斯特方圆 30 英里内的村镇传播消息。这些地方的人在听到有关伦敦抗议和逮捕状况的新闻报道时，可能会觉得那些事情离自己很遥远，并且觉得与己无关，甚至产生反感（就像以中产阶级和上层阶级为主的妇女社会政治同盟发表演讲时听众可能有的反应一样），但艾丽斯关于斗争的第一手资料引起了工人阶级妇女的共鸣，她们将她视为自己的一员。

每个星期天，艾丽斯——与妇女社会政治同盟莱斯特分会的组织者多萝西·佩西克（Dorothy Pethick）一起——把妇女投票的相关信息带往附近的村庄和市集广场，举行讲座和集会，并分发诸如《为女性投票》报纸等有关该运动的资料。她们经常遭到政府和当地男性的抵制，但她们仍然毫不畏惧。她们所发起的骑行运动，直接推动了在拉夫堡（Loughborough）迅速建立妇女社会政治同盟分会。

从克拉里昂女骑行者到骑行侦察员

艾丽斯并非唯一一个骑自行车的妇女参政权论者。骑行是烙印在妇女社会政治同盟中的基因，其许多成员热衷于骑行。妇女参政权运动的组织者——潘克赫斯特家族引领了这一潮流，这再合适不过了。

埃米琳的女儿克丽斯特布尔，即西尔维亚的姐姐，最热衷于骑行。 116 从 13 岁起，她就恳求其当大律师的父亲给自己买辆自行车。起初，她的父亲担忧家乡曼彻斯特的道路交通太繁忙，但在 1896 年她 16 岁时，他终于向她妥协了。尽管家庭有经济压力，但她的父亲还是给她买了一辆最昂贵的"手牌"自行车（Rudge-Whitworth）。也许因为西尔维亚对自行车不像她姐姐那样执着，也可能是因为她比姐姐小两岁，得到

的是一辆明显没那么高级的自行车，这辆车是当地独立工党
（Independent Labour Party）的成员用煤气管道的碎片做成的。这也许
可以解释为何西尔维亚并未像其姐姐那样热爱骑行。她想追上其更年
长、更强健的姐姐时，她那辆"管道装置"似乎是"极大的障碍"[2]。
尽管如此，西尔维亚出于不同寻常的同志情谊，同时为了维护姐妹关
系，她一有时间就会骑行。

　　克丽斯特布尔似乎并不理解她妹妹的难处，她经常头也不回地向
前骑。西尔维亚说："她会从我身边消失，骑上某座山头，有时比我早
1小时到家。我记得有一次我被甩到车把上，站起来的时候仍惊慌失
措，我不得不走一段路才能重新骑上自行车。"[3] 西尔维娅将与姐姐一起
骑行描述为"名副其实的折磨"。她会拼尽全力、满脸通红、喘着粗
气——直到"我的心脏似乎要爆裂"——而克丽斯特布尔依然不耐烦
地催促她。

　　令西尔维亚松了一口气的是，当她们加入曼彻斯特当地的自行车俱
乐部——克拉里昂骑行俱乐部（Clarion CC）时，她发现其他骑行者不
会在山脚下抛弃她："同行者中部分女骑行者往往速度较慢，而男骑友
则很友好地施以援手，帮她们推车。"[4] 该俱乐部的座右铭是"友谊是生
命"，这恰如其分。很快，她们每周都与同伴并肩骑行——她们是"克
拉里昂女骑行者"——在周日驶入乡下，远离曼彻斯特工业的灰尘。西
尔维亚是该俱乐部最年轻的成员，每周远行中产生的友情深深地打动了
她，哪怕她时常遇到爆胎的情况，同行的成员也愿意帮她修补。

　　潘克赫斯特家族一直属于在政治上活跃的家族，在妇女社会政治
同盟成立之前，他们参与了独立工党的活动。克拉里昂骑行俱乐部是
由罗伯特·布拉奇福德（Robert Blatchford）所创办的同名社会主义周
报下属一个骑行团体的分支。布拉奇福德曾因为毫不妥协地撰写专题

报道反映曼彻斯特工厂工人恶劣的生活条件而被上一家报社解雇。他于 1891 年创办了报纸《克拉里昂》（Clarion），报道政治方面的不公状况和贫困工人的生活现实。

当时正值自行车热的高峰期，《克拉里昂》报社于 1894 年在伯明翰成立了其首个自行车俱乐部（克拉里昂骑行俱乐部）。截至 1897 年，英国各地已有 70 家骑行俱乐部。与很多骑行俱乐部不同的是，它几乎从一开始就接纳女性，并支持女成员穿理性服装。除了每周日的骑行社交外，克拉里昂骑行俱乐部的活动还包括野餐、自行车旅行和野营。

俱乐部组织的夏令营深受欢迎，有数百名克拉里昂的女骑行者参加。一辆马车将设备运到营地，其中包括一个大型帐篷，用作餐厅和娱乐厅。工党领袖基尔·哈迪（Keir Hardie）1896 年在营地住了一晚，并帮忙洗刷刷（这是一个受欢迎的姿态，因为克拉里昂的性别平等意识并没有扩展到俱乐部生活的方方面面，女性主要负责餐饮事宜）。根据西尔维亚对那段岁月的描述，新鲜空气、运动和社会主义相关言论并非仅有的收获，营地氛围还让年轻成员有机会沉浸于假日的浪漫爱情。

118

1897 年，在西尔维亚和克丽斯特布尔加入一年后，该俱乐部在柴郡乡村的巴克洛山（Bucklow Hill）租了一间实验性、合作式的小木屋，作为附近成员的会所。埃米琳·潘克赫斯特承担了部分房屋租金。该会所可容纳 60 人，其他人可在庭院内露营。

曼彻斯特自行车俱乐部（Manchester Cycle Club）还为其成员组织了露营，许多成员是纺织厂工人。由于低薪，工人无法享受假期，这些野营旅行使工人们在劳作之余得以休息。艾丽斯·福利（Alice Foley）是博尔顿（Bolton）一家棉纺厂织工的助手（后来成为一名富有影响力的工会成员），她是曼彻斯特这家骑行俱乐部的成员，每周都会从工资中省出一部分，打算购买一辆自行车，以便参与俱乐部的骑行活动。这些自行车俱乐部的营地也欢迎来自市内贫民窟的儿童。西尔维亚·潘克赫斯特对其中一个孩子的夭折感到痛心，她将这个孩子的死归咎于"生活困苦的工人阶级家庭中常见的悲剧——物资匮乏"[5]。

当西尔维亚的父亲理查德·潘克赫斯特（Richard Pankhurst）在1898年突然去世时，曼彻斯特自行车俱乐部成员骑自行车加入了送葬队伍。对潘克赫斯特家的女孩来说，周日骑行和夏令营很快就成为过去的事。她们的全部精力都投入到妇女解放运动，她们于1903年成立了妇女社会政治同盟。在搬到伦敦之后，克丽斯特布尔和西尔维亚定期为《克拉里昂》撰写了有关妇女参政权事业的特别报道，它因此成为报道该问题最广泛的一大报纸。姐妹俩作为克拉里昂女骑行者，骑着自行车分发报纸，并在途经的村镇举办讲座，以此来传播社会主义的相关信息，为妇女社会政治同盟利用自行车来传播信息的行为奠定了基础。正如我们所看到的，克拉里昂骑行俱乐部莱斯特分会的成员艾丽斯·霍金斯在1909年东米德兰运动中很好地运用了这些策略。

妇女社会政治同盟中的大量成员热衷于骑行，把它视作最喜爱的休闲活动之一。骑着印有妇女参政权运动口号的自行车参加游行，以提高人们对这项事业的认识，这似乎是一种进步。但是苏格兰妇女参政权论者弗洛拉·德拉蒙德（Flora Drummond）于1907年使骑行在该组织所发动的全国性运动中起到关键作用。

弗洛拉作为安排妇女社会政治同盟游行和示威活动的负责人，了解视觉冲击的重要性。她被称为"将军"，因为她有身着军装骑马参加游行的习惯。她认识到，在向乡村妇女传递妇女参政权论者的信息时，自行车比马匹更实用。1907年，她组建了一支队伍，后来这支队伍被称为妇女社会政治同盟骑行巡逻队。弗洛拉担任这支队伍的"队长"，巡逻队员们每周六在伦敦斯隆广场（Sloane Square）的皇家宫廷剧院外集合，然后列队出发，传播相关信息。她们给所到城镇和村庄留下了相当深刻的印象。她们都穿着象征妇女参政权运动的紫色、白色和绿色相间的制服，自行车都装饰着妇女社会政治同盟的旗帜。1909 年后，有人骑埃尔斯威克自行车制造公司与妇女出版社合作为妇女社会政治同盟专门生产的自行车。这些自行车涂有妇女参政权运动的代表颜色，上面装饰着西尔维亚设计的徽章，徽章上有妇女社会政治同盟的图案：自由天使（一个长翅膀、吹着喇叭的女性形象）。妇女参政权论者的自行车于 1909 年的妇女展览会（Women's Exhibition）上市，该车型有个可容纳长裙的下沉式车架，并配有带垫子的弹簧鞍座、防止裙子被卷入辐条的车轮挡板以及优雅的弧形车把。

像克拉里昂女骑行者一样，妇女社会政治同盟骑行巡逻队员们会在途经的人群中举办即兴集会。她们骑车经过各街道时会响铃，吸引众人围观，然后她们会停下来，由某名成员站在箱子上发表演讲。巡逻队员们分发《为女性投票》报纸和其他小册子，接着骑车前往行程中的下一站——她们一路唱着妇女参政权主题的歌曲。

她们鼓励妇女社会政治同盟在全英各地的分支机构成立自己的自行车队。英国湖区（Lake District）是一个山区，其中大量村庄与外界隔绝。该地区的一个分支机构为愿意将自行车旅行与竞选活动结合起来的妇女参政权论者提供在该地区的骑行假期，费用由该机构承担。这为社会活动家们提供了一个绝佳机会，她们在共同探索国内风景胜地的同时，还能推动妇女参政权事业发展。

因为政府不断拒绝妇女参政权论者提的要求，妇女参政权运动变得愈发激进，自行车继续被证实是有用的——特别是作为一种逃跑工具。1913 年发生了所谓的"邮筒暴行"，妇女参政权论者将墨水或易

120

燃液体倒入英国皇家邮政（Royal Mail）的邮筒，然后骑车离开，而里面的邮件则被损坏或被烧毁。

1913 年 3 月 19 日凌晨 1 点，有两名妇女被一名警察发现，她们当时正在夜色笼罩下的萨里郡埃格姆小巷中快速骑行。她们往前骑行了几英里，穿过斯泰恩斯（Staines）铁路桥时，另一名警察叫停了她们，并对其中一个未亮车灯骑行的人发出警告。这名违法者自称菲利斯·布拉迪（Phyllis Brady）。她们点亮灯，就获准继续前行。

这名违法者的真实姓名是奥利芙·比米什（Olive Beamish），她后来被捕入狱，因为她做的事情远远不止自行车未亮车灯这么简单。奥利芙及其朋友埃尔茜·杜瓦尔（Elsie Duval）在夜色的掩护下骑车快速穿过萨里，因为她们刚刚放火烧了特雷维森，这是一座属于怀特女士的豪宅，而这位女士的亡夫是一位获得过勋位的英国军官。这座房子已经空置了 3 年。确保没有人受到伤害是所有妇女参政权论者纵火的前提条件。她们在自行车前筐装了用来点燃特雷维森的汽油。纵火前她们还先打开了所有窗户助长火势，大火迅速蔓延到整栋建筑。在花园里，她们留下了手写的记号："为女性投票"和"停止折磨我们狱中的同志"。

一个月后，埃尔茜和奥利芙在克罗伊登区（Croydon）被捕。当时也是凌晨 1 点，她们携带装满易燃物的皮箱。像许多被关押的妇女参政权论者一样，在霍洛威监狱时，她们绝食。[①] 当强制喂食不起作用时，她们成为根据《猫鼠法案》* 而获得临时释放的首批两名囚犯。

---

① 为此，她和其他许多因其行为而入狱的人一样，获得了由妇女社会政治同盟颁发的绝食抗议奖章，上面刻有与维多利亚十字勋章上一样的语句——"因为勇敢"。

* 1913 年，英国议会为了对付在狱中绝食的女权运动者，通过了一项《病囚暂释法案》（也称为《猫鼠法案》），绝食的囚犯能够被暂时释放，但是等囚犯恢复健康之后，就会被抓回监狱继续坐牢。 ——译者注该法案允许释放奄奄一息的囚犯，警方跟踪她们以获取信息，并在她们恢复体力后重新抓捕她们，再让她们服完其刑期。这两名女囚在获释后都潜逃了：埃尔茜逃离了这个国家，直到第一次世界大战爆发后才回来；而奥利芙则继续她的激进活动，直至次年才被逮捕。

伊迪丝·里格比（Edith Rigby）也是利用《猫鼠法案》的逃亡者。她在利物浦棉花交易所（Liverpool Cotton Exchange）的地下室放了一枚炸弹，后来又在利弗休姆勋爵（Lord Leverhulme）的乡间住所纵火，被判处在沃尔顿监狱服 9 个月苦役。19 世纪 90 年代，在家乡普雷斯顿（Preston），她是首个骑自行车的女性。她穿灯笼裤骑行（因为这样做，她还被扔了鸡蛋和烂菜叶），所以她骑自行车潜逃再合适不过了。为了避免被人发现，她穿工装骑自行车来到利物浦码头登上了前往爱尔兰的渡轮，最远到达戈尔韦（Galway），就连她的丈夫也不知道她的去向。人们认为她数月以来都在躲避警察的追捕，很可能躲到 1914 年 7 月，当时第一次世界大战已爆发，因而英国政府宣布对所有被监禁的妇女参政权论者实行大赦。此后，伊迪丝总穿着男装，这是可以理解的，因为她发现男人的衣服更实用。

1914 年 4 月，战争爆发前的数月，两名年轻女子骑自行车来到海边的一所公寓，开始了在萨福克（Suffolk）的旅程。她们在这里逗留了两周，恰逢附近发生了一连串的纵火事件，这些事件都具有妇女社会政治同盟激进活动的特征，如在残骸中留下纸条宣称，"在妇女获得投票权之前将无和平"。

4 月 17 日星期六凌晨 4 点，一场爆炸撼动了大雅茅斯（Great Yarmouth）不列颠尼亚码头的一个展馆。码头很快就被大火吞噬，除了铁梁之外，一切都被摧毁了。彼时，这两位女骑行者正住在洛斯托夫特（Lowestoft）的一家小宾馆里，不过她们告诉房东，自己当晚不会回自己的房间，而是与朋友一起过夜。虽然她们的房间是以希尔达·拜伦（Hilda Byron）的名义预订的，但这两位女士实际上是妇女社会政治同盟成员希尔达·伯基特（Hilda Burkitt）和弗洛伦斯·唐克斯（Florence Tunks）。

123　　她们骑自行车，在目标范围内选择住所，并沿途放火烧毁农民的干草堆。她们于4月28日迎来了戏剧性的结局，那天她们火烧费利克斯托（Felixstowe）的巴斯酒店（Bath Hotel），当时该酒店正关门进行整修。这些骑自行车的纵火者于第二天被捕。希尔达被判入狱2年，年轻的弗洛伦斯被判入狱9个月。当年7月底战争爆发时，在对妇女参政权论者女犯的大赦中，两人都被释放。

　　第一次世界大战爆发后，妇女社会政治同盟暂停了所有激进活动，以便集中精力让女性也参战。她们承担男性的工作，支持平等，从而令阻止妇女拥有选举权的理由更加难以成立。战争结束后，1918年英国通过了《全民代表法案》（Representation of the People Act），将投票权赋予30岁以上、符合财产条件规定的女性（约占英国女性的40%）。10年后，英国实现了普选权。

反抗万岁

　　自行车在女性积极反抗压迫中所产生的作用并未随（女性）选举权的获得而终结。在第二次世界大战中，它继续成为那些为自由而战之人的有用工具。

　　在纳粹占领时期，荷兰的抵抗组织使用了自行车，这并不令人惊讶。这样的做法既有讽刺意味又很适宜，因为希特勒并不喜欢自行车——他在第一次世界大战中骑自行车送信的经历令他对自行车十分憎恶。他已禁止人们在德国大部分道路上骑自行车，而且在纳粹统治下，荷兰也出台了一系列反骑行法。许多公民故意蔑视新规定（如给德国车辆让路），以示抵抗。尽管希特勒对自行车很反感，但当燃料越来越少时，他下达了一项官方指令，要求没收荷兰人（以及丹麦人）的自行车，以供德国军队使用。而此前，1942 年的一项法令则要求犹太人将其自行车上交给政府。荷兰人尽力保住自己的自行车，把它们藏进一切可藏之处，甚至将它们埋在花园里，有些人最终因为这种反抗行为而被枪决。

124

据说，当时约有 400 万辆自行车可用。德军占领荷兰后，约没收了一半供自己使用。配给制导致食物短缺，人们靠着在乡下找到的物资过活；而由于公共交通工具或私人汽车缺乏燃料，自行车是令人们免于挨饿的唯一希望。1944 年至 1945 年冬天，德国人控制了荷兰各城市的食品供应链，造成了一场毁灭性的饥荒，夺去了 18000 人的生命。

当盟军于 1945 年解放荷兰时，许多德国士兵并未被俘而是偷了自行车逃回德国。德军的没收行为和偷窃行为极富争议，几十年来，每当荷兰队与德国队在足球赛中对决时，荷兰人都会高呼"还我们自行车"。2009 年，一名德国老兵还试图在荷兰寻找他所盗自行车的前主人，想赔偿他。

两位荷兰姐妹经历了重重困难后设法以某种方式保住了她们的自行车，并将其用于对抗纳粹的入侵行为——而不只是公然无视那些反对骑行的新法案。

1940 年德国入侵这个国家时，弗雷迪·奥弗斯泰根（Freddie Oversteegen）和特露丝·奥弗斯泰根（Truus Oversteegen）分别为 14 岁和 16 岁。她们在阿姆斯特丹以西 20 公里的哈勒姆（Haarlem）长大，她们的母亲是一名共产主义者，她教育她们要"为受压迫的人站

出来，与不公正现象做斗争"[6]。她们帮助当地的共产党员分发反纳粹
125 传单，将违禁资料放在自行车筐里并毁坏纳粹的宣传海报，而后迅速
骑车离开。这个家庭的小公寓成为荷兰和德国的犹太家庭的避难所，
但难民们不能久留，因为这家人对左翼政治的认同令她们的家过于引
人注意，不宜作为藏身之所。1941 年，哈勒姆抵抗组织的司令询问
奥弗斯泰根姐妹的母亲，是否可以让女儿参与高度危险的秘密工作。
奥弗斯泰根姐妹直到训练开始后，才发现这位司令为自己安排的任务
有多可怕。

当时，其他女性也参与了抵抗工作，她们大多担任信使或散发反
纳粹的宣传资料。据说少女时期奥黛丽·赫本（Audrey Hepburn）就是
其中之一，她在自己的家乡阿纳姆（Arnhem）骑自行车发放宣扬抵抗
行动的传单。许多人惨遭杀害，如安尼克·范·哈德维德（Annick
Van Hardeveld）于 1945 年 5 月在阿姆斯特丹被枪杀。她当时正在向 4
名抵抗运动士兵传递消息的路上。现在在她牺牲的地方竖立着一座纪
念碑。①

对于哈勒姆抵抗组织的司令来说，奥弗斯泰根姐妹的年龄和性别
是她们最大的财富。还有什么比两个女学生在哈勒姆的街道上骑自行
车更无害的呢？没有人会猜到她们在车筐中放了手枪，这些枪支是为
抵抗运动的战士准备的。她们学会了如何使用武器、用炸药破坏铁路
线和桥梁以及通过其车筐运输器材而后逃离现场。她们无辜的外表保
126 护了她们，即使该抵抗组织下达的任务是要求她们暗杀纳粹分子及其

---

① 英国破纪录的自行车运动员伊夫琳·汉密尔顿（Evelyn Hamilton）声称，在
巴黎被占领期间，她曾为抵抗组织传递信息，就像环意和环法自行车赛冠军吉诺·
巴塔利（Gino Bartali）以骑行训练为掩护传递信息帮助大量犹太人逃离意大利一
样。 抵抗运动中有许多女性——也有男性——在法国各地骑自行车运送被禁文件，
其中一些人因其活动而不幸被送往奥斯维辛（Auschwitz）。

荷兰人走狗时也是如此。她们在接受了如何开枪的训练后,会在骑行时向目标射击,特露丝骑车,而弗雷迪则瞄准目标。特露丝也会尽自己的力量,她曾在酒吧中引诱一名纳粹军官,然后向他提议前往附近树林散步——在那里她枪杀了他。

修女们还用自行车运送犹太儿童到指定的安全场所。她们常常穿着红十字会的制服假扮护士,因为护士们拥有更大限度的行动自由。〔在法国的德占区,护士弗里德尔·博尼-赖特(Friedel Bohny-Reiter)以同样的方式,骑车将生病的犹太婴儿从战俘营运送到可向他们提供治疗的医院。〕一次,奥弗斯泰根姐妹还穿上了德国军装以便将一名犹太儿童从荷兰某个营地带走。她们的任务有时会失败。1944 年,特露丝骑车经过一队德国士兵,碰巧一架英国飞机向这群德国兵开火,坐在她自行车后座的犹太儿童被子弹击中死亡。她不得不带着孩子继续骑行,直到找到一处农场才得以安全地埋葬他。

我们不知道她们是如何设法一直骑行的。因为在战争中的大部分时间里,人们缺少自行车内胎或其他零部件,要保持自行车正常运转可不容易。荷兰骑行者不得不使用花园水管等物品来代替轮胎,或者干脆只靠金属轮辋骑行。

但出人意料的是,奥弗斯泰根姐妹在战争中幸存下来。即使纳粹将她们列入头号通缉犯名单并悬赏了巨额赏金,也没有抓到她们。而与她们一同参加抵抗运动的战友汉妮·沙夫特(Hannie Schaft)就没那么幸运了。她的一头红发太过醒目,于是她把头发染黑进行伪装,但发根出卖了她,她被捕了。在荷兰解放数周前,她被处决了。

弗雷迪和特露丝于 2014 年被授予战争动员十字勋章(Mobilisation War Cross),以表彰她们为了拯救生命、打败敌人所做的工作。

127

"一辆属于我自己的自行车"

与此同时，在法国，另一名抵抗运动的年轻斗士也拿起武器反抗纳粹。18 岁的西蒙娜·塞古因（Simone Segouin）来自巴黎西南 90 公里处沙特尔（Chartres）附近的一个村庄。1944 年，她加入了共产主义抵抗组织"自由射手与游击队员"（Francs-Tireurs et Partisans），在战争期间化名为妮可·明特（Nicole Mint）。她在该组织的首个任务是偷一辆属于某个德国军事管理人员的自行车——也许这辆车是从荷兰偷来的。在用油漆重新上色伪装后，这辆自行车成为她的"侦察车"，使她能够为该组织充当信使并监视德军。8 月，西蒙娜参加了一项行动——成功抓获 25 名士兵并解放沙特尔。在随后的庆祝活动中，战争摄影师罗伯特·卡帕（Robert Capa）看到了她，他拍摄了一系列有关西蒙娜·塞古因及其施迈塞尔 MP40 枪支（Schmeisser MP-40）的标志性照片，并把它们发表在次月的《生活》杂志。

在沙特尔获得解放数天后，西蒙娜·塞古因继续为解放巴黎尽一份力。而在巴黎，另一位法国妇女、作家兼哲学家西蒙娜·德·波伏瓦（Simone de Beauvoir，又译作"波伏娃"）在整个战争期间一直骑一辆偷来后重新喷漆的自行车，这成为她个人抵抗纳粹占领行动的一部分。她没有参与任何战斗，但她的自行车是她个人的"自由车"，而当时解放巴黎似乎是不可能实现的。

在纳粹于 1940 年 6 月控制巴黎之前，西蒙娜·德·波伏瓦从未骑过自行车，因为她母亲认为骑自行车对她这一阶层的人来说不太体面。而到战争结束时，自行车已成为逃生工具。西蒙娜最初在 6 月 10 日巴黎人大逃亡前逃离了这座城市，但在该月月底前她又返回了巴黎，尽可能选择与战前相差无几的生活，她继续教学、写作、与留在巴黎的其他艺术家和知识分子交往。她的密友娜塔莉·索罗金（Natalie Sorokine），在西蒙娜回来后不久就送给她一辆自行车。娜塔莉成了一名自行车窃贼，以度过战时的艰难岁月。她将盗窃赚到的钱用于在黑市上购买食物（如果有食物的话）。

在被德军占领的巴黎，自行车很有用。所有的汽车都被纳粹征用了，公共交通系统遭到破坏，所以巴黎人没有其他交通工具。对于那些不会骑自行车的人来说，有人提供"自行车的士"（vélo-taxis）。它是一种临时的人力车，人们用自行车拉着有盖的箱子，而乘客就坐在上面。娜塔莉在艺术家阿尔贝托·贾科梅蒂（Alberto Giacometti）的庭院里给偷来的自行车重新上漆，然后再将之卖掉。

要么娜塔莉教得好，要么西蒙娜学得快。西蒙娜在日记中写道，第一节骑行课结束时，她已经能够保持平衡，自行上车并转弯。而上完第三节骑行课，她就吹嘘自己能在巴黎周边的公园里"真正地骑行"。她的骑行并非完全安全无虞。她说："有一次我撞到了一条狗，还有一次撞到了两位快乐的女士——她们火冒三丈——但在大多数情况下，我的骑行表现绝佳。"[7]

在这段时期，西蒙娜努力适应占领区严峻的现实生活，并渴望她的爱人及"灵魂伴侣"让-保罗·萨特（Jean-Paul Sartre）归来。西蒙娜在日记和信件中描述自己的骑行冒险时非常兴奋。她写信给让-保罗·萨特，告诉他骑自行车探索巴黎"绝对令人心旷神怡"，就像在图书馆里阅读黑格尔的著作一样，在这段让人焦虑的时期具有舒缓精神的作用。到了8月，她和娜塔莉一起越骑越远，她们欣赏到城市之外的森林和城堡风光，甚至远至诺曼底。她说："我踩着脚踏车，竭尽全力一路埋头向前。"[8]

129

这两个女人的关系并不总像她们的骑行之旅那般和谐。娜塔莉渴望在她们所到之处"制造丑闻"——大肆做些惊人之举，如在圣水池中洗手——西蒙娜虽对公众舆论常持漠视态度，但娜塔莉的那些惊人之举对她而言也是考验。西蒙娜对骑行的渴望似乎永远得不到满足。她说："我只想一直骑行。它是一种新的生活乐趣。而且，我不再想要一辆汽车，只希望有一辆属于我自己的自行车。"[9] 由于娜塔莉的偷车行为，"有一辆属于我自己的自行车"这一愿望很快就实现了，西蒙娜毫无顾虑地接受了它。

西蒙娜后来完成经典著作《第二性》，在该书中把女性气质形容为一种社会建构的产物。西蒙娜如此热烈地反抗资产阶级和父权制模式下的童年生活毫不令人惊讶，因为在其童年人们认为"好"姑娘不骑自行车。她将骑自行车的自己描述成一个"精力充沛的荡妇"——也许是在嘲笑她母亲那代人的保守观念，他们认为骑车是通往淫乱的第一步，尽管她的本意是指骑行令她感到身体健康、活力满满。她习惯描述女性如何不自由，因而当她骑自行车在巴黎的街道上穿行时，身体的失重感、自由感和独立感令她非常开心。对于专制的德国占领区政权，骑行也算一种个人反抗和短暂逃避，因为该政权试图在任何可能的地方限制人的自由。

这并不是说她在战争期间余下的经历有多难熬。西蒙娜·德·波伏瓦的生活要比特露丝和弗雷迪等人的生活轻松得多。大多数时光她在自己最喜欢的花园咖啡馆（Café de Flore）中伏案写作。她在这一时期写的小说令她成为世界瞩目的文学明星。她还可以在中学教书，在图书馆研究哲学。晚上，她会和其他左翼名人，如毕加索和多拉·玛尔（Dora Maar）、乔治·巴塔耶（Georges Bataille）和让·科克托（Jean Cocteau），一起参加派对、饮酒和跳舞。她会在电影院看电影、欣赏话剧，甚至去滑雪——这些是大多数巴黎人无法享受的娱乐活动，令她得以暂时逃避战争现实并在战时的各种约束中保持理智。

但这并不意味着她没有受到战时巴黎恐怖局势的影响。我们在她的日记和信件中可以读到关于战时巴黎情况的内容，主要涉及她及其巴黎同胞们不得不忍受的可怕条件，如食物短缺、断电、房间里有老鼠出没、严寒、一直存在的暴力威胁。情况随着战争的推进而不断恶化。西蒙娜的有些朋友因战争丧生。骑行是她逃避恐怖现状的方式，而在被占领区外的骑行则尤为如此。

我想知道这一经历对她的哲思和写作有何种影响。作家和艺术家将步行与创造力联系起来的做法古已有之。亨利·戴维·梭罗（Henry David Thoreau）曾说："我迈开步时，我的思想也开始活跃起来。"[10]探索步行益处的科学研究也证实了这个观点。斯坦福大学的一项研究发现，时常散步的学生能比那些呆坐在书桌前的学生提出更多的原创观点。① 有些人认为，骑自行车无法产生这样的效果，因为骑行的速度太快，也太耗费体力，所以骑行者无法进行富有创造力的思考。我不同意这个观点。我发现，如果我正在处理一个棘手的问题，骑行后，更好、更新的解决方案就会出现，而用不着我主动寻找。虽然我并未有意识地思考，但各种想法及其关联经常突然从我的脑子里蹦出来，使我得以换个角度看问题。我有时不得不把自行车停在路边，将这些想法记下来。我远离办公桌骑行，便可以拥有更开阔的思维。弗吉尼亚·伍尔夫在谈及自己在南部丘陵（South Downs）的散步经历时说："我喜欢广袤的空间，这样我的思维才变得活跃。"[11]当我在安静的道路

131

———————

① 玛丽·奥佩佐（Marily Oppezzo）博士和丹尼尔·施瓦茨（Daniel Schwartz）教授于 2014 年在斯坦福大学进行的 4 项实验表明：一个人在步行时或刚结束步行时产生创造性观点的能力提高了 60%。参与者在跑步机上行走亦能产生同样的效果。[13]

上依照平稳的节奏反复踩踏自行车踏板时，那正是我想要的感觉。

战争年代对西蒙娜来说既是一个作品高产的时期，也是她骑行最频繁的时期。我愿意这样认为：后者对前者有所裨益。也许这就是她掌握黑格尔那本出了名的晦涩难懂的《精神现象学》(*Phenomenology of the Mind*) 的原因，她于 1940 年开始学习它，大约正是那时她开始骑行的。起初她说自己"几乎读不懂这本书"[12]，但在图书馆待了无数个小时并且骑行了几百英里后，她对这本书的内容理解得"更为透彻了"。

1940 年 9 月，西蒙娜与其朋友比安卡（Bianca）逃到布列塔尼（Brittany）骑行度假。她们探索了阳光明媚的松树林和沙丘，大口吃着龙虾和薄煎饼。西蒙娜因为在为期两周的旅行中不会见到德国人而兴高采烈，她们暂时忘记了战争。骑车逃离这种山河失陷的生活已成为西蒙娜此后在战争期间经常做的事，给她带来一种"愉悦的自由状态"。

1941 年 8 月，她又一次骑自行车度假，这次是与让-保罗·萨特同行。这次度假的目的更加政治化。他们和巴黎的一些知识分子成立了一个抵抗组织"社会主义和自由"（Socialism and Liberty）。该组织存在时间不长且作用不大。该组织成员经常就哲学问题进行辩论和探讨，并没有积极地参与抵抗活动，这使得成员们搞不清他们的目的和战略。娜塔莉在巴黎骑自行车时从她的车筐里随意抛出传单；而另一名成员则在地铁车厢留下一只手提箱，里面装了足以识别出该组织的敏感文件——他们本可以做得更为隐蔽。

尽管这个组织的抵抗方式混乱，但让-保罗·萨特希望能招募更多的朋友参与抵抗事业。由于他的朋友生活在维希政府统治下法国南部所谓的"自由区"（即非占领区），因此加入该组织并非易事。为免引人注意，他们先将自行车和帐篷提前送走，然后乘坐东南方向的火车离开巴黎，前往勃艮第（Burgundy）的蒙索莱米讷市（Montceau-les-Mines），该市位于占领区和"自由区"的交界处。在那里，他们付钱给一个女偷渡者，让她帮助他们越境到另一边。他们必须在夜色的掩护下过境，西蒙娜、让-保罗和那位偷渡者在月光下的田野和树林中匍匐前进。安全通过边境后，他们在最近一家旅店住下，发现里面全是像他们一样的秘密越境者。在接下来几年里他们还多次秘密越境进入维希政府治理的法国城市。每一次旅程都可以视作他们对德国当局的蔑视，这令西蒙娜感到自己重新获得了些许自由。

133

在卢瓦尔河的罗阿纳取了自己的自行车后，他们把行李绑在车架上出发。他们穿过葡萄园和橄榄林，向南望去是波光粼粼的地中海。当让-保罗·萨特那已经打了无数补丁的轮胎在旅途中被再次扎破时，他们束手无策。一个路过的技师帮了他们，他教西蒙娜补胎，很快她就能熟练地修理他们磨损的轮胎了。

让-保罗经常在山上向前冲，她批评了他这种横冲直撞的骑车方式，又指责他在平地"漫不经心地蹬车"[14]，时不时走神，因而经常一头栽入路边的沟渠。他声称自己太过沉溺于思考。他们都喜欢快速骑车下坡。他们在第一次旅行中骑了数百英里——其中许多是山路，他们沿着罗纳河，穿过塞文山脉和阿尔代什山脉的森林，然后下行至阳光明媚的普罗旺斯。相较于步行，他们更"陶醉于景色的瞬息万变"[15]。每天晚上，骑行一天后，他们搭起帐篷。西蒙娜感到无忧无虑、幸福快乐，这是她自战争开始以来从未有过的感受。

他们的抵抗行动收效甚微。他们所拜访的朋友没有一个愿意加入"社会主义和自由"这个组织。作家科莱特·奥德里（Colette Audry）已是格勒诺布尔（Grenoble）当地抵抗组织的成员，她明智地建议他们应该"让那些知道如何做的人去从事间谍活动"[16]。在往北的回程中，

134

途经阿尔卑斯山的陡峭山坡以便与科莱特会合时，西蒙娜发生了一场灾难性的事故，如果换作一个不那么热爱骑行的人，可能再也不敢骑行了。

他们翻越阿尔卑斯山前往格勒诺布尔的路线包含了环法自行车赛的主线——2250米高的阿洛斯山口（Col d'Allos），它对大多数车手来说是一个挑战，哪怕现在轻型自行车颇具优势也是如此。西蒙娜和让-保罗·萨特的自行车不仅车身要重得多，还驮着行李，而且齿轮也少得多。对西蒙娜来说，骑车上坡没有问题，但下坡时出了问题。他们先停下来吃了顿午饭，还喝了几杯酒，随后便向格勒诺布尔进发，开启了令人振奋的骑行之旅。然而，酒精冲昏了西蒙娜的头脑，在遇到两辆相向而行的自行车时，她转错了方向。由于刹车失灵，她发现自己碾过沙砾向前滑行，眼看就要冲下悬崖了。当她最终清醒过来时，她发现自己并未冲下悬崖，但她的全身多处擦伤并有轻微脑震荡。等到脑震荡的症状消失，她便坚持要求坐火车下山。当西蒙娜终于能够对镜自查时，她明白了为何他们抵达时科莱特没有认出她。她说："我掉了一颗牙，有一只眼睛睁不开了，我的脸肿成了平时的两倍大，皮肤上划痕累累。我的嘴巴甚至都塞不进一颗葡萄。"[17]这也解释了为何同车的乘客显得如此惊愕。但是，不知道为何让-保罗·萨特没有向她提及这些。几周后，那颗缺失的牙齿"奇迹般地"重新出现在巴黎，她在挤下巴上的一个疖子时将它挤了出来。

135　　她与死神擦肩而过，并且承认这次经历看起来"很可怕"，但这并不足以阻止她在次日重新骑上自行车并在再次越境前骑完最后几百英里。她在描述最后这几天旅程时与她出事前一样兴奋，尤其是看到勃艮第葡萄园的秋色时。阳光穿透秋雾的景象让她充满了"一种孩子气的幸福感"[18]。即使没有钱和食物，她的热情也仍未消失。这次受伤的经历并未削弱她骑自行车旅行的欲望。每年一度的法国南部之旅成为这位作家珍惜而渴望的放松方式。

在另一位偷渡者的带领下，两人与另外 20 位骑行者一起越过边境，然后回到了巴黎。德国人暴力镇压了一系列共产主义活动，相关责任人被送进了集中营。西蒙娜感觉自己好像"沦落到完全无能为力的境地"[19]，她不再任由自己幻想有可能打败纳粹。这与那些阳光明媚、欢欣鼓舞、无忧无虑的骑行时光形成了鲜明的对比。到了 1942 年夏天，他们迫不及待地渴望回到那些在自行车鞍座上的漫长日子，在战时尽可能远离德国士兵。当时，法国出版商伽利玛（Gallimard）想出版西蒙娜一直在创作的那部小说，因此他们也急于庆祝这一消息。

这一次，他们的出发地是比利牛斯山脉的巴斯克（Basque）地区，他们从一个据传比较容易通过的地方越境进入"自由区"。那边的旅店中人头攒动，其中大部分人是希望逃到西班牙的犹太人，他们身不由己。与阿尔卑斯山一样，比利牛斯山脉对骑行者来说也并非毫无挑战。西蒙娜承认，他们从比利牛斯山脉东部的山区一直骑到马赛（直线距离大约有 650 公里，而他们没有直线骑行）。这次骑行"相当累人"。如果他们处于半饥饿状态，就更累了。她在日记中回忆说，大多数日子里，午餐食物只有水果和西红柿，晚餐食物通常是清汤和难吃的蔬菜。要翻山越岭，这点能量绝对不够。今天，如果自行车鞍座尾包中没有塞满能量胶和蛋白棒，并且每天骑行结束时没有大餐，大多数自行车手不会考虑尝试这样的旅程。

在前往马赛的途中，他们骑车穿过阿列日省（Ariège）和邻近的奥德省（Aude）。我曾在奥德省居住过。西蒙娜和让-保罗·萨特在战争爆发前夕就爱上了这里。在城墙环绕的卡尔卡松（Carcassonne，奥德

136

省首府）——这里已挤满了法国军队——法国士兵在中世纪建成的街道上闲逛，在葡萄藤架下喝酒。夫妇俩推迟了返回巴黎的时间，一方面将眼前需要做的事情推后，另一方面是为了探索依偎在比利牛斯山脉的清洁派*城堡和美丽的村庄。他们试图互相安慰：这一沃野将不会被战争所波及。他们还承诺：战后，他们将重返此地。在未来的黑暗时期，他们坚守这样的希望，即当德国的占领结束时，这个地方仍没有改变。

我骑车经过那些静谧的城镇和村庄，感觉这些地方已发生许多变化。我可以想象这样的场景：他们靠路边停车，从葡萄园里抓一把葡萄。西蒙娜说："这样我们就不会挨饿了。"[20]他们挤在干草棚里过夜。西蒙娜修补破旧的内胎。尽管挨饿——她将之描述成一种"困扰"——但他们没有缩短行程。她如此坚定地继续旅行，并且让-保罗·萨特没有反对，她将之理解为他不想"剥夺我的快乐"。

在再次过境的前几天，他们的钱就用完了，情况变得非常棘手。等他们最终到达一个朋友家时，憔悴不堪的让-保罗·萨特喝了三勺汤，之后就晕倒了。他不得不在床上躺了3天。西蒙娜在这次旅行中瘦了16磅。于是他们继续逗留了一个月以恢复体力。

1942~1943年的那个冬天他们过得特别凄凉：当他们在乡下康复归来时，发现自己所有的物品都被此前入住的旅馆扔掉了。取暖用的燃料匮乏，而气温降至历史最低点，西蒙娜别无选择，只能住在脏得令人无法想象的旅馆。食物相当匮乏，而且周围经常滋生蛆虫和象鼻虫。尽管如此，她写道，她可以忍受拮据的生活，但无法放弃旅行。第二年夏天，据说她因与娜塔莉·索罗金的关系，被免

137

----

*清洁派也称洁净派或者卡特里派等，常泛指中世纪流传于欧洲、相信善恶二元论和坚持禁欲的各教派。 ——译者注

了中学教职，她带着帐篷和自行车再次出发，这次是独自一人。

在《第二性》中，西蒙娜描述了 T. E. 劳伦斯（T. E. Lawrence）十几岁时就骑自行车游历法国，而年轻女孩就无法获准进行此类冒险。她将他的旅行形容为充满了"自由和探索的乐趣"，他在其中"学会了把自己的活动范围扩大到天地之间"①。1943 年，她 35 岁时，决定为了自己去体验那种感觉。西蒙娜回到了罗阿纳，在那里她曾和让-保罗·萨特开始了他们的首次夏季骑行探险。每天早上 6 点，她启程，翻越崇山峻岭，一如既往地因内胎时不时出问题而备受困扰。在这场旅行中，获取食物没有此前来得那般艰难，她在信件和日记中详细记录了自己食用的各种美食（不是她常吃的那些限额供给的口粮）。

尽管她很享受这次单人冒险之旅，但她非常想念让-保罗·萨特，他曾答应在途中与她会合。在给他的一封信中，她写道，一想到将再次看到他"路上前行的背影"²¹，她就会"欣喜若狂"。3 周后，在离她出发的地点数百英里外，他们在乌泽尔切（Uzerche）团聚。他们穿着同款黄色雨衣躲避雷雨，让-保罗·萨特擦拭眼镜上的水，此类描述令人特别愉快。在一次暴雨中，《缓刑》（*The Reprieve*）手稿从他的自行车袋里漏了出来，漂浮在泥泞的水坑里，上面的墨水氤氲开来，而后又被捞起。这次旅行的大部分时间里阳光明媚，到处是美食和美景，与上一个冬天的情形形成了鲜明的对比。

他们返回巴黎时少了很多痛苦。1943 年秋天，她的小说《她来了》（*She Came to Stay*）出版，在评价和商业层面都很成功，但作为一位知名小说家，在战时还是不能保证餐桌上有充足的食物。1944

①1908 年，19 岁的学生托马斯·爱德华·劳伦斯（Thomas Edward Lawrence）骑行深入法国约 2000 英里，旨在尽可能多地参观重要的中世纪遗址。

年，当盟军对被占领的巴黎持续轰炸时，城里的食物比以往任何时候都少。西蒙娜经常骑自行车到乡下寻找食物，以物品换取口粮。即便巴黎周边大部分地区当时已脱离了纳粹的控制，西蒙娜也并非全无风
139 险。当她在乡间道路上骑行时，经常听到爆炸声。有一次，当她经过巴黎北部克里尔那被炸毁的残骸时听到了防空警报，她吓坏了，"我飞速穿过这铁路桥，那个地方静得令人毛骨悚然"[22]。1944 年 6 月的诺曼底登陆表明德国人的占领即将结束。1944 年 8 月 25 日，在法国的德军投降，但不乏血腥的战斗，其中平民（包括正在购物的家庭主妇）被随机射杀在街头。最后，西蒙娜及其巴黎同胞心爱的城市失而复得了。

1945 年夏天，在"欧洲胜利日"数月后，西蒙娜骑着让-保罗·萨特送给她的新自行车，"独自踏上了一段短途旅程"[23]，这一次她往塞文山脉方向骑行，同在她之前的劳伦斯的骑行之旅一样，这次旅行中充满了"自由和探索的乐趣"，战争的恐怖阴霾也逐渐消散。同年，法国妇女获得了选举权，比英国和美国晚了 25 年。

我不知道西蒙娜在这之后是否继续骑行，我没有找到任何相关记载。由于她的文学成就，她前往美国讲学。我所知道的是，在那些至暗的日子里，人们只能遥遥追忆自由时光。骑自行车是她获得释放感、解放感的一种方式。无论是在她骑行数百英里穿越法国期间，还是在她骑行短短几英里穿梭于图书馆或中学以及她最爱的咖啡馆之间时，骑行可能帮助她激发灵感，并推动她创作出女性主义和存在主义的相
140 关著作，使她跻身于 20 世纪最伟大的思想家之列。

第三部分｜路路畅通

第七章 胜利大逃亡

约 1890 年，英国人的自行车之旅

酷爱旅行

"我们只是在花园或商场里走走，会是怎样一番景象呢?"[1] 户外运动爱好者、作家梭罗（Thoreau）1862 年在他的一篇文章《行走》中发问。几十年后，出于同样的想法——再加上 19 世纪，在发达的西方世界，旅游和相关行业兴起——人们开始骑自行车去探索那些更遥远的地方。

国外开始流行骑行假，尽管喜欢单独出行的勇敢骑行者不在少数，一家名为托马斯·库克（Thomas Cook）的旅游公司还是开发了自行车旅行项目。19 世纪 90 年代，《骑行乐园俱乐部报》（*the Cyclists' Touring Club Gazette*）上刊登的全是俱乐部成员们在国内外骑行的报道，图文并茂、引人入胜。在英国，骑行俱乐部的会员增长了 4 倍，其他俱乐部也纷纷跟进骑行项目。

《骑行乐园俱乐部报》女性版编辑莉莉亚斯·坎贝尔·戴维森亲身体验过，她知道学会骑自行车的女性会"渴望能有更多时间骑行并且享受骑行的乐趣"[2]。她鼓励自己的读者也去体验这种"探险家的快乐，她第一次冒险闯入某个新领域，发现了一个新世界"。有闲暇和余钱的读者听从了她的意见，花几周甚至几个月的时间骑自行车去丈量那些迄今为止于她们而言陌生的风景和国度，那些地方以前她们只能通过书本和画作来了解。有人成为首位骑行穿越某地区的女性，1894 年甚至还有人独自骑自行车环游了世界。然而，大多数人还是觉得，她们没有必要像探险家一样跑那么远去探险。

如今，人们可以用相对便宜的价格使用公共交通和私人出行工具，这让世界更加触手可及。尽管如此，骑自行车做长途旅行还是一件比较冒险的事情。骑在自行车上探索新领域的感受和坐在车里的感受肯定不一样。人们在自己的城市里骑自行车通常是找从 A 点到 B 点之间最短、最安全的路线骑过去，而倘若骑行的行程再长一点，骑行就完全与旅行相关了。

在现代社会，技术至上的生活让我们压力倍增，而穿越欧洲大陆或环游世界的长途骑行则是对抗这种压力的良方。一切都返璞归真——只是踩动踏板，看着眼前路有多远，伸向何方——你觉得自己精神焕发、活在当下。一些人仅仅想要逃避现实，或寻觅真实的自我，而另一些人却渴望直面挑战、创造纪录，或者想要找到自己的极限所在。

朱莉安娜·布赫灵（Juliana Buhring）是首位以最快速度骑行并保有周游世界纪录的女性。人们认为她不可能有太多时间去欣赏美景，在她的描述中，这次破纪录的骑行却"像在电影中，美景是其中极其关键的部分。你完全依赖周围的环境，去观察、体会周遭的种种感觉"[3]。

骑自行车旅行时，我不一定会注意到所有事物，但也不会像乘坐公共交通工具时一样麻木，我肯定会保持警觉，这让我增强了对周围环境的觉察力。在我了如指掌的路上——例如我有时从伦敦去萨默塞特看望家人骑行的那条路，我要穿过伯克郡和威尔特郡内一些僻静的小道。我清楚它们的每个拐弯，知道沿途哪些地方会有路标，还记得有座山上有一座青铜器时代的白马雕像——也常会有一些映入眼帘的新事物。有时候我在自行车上向四周张望，也是为了欣赏四季变化的景象：4 月，风铃草在丛林间相映成趣；5 月，我可以看到乡间路边的灌木篱笆墙中山楂花和矢车菊争奇斗艳。如果我开车，就根本不会注意到这些，因为我会走 M4 号高速公路，而不是我所熟悉的、适合骑行的那条路。我用更亲近、更感性的方式穿行于这些美景之中，即使这意味着我时常要面对恶劣的天气，或忍受自行车的机械故障。不过，在糟糕的天气，洗热水澡、吃大餐或喝提神的饮品可比在晴朗的天气更令人舒畅。

如果我生活在 19 世纪 90 年代的法国，想要加入骑行俱乐部，还需要征得丈夫的同意。在英国，尽管女性骑行不一定需要征得丈夫的同意，但英国女性很少在无人陪同的情况下去做任何事情。任何能让她们感兴趣的事情都会被冠以危险之名，仿佛陷阱无处不在。维多利亚时期的哈考特·威廉姆森夫人（Mrs Harcourt Williamson）是一位作家，也是一名骑者。她认为，女性孤身骑行面临着"相当大的危险"[4]，尤其来自"流浪汉"的危险，他们是现代社会的"妖魔鬼怪"和"饥饿难耐或本性邪恶"的人。有些女性出钱聘请了同行的女伴。从规划路线到安排食宿，甚至包括基本的机械修理，这些骑行女向导帮助出资人安排好行程中的所有环节，让她们得以自由欣赏风景、探寻名胜古迹。于是，有更多勇敢的女性加入了女士骑行者协会（the Lady Cyclists' Association），她们与其他自行车爱好者们取得了联系，一起开启了自行车探险之旅。女士骑行者协会的指南列出了路途中的住宿信息，方便抵达该地的女骑行者住宿。

1892 年，美国骑行者玛莎（Martha）及其女性朋友一起出发去德国度假，她们确实需要一本骑行指南以做参考。因为在汉堡下船时，她们大费了一番唇舌，让海关官员打消疑虑，相信她们确实是船上那些自行车的所有者。几天后，她们在宾馆里重新组装了自己的"钢铁战马"，用帆布把行李卷裹起来绑在车把上，启程前往莱比锡。她们行装轻简——只有一套换洗内衣、几把梳子、几样化妆品、一本德英词典和一张地图。从几人从容不迫地修补车胎扎孔、接上铰链的神态上看，她们一定读过玛丽亚·沃德的《女性骑行指南》。

玛莎描述了她们是怎样"被众人围观"⁵的。当时"做生意的、跑堂的、烤面包的、卖肉的，还有卖水果的妇女和不同年龄段的孩子都目瞪口呆"。这个团队的另一位成员想的是，"他们有可能认为我准备飞过他们的头顶"，但后来事实证明，这些围观者并不准备把她们当成女巫抓起来，所以纷纷让路，让女士们过去。

在玛莎一行的旅途中，她们没再见到独自骑行的女性。所以当她们告诉一位旅店老板，她们来自美国时，"一切都似乎有了答案——美国人什么都敢做"。玛莎及骑友一路上遇到的德国人都热情友好，让她们得以找到阴雨天躲雨的屋檐、夜晚留宿的床铺以及源源不断的食物和水。在踏入莱比锡之前，德国的啤酒馆和小客栈是她们便利的补给点，啤酒和香肠为她们提供了继续骑行的能量。

并不是所有女性都认为自己需要旅伴。莉莉亚斯·坎贝尔·戴维森在她1896年写的《女骑行者手册》中自信地说道，英国和大部分欧洲国家能给"独自骑行的女性提供相当安全的环境，而她们不必担心遭到坏人的侵害或骚扰"。这种说法不容易得到认可，人们长期以来接受的是相反的教育。莉莉亚斯1889年出版了《给女性旅行者的建议》（*Hints for Lady Travellers*），这是她专门为那些一直被"非人道地拘禁在家里"的女性所写的书，自此她就一直鼓励女性要单独旅行，自己乘坐火车甚至爬山。尽管莉莉亚斯也承认，19世纪80年代初期像她这样的女性先锋骑行者在国内也有过"心烦意乱的心境、听到过秽语污言、遭遇过无礼对待"，但情况早已有所改观。19世纪90年代中期，单身女游客"在旅程中可能就会享受善意与礼遇……即使它们只是披着理性的外衣而已"。不过，莉莉亚斯还是警告读者说，进城的大路上会有流浪汉，他们可能给女骑行者找麻烦。

莉莉亚斯认为，在乡村威胁女骑行者的不是人类，而是动物，就连鸡都折磨"女骑行者"。为了解决狗喜欢追着骑车人咬的问题，她推荐读者带上一条长鞭子做驱赶之用。而我是一个在乡村骑车常被狗追赶的人，有一次甚至被一群愤怒的大鹅追着咬，所以我能理解她为何认为动物威胁女骑行者。但由于我的骑行速度通常比狗或者大鹅的速度快，因此我无须用鞭子解决问题。

在有的地方，骑行者还有可能会遇到像熊或者狼这样更加可怕的动物，所以有些骑行者会带上杀伤力较强的武器来保护自己。1897年，玛格丽特·瓦伦丁·勒朗（Margaret Valentine Le Long）借来一把手枪以应付自己从芝加哥到旧金山的骑行之旅。玛格丽特不愿意用枪，所以她把枪包装在工具袋里，这样就不容易拿到它了。

玛格丽特的朋友和家人想劝她放弃这趟旅行，希望"各种预言：残肢断臂、食不果腹、干渴难耐，西部牛仔拐骗绑架、印第安人剥皮削骨"[6] 会吓得她打退堂鼓。玛格丽特把对这段旅程的描述发表在了《远足》（*Outing*）杂志上，告诉读者，她毫不畏惧，5月由芝加哥出发向西骑行。在伊利诺伊州中西部地区和爱荷华州，她顶住了强风，又越过科罗拉多州和怀俄明州的山脉，穿过了内华达州和犹他州的沙漠。她所到之处的很多地名不同凡响，例如药琴弓渡口（Medicine Bow Crossing）*、响尾蛇山口（Rattlesnake Pass）、地狱之门（Devil's Gate）、恶妇农场（Dirty Woman's Ranch），她还去过定居者外迁后留下的可怕魔鬼城。在偏远的农庄里，她向别人讨要过食物和夜宿的床铺；她还曾拖着自行车翻过山岩、蹚过河。在沙漠里，为了防止脱水，她喝过铁路工人埋的水桶中的水。她还在其他地方跟渔民一起吃过鳟鱼，与猎人一起啃过羚羊排。她常走冤枉路。

---

* Medicine Bow 是美国怀俄明州一处地名，译为梅迪辛博，药琴弓为其字面意思。——译者注

曾有牛群堵在玛格丽特前行的小道上，它们一边低吼一边用蹄子刨着地面，低头准备发动攻击，这时枪确实发挥了作用。她闭着眼睛开了5枪，再睁开眼睛时，就发现牛群已经调转了方向四散而去，真是谢天谢地。

虽然玛格丽特的冒险之旅可以说是独树一帜，但她的衣着有点保守。她选择的是稍微剪短了一些的裙子，而不是灯笼裤。玛格丽特认为，她能如此着装，应该归功于沿途人们给予的礼遇和善意。尽管到旧金山的时候，她承认自己有点蓬头垢面，与那些她害怕的流浪汉没什么两样。

莉莉亚斯本可以理解玛格丽特的这种处境，但觉得她过于在意社会对于女性外表的重视和期望。一辆自行车的车前袋本来就空间有限，只装得下洗漱用品和必需品，所以莉莉亚斯推荐读者把备用衣物提前寄到目的地。她描述她认识的一位女骑行者是如何"交替邮寄两套备用连衣裙，使自己每晚都能在新的停靠点脱掉骑行服，换上便装"[7]。其他骑行必备物品还包括针线、制手套用的经编丝织物和修补用的纽扣等。

值得庆幸的是，我们现在无须为了让自己看起来"像个文明人"，而把长裙邮寄到全国各地。大多数女性会选择现代的骑行服，因为它们轻便，无须过多维护。我发现，能装入自行车袋随身携带的也就是一些生活必需品，这可以带给我一定的满足感。这是极简主义的一个有益实践，这种实践对于那类喜欢把自己的衣柜塞得满满的、把行李箱装满的人而言，极有益处。当然，有时候我也希望自行车袋里能有更多空间，让我多放一双鞋进去。

149

伟大的自行车之旅

19世纪80～90年代，美国传记作家和艺术评论家伊丽莎白·罗宾斯·彭内尔（Elizabeth Robins Pennell）骑自行车做长途旅行，她懒得提前把备用衣物寄到目的地。她选择了一条可以调节长度的裙子，在骑自行车时把裙摆抬起，不骑车的时候又将裙摆放下来，不然就会"被人当作'怪胎'行注目礼，要迅速逃离人们的视线"[8]。其实，当她和丈夫一起骑车旅行的时候，真正引人注意的永远都是她丈夫的骑行装——他穿着长筒袜和及膝马裤。

伊丽莎白认为，自行车旅行能让人在旅行中体验到自由和解放的感觉，对于女性来说，感触尤深："自行车让女性体会到运动带来的所有快乐，他们注重这种快乐，可以长时间在户外运动，还能参与冒险、感受新环境，一切都让人愉悦。女性能享受独立的感觉，自己有权做主。骑行充满魅力，是她们了解自己国家的唯一途径，骑行时，她们就不再像以前乘车在城镇间一闪而过了。"[9]自行车将女性从窒息的家庭生活中解放出来，让她们体验到"健康身体的完美状态"。

伊丽莎白算得上是个"新女性"。她儿时曾在修女院学习，但并不想当个家庭主妇。尽管宣称自己连鸡蛋都不会煮，她后来却当了一位美食作家，名声在外。伊丽莎白把自己的旅行经历写成了几本书，里面的插图是其艺术家丈夫约瑟夫·彭内尔（Joseph Pennell）亲手画的钢笔画。他们一结婚就告别了美国，择居欧洲。在后面的30年里，彭内尔夫妇时而住在法国，时而住在伦敦，但凡有空，就四处旅行。

1885年出版的《坎特伯雷朝圣记》（*A Canterbury Pilgrimage*）记录了彭内尔夫妇的第一次自行车之旅。乔叟笔下的行者们从伦敦到坎特伯雷大教堂走的是古代的朝圣路线，彭内尔夫妇与之不同，他们是骑三轮自行车完成旅程的。19世纪70年代，他们在费城得到了第一辆三轮自行车，但这趟行程让他们觉得极为漫长且艰苦万分。伊丽莎白酷爱旅游，且一直沉醉其中，自行车是能让她享受自己爱好的完美交通工具。她说："世界像一本伟大的书，你可以骑在自行车上一章章、一卷卷地逐一领略世界的美丽与浪漫。"[10]她后来去阿尔卑斯俱乐部（the Alpine Club）做了一次旅行见闻讲演，希望说服俱乐部的登山成员相信，骑行才是欣赏世界最好的方式。

彭内尔夫妇进行第二次三轮自行车旅行，是因为受到了文学作品的鼓舞。这一次，他们走的是劳伦斯·斯特恩（Laurence Sterne）于 18 世纪 70 年代走过的路（劳伦斯采取骑马、乘马车的方式旅行），后者曾把这段旅程写在了自己的最后一部小说《多情客游记》（*A Sentimental Journey through France and Italy*）里。就像斯特恩的书内情节一样，彭内尔夫妇的故事在到达意大利之前就结束了。

追随 17~18 世纪风行的"环欧旅行"（Grand Tours）*的传统，他们规划了路线，准备沿途参观一些重要的建筑景观和艺术作品。最初的"环欧旅行"与他们朴素的三轮自行车之旅完全不同：王公贵胄们，偶尔还有贵族小姐，花几个月甚至几年的时间去欧洲欣赏欧洲文化里令人赏心悦目的代表作品，以完善自己的古典艺术知识。那时，旅行所用的交通工具通常是私人马车或者驿站的公共马车，道路崎岖不平。如今 10 分钟车程的距离，在那个时期骑马要耗时费力得多。当时，一个普通人一辈子就在自己家 15 英里内打转。

151

19 世纪，大众运输时代来临，随着铁路和客运轮船的出现以及道路条件的改善，富有的中产阶级得以实现海外旅行的梦想（而对于工薪阶层来说，出国旅行仍然遥不可及；他们没有额外收入或带薪假期，不得不将就着享受周日或公共假期偶尔一次的短途旅行）。就像伊丽莎白一样，家境富裕的新兴旅行者要去游览那些以前他们只能梦想或通

---

*Grand Tours 指的是 17~18 世纪欧洲上流社会青年游历欧洲的传统旅行。——译者注

过书本才了解的地方。所以出版商们开始印制旅行指南，为读者提供线路和沿途必看的景点信息。

身为自由撰稿人的彭内尔夫妇家境富裕、活动自如，所以他们才能耗时几个月在欧洲全境骑行。如果目的地条件达不到预期，或者他们的优越感招致当地居民的批评，伊丽莎白就会把这些写入旅行见闻，时不时地让读者感受到她来自特权阶层。他们也感到自己因为所选择的交通方式而被人当作低等公民，但这于事无补。他们住在某个酒店时，服务生只会给他们端来一盆水来洗漱；而就在这个酒店，乘坐马车的人却能拥有属于自己的私人更衣室。晚上，他们只能在厨房里吃个煎蛋卷，而那些人却能在餐厅里享用大餐。

当然，他们对一些国家有刻板印象，一直觉得法国人多收他们的费用。他们发现，自己的三轮自行车引发了人们的强烈兴趣，他们无论到哪里都有人围观，而且围观的人多是怀着兴奋之情，而非称赞之意。值得注意的是，比起劳伦斯·斯特恩在他的《多情客游记》中所记叙的情形，彭内尔夫妇在自己这趟意法之游中对所遇见的人兴趣更为寥寥。

几年前，我顺着他们前往意大利的路线骑行了一周，走了其中的一段路程——从巴黎出发，沿着塞纳河行进，穿过塞纳尔森林（the forests of Senart）和枫丹白露（Fontainebleau），再往西南方向通过卢瓦尔河谷（the Loire valley）到里昂（Lyon）。像伊丽莎白和约瑟夫跟着斯特恩乘坐马车行进的路线一样，我追随着130多年前彭内尔夫妇的三轮自行车轨迹往前走。但与他们不同的是，现在路面条件已大为改善，然而我这一路却不得不给汽车让行。事实上，我大部分时间骑行在自行车道上，也经过了彭内尔夫妇曾路过的河流。

不过，我们旅行的节奏不一样。多亏了21世纪的自行车在设计上的优势，也不受维多利亚时代女裙的拖累，我能用一天的时间完成他们好几天才能走完的行程。

　　然而，我们都遇到了行李方面的问题。此前倘若彭内尔夫妇捆在三轮自行车上的袋子散落下来，他们唯一能做的就是去找人把它修补好。而当我搭档的背包架上有颗螺钉突然断裂时，我也只能骑自行车到离我们最近的村庄去寻找对应的新式零件。我最后找到了一家旧标致汽车修理厂，因为语言不通，我与维修工之间进行了一番极为混乱的交流——这是一个专门修理汽车的厂子——不过，我最终还是得到了一个配件进行替换，从而得以重新上路。

　　沿着这条路继续前行，伊丽莎白对内穆尔*（Nemours）优美的风景赞不绝口，尽管她非常傲慢，对这里的居民也毫无恭维之态。她写道："我想，对他们谈论得越少越好……那里的人难以相处。"她指责当地餐馆，它们无缘无故地拒绝给他们提供餐食。法国的餐馆严格遵循用餐时间是出了名的，所以他们有可能到得太晚了。与他们的境遇截然不同，我们穿城过镇在一个摊子上喝饮料，摊主知道我们那天骑行了很远后，坚决不收我们的钱。而且，后来罗马警察以"危险骑行"且拒不停止该行为为由逮捕了彭内尔夫妇，迫使他们结束了旅程，这是我们没有遇到的情况。他们不得不卖掉了三轮自行车以支付警察的罚款。

　　19世纪90年代初期，彭内尔夫妇已经淘汰掉三轮自行车，改用两轮的"安全"自行车——这对于约瑟夫来说是个解脱，因为他曾经责备过伊丽莎白，说她没用力骑车。他们换了新车后的第一次旅行是去匈牙利，他们把这次经历写进了《去往吉卜赛》（*To Gypsyland*）一书中。这次他们的目标并不是领略西方文化，而是去探寻"真正的吉卜

153

---

*内穆尔是法国巴黎东南方向的一个小镇。 ——译者注

赛人"。他们可以骑自行车前往所有"远离铁路的村庄，那些偏远的地方人迹罕至，甚至连名字都很拗口"。他们还能骑行深入特兰西瓦尼亚*（Transylvania）地区的大山里，"站在山间小路上，我们只遇到放羊倌和他的黑绵羊"。尽管他们竭尽全力搜寻，但还是失望而归，他们找不到令他们着迷的吉卜赛流浪者。当时的吉卜赛人早已放弃了四海为家的生活，搬到了城镇或乡村，在农场做工谋生。这不禁让彭内尔夫妇用其过于浪漫、不切实际的方式思考：是否自由骑行的他们才是现在真正得到自由的人？他们自由得"像森林里的鹿、流水里的鱼和天空中的鸟"。

他们的下一趟旅行任务更加艰巨：要在5周内翻越瑞士阿尔卑斯山的9座山峰。伊丽莎白认为，她有可能成为第一个完成此项壮举的女性。她说："别人告诉我，我创造了一个纪录。我想，是的，这个成绩值得骄傲。我越过了9个山口——其中有6个是在一周内翻越的。有时，我像个码头工人一样奋力骑行……所有骑行的女性都不怕辛苦，能体会这种征服的乐趣。"[11]我无法核实她是否真的打破了纪录，但根据她的叙述可知，当她跋涉在各个不同的山口时，确实没有见到其他女骑行者。

在意大利，伊丽莎白遇到了这段行程中唯一一群女骑行者，当时她们正乘船横渡科莫湖（Lake Como）。面对这群人，伊丽莎白很快就做出了自己的判断，觉得她们的运动能力比不上她的。据她描述，骑在最前面的是"一个穿着灯笼裤、戴着很多手镯的大块头德国太太"[12]，她对这位德国太太是否有能力骑行表示怀疑。穿着裙子骑行的伊丽莎白似乎已经完全凭着这个德国妇女的外表及其"趾高气扬的神态"断定对方没有成为一名骑行者的素质。那位德国太太的另外两位

154

---

* 特兰西瓦尼亚是罗马尼亚中部的地名。——译者注

旅伴是美国人，她们告诉伊丽莎白——也有可能是为了让她安心——她们把自己的自行车放在了一辆上山的火车上，不打算挑战她创下的纪录。不仅如此，她们还说，她们读过她写的书，所以认出了她，这让她的虚荣心得到了极大的满足。尽管伊丽莎白遇到过许多男骑行者（如美国人），但她注意到，其中没有一个是英国人。这对她而言是个有趣的讽刺，因为英国人总是给她喜欢吹嘘自己运动能力的印象。

当然，她在谈论自己的运动能力时一点也不羞涩。她骄傲地说，有一次她和同伴在午饭前就攀上了两个山口，说她即便是死也不会放弃这项运动。她表示："别人会说我骑得太快，这样并不好。但我不是因为爱好出来玩玩，也不会只在明信片上写下自己的感想。我要骑自行车征服阿尔卑斯山。"[13] 撇开她的个性和各种成见不谈，伊丽莎白希望以骑行的方式攀登阿尔卑斯山，并成为"第一个女性冒险家为世人永记"[14]，她的决心就值得我们赞扬。前去冒险以及出版海外游历的相关图书，在大多数情况下是男性才会做的事。

如果知道伊丽莎白骑的是哪种自行车，我们就会更加佩服她。她骑的女式自行车车架很低，所以她的自行车比约瑟夫的自行车要重很多，而且在上坡的过程中，他们的自行车没有齿轮提供助力。山坡再陡峭一些的话，她就得推着自行车前进，在蜿蜒小道上艰难跋涉，前往云里的远方。这也难怪其他一些骑行者会雇马车将自行车运到山上去。

下山时他们遇到的问题也不少，他们的自行车刹车系统有缺陷，刹车装置通过一根皮带被拉向轮胎方向（而不是像今天的许多种自行车一样，刹车装置被拉向轮箍）。因此，他们不得不时常用后蹬的方式刹车。伊丽莎白是在穿长裙的情况下完成这些操作的，所以她承认，她很容易因为过度消耗体力而大发雷霆。但没有什么能阻止她实现目标。风雪交加的天气、冰冷的悬崖，还有险峻急促的弯路——有些地方竖立着木制的十字架，告诉来人曾有旅行者在此地因故身亡——都没让她停止骑行，即便她在骑车下山时非常紧张。彭内尔夫妇在天气最糟糕的那天登上了海拔2100米的圣哥达峰，约瑟夫承认，他从未如此想放弃过，而伊丽莎白还是拒绝搭乘一辆路过的马车。她说："我要自己完成这件事。我来这里做这件事不是为了自己。"[15]女性是"较弱势的群体"的老话，可以到此为止了。

伊丽莎白并不赞成举办自行车比赛，但她也不喜欢有人骑车超过她。在一次下山途中，一位瑞士骑行者在超过她之后摔倒在地，她毫不掩饰自己的喜悦。这位骑行者大声呼救，她却直接从他身边骑过。还有一次类似的经历，他们遇到了一个巴黎人，此人曾代表法国政府向美国捐赠自由女神像。他们交谈了一个多小时，可是当这个人摔倒在泥泞中不知所措时，他们却没回头看一眼。

得益于蒸汽火车的出现和托马斯·库克旅游公司的旅行项目，瑞士是19世纪中后期欧洲最受欢迎的旅游胜地之一，有钱的中产阶级会直奔瑞士去探访让-雅克·卢梭（Jean-Jacques Rousseau）和威廉·华兹华斯（William Wordsworth）笔下那著名的阿尔卑斯山山峰。对于游客们把这里当成"欧洲乐园"的现象，伊丽莎白大发雷霆，因为乘坐不同交通工具的游客连成了一个"延绵不绝的队伍"，"堵住了"阿尔卑斯山各条壮丽的山脉。

让伊丽莎白更为恼火的是，这些游客总是慢悠悠地前行。彭内尔夫妇尽量避免与众人亲近；伊丽莎白甚至说，她宁愿在辛普伦山口的寺庙里与僧侣们一起用一顿简餐，也不愿意"与五六十位游客一起吃晚饭，这种情形就像随便某个夏夜，你可以在圣伯纳德山口的旅馆里看到，游客们大吃大喝，像猪一样贪婪"[16]。伊丽莎白认为，德国游客称得上"公害"。她也不喜欢瑞士人，感叹瑞士海关官员给他们带来的"小烦扰"，还觉得该国掠夺式的旅游产业剥削了他们。

她可能有点势利，但她素来是诙谐的，只是言语有点刻薄。我都不敢想她会怎样看待我们现在的"自拍文化"，因为我读过她的评论文章，她说那些曾经"为大自然的崇高而哭泣，甚至泪眼模糊"[17]的旅游团，现在几乎都不看风景，反而热衷于"在有插图的明信片上肆意发泄情绪"。

这是伊丽莎白的最后一份骑行见闻录。也许她已经完成了给自己设定的目标，又或许她的出版商觉得人们对自行车旅行的狂热度有所下降，这意味着彭内尔夫妇的故事在 20 世纪初已经不再具有商业价值。但无论如何，我很清楚他们一直在享受骑行的乐趣，即使他们后来再未撰写相关文章。

前往偏远地带

虽然在 19 世纪大多数游客一窝蜂地跑到欧洲各大旅游胜地，但仍有些胆子大的旅行者会选择前往更远的地方。这些人里还有一部分是上流社会的女性，主要来自英、美两国，她们有钱去非洲、亚洲和中东地区进行几个月甚至是几年的旅行。有些人向往冒险，有些人则想向他人展现女性能做什么，还有些人在探访地研究当地古迹、社会习俗或动植物的状况，以丰富人类对于世界的认知。

身兼博物学家、摄影师和作家数职的英国人伊莎贝拉·露西·伯德（Isabella Lucy Bird）就是这样一位勇敢的探险家。她常年身体欠佳，却能只身前往美国夏威夷和澳大利亚旅行，她后来去了亚洲、中东和北非。她曾以传教士的身份行医，拒绝像其他女性一样侧坐在马

157

鞍上，1892 年还成为英国皇家地理学会（the Royal Geographical Society）的第一名女成员。但是，《泰晤士报》（*The Times*）未核实就误报她在 1873 年横跨科罗拉多的洛基山脉时是穿裤子完成这 800 英里路程的，她得知该报道后气坏了。

英国探险家和民族志学者玛丽·金斯利（Mary Kingsley）曾独自前往非洲，她与当地人一起生活，就是为了对她将要探索的偏远荒蛮之地进行深入了解，想知道如何在那样的地方生存。她收集了野生动物标本，还在自己出版的多部著作里记录了当地部落各种活动的场景。玛丽从未把自己视为"新女性"，也并不重视妇女选举权问题。她穿过非洲丛林时，身穿长裙、头戴礼帽、手拿遮阳伞，这是传统的 19 世纪英国妇女打扮。

相比之下，瑞士旅行家伊莎贝尔·埃伯哈特（Isabell Eberhardt）则选用了柏柏尔人*（Berber）的男装，为的就是能在 19 世纪 90 年代盛行伊斯兰教的阿尔及利亚地区自由出行，避免被当地人过多关注。

范妮·布洛克·沃克曼（Fanny Bullock Workman）是另一个想创造历史的冒险家，希望自己的重要发现能得到世人的认可，也希望丰富地球上那些人迹罕至地区的相关文献。

1859 年沃克曼出生于一个马萨诸塞州最富有的家庭。她先在美国的一所名校接受教育，之后去了欧洲的几所女子精修学校**（Finishing School）学习。她十几岁时创作了一些故事，内容都是关于年轻女孩逃离学校后成为登山家和探险家的，这些故事可以说是她后来人生道路的写照。她从来没有把成为一名无所不能的家庭主妇作为自己的人生

158

---

    * 柏柏尔人是生活在西北非洲、信奉伊斯兰教的民族。 ——译者注
    ** 女子精修学校指的是上流社会年轻女性学习社交举止的私立学校。 ——译者注

目标。二十几岁时,她在美国的东北部征服各大山峰,当时美国登山俱乐部开明的态度让她受益无穷,它们接收女成员,这与欧洲登山俱乐部的态度截然不同。

许多女性有相似的志向,但她们缺乏资金去实现梦想。而范妮和丈夫威廉·亨特·沃克曼博士(Dr William Hunter Workman)受益于家族留下的可观财产,得以倾其一生环游世界,他们的孩子则交给几位家庭教师看管。在环游世界期间,沃克曼夫妇逐渐以登山家和骑行运动员等开拓者的身份享誉世界。最终,就像之前的伊莎贝拉·露西·伯德一样,在男性备受尊崇且成员几乎均为男性的英国皇家地理学会,范妮也获邀拥有一席之地。

在他们的一份自行车旅行见闻录里,威廉在献辞中赞扬范妮的"勇气、耐力和热情,面对旅途中常常遭遇的艰难困苦以及人身危险"[18],她"永远展现出这些优秀品质"。旅行主要由范妮提议,所以毫无疑问,她与丈夫都是冒险家,不分主次。除此之外,虽然在这个艰苦的旅程中会身处各种野外环境,她仍未脱去长裙换上更合适的装束。

沃克曼夫妇对骑自行车旅行的热情源自他们购买的两辆罗孚"安全"自行车。彼时住在德国的沃克曼夫妇曾骑自己的自行车探访了法国、意大利和瑞士这3个邻国,然后尝试去更远的地方,甚至偏远地带。他们在4岁的儿子得了肺炎夭折后,把女儿交给了保姆和家庭教师照顾,于1895年出发开始了首次长途自行车旅行——这一年他们几乎一直在路上,在西班牙骑行了2800英里,在阿尔及利亚骑行了1500英里。后来,他们把这些旅程的见闻——主要由范妮完成——写入书中并出版。

与在她之前的伊丽莎白·罗宾斯·彭内尔一样,范妮宣称自己有

159

一个头衔——骑车环游西班牙和阿尔及利亚的首位女性。据说，在这两个国家至今还未有人骑行范围如此远。这时，范妮已经成为第一位攀登勃朗峰的女性——她从不回避竞争。

在环游西班牙的旅途中，他们"在收费公路上过着堂吉诃德式的日子"[19]，平均每天骑行 45 英里，有时为了找到能过夜的地方，甚至会骑 80 多英里。他们所到之处崎岖多山，携带沉重行李在这样的地方骑罗孚"安全"自行车绝非易事。尽管无比艰辛——车胎几乎每天都会被扎破——他们还是觉得自行车是最理想的出行工具，"能让我们完全绕开旅行者通常会遇到的那些障碍，从容地游历整个国家。我们想何时停就何时停，喜欢在哪里停就在哪里停"[20]。沃克曼夫妇的骑行行程不仅是从 A 点到 B 点，他们还想看看当地的风景，感受那里的历史，贴近当地人并了解他们的文化。但是沃克曼夫妇可能没有意识到，自己常对当地人指手画脚，也未敞开心扉接受他们。

西班牙使他们实现了自己当冒险家的梦想，因为他们认为，这个国家的"文明程度还不高"[21]——这种评论充分显示了他们身为美国人鲜明的特权意识和当时人们对西班牙的普遍认知。与彭内尔夫妇相比，沃克曼夫妇撰写的著作叙述语气截然不同，读者在书中几乎看不到关于刺山柑花蕾等自然景色的内容，也看不到文学性的引用，只能看到各种详细描述，从考古遗址到当地民俗，不一而足。这表明了范妮的态度，她希望自己能表现为一个严谨的旅行家和地理学家。

人们对沃克曼夫妇的西班牙之旅非常感兴趣，所以一些西班牙新闻媒体时不时会跟踪报道他们的行程。尽管这对夫妻声称自己能说流利的西班牙语，但是在与记者的谈话中他们故作神秘、不轻易发言，让人不明就里，也让记者们好一番猜测。这对美国的骑行伉俪激起了西班牙人极大的好奇心，西班牙人甚至带着"敬畏的表情"看他们，

"就好像我们是天外来客一样"[22]。实际上，这些西班牙人只是对沃克曼夫妇感兴趣，而不是敬畏他们。

虽然沃克曼夫妇确实遇到了一些骑自行车的西班牙人，但是他们发现，这项运动只流行于"更高阶层"的人群。换句话说，像他们一样的富人才会从事这种运动，因为可能只有他们才有钱买自行车。当地骑行俱乐部的成员会骑车在途中迎接他们，并随他们一道前往自己所在的城市。这些人还会带他们回家，免费招待他们，第二天再跟他们骑行一段时间。这就难怪沃克曼夫妇更愿意与这些俱乐部成员分享他们旅行日程的各种细节，而不愿意在媒体面前多言了。

但并不是每个人都喜欢他们。他们抱怨在进入一些村庄时，会被孩子们扔石头往外赶，而且再往南走，能明显感觉到自行车在当地人眼里乃稀罕之物。尽管当地人对他们是好奇而没有敌意，但动物们因为他们的到来而被吓得惊慌四散。拉车的骡子看到他们会很狂躁，甚至有一次一头骡子突然挣脱缰绳，将骑在上面的人甩了下来。那人气急败坏，从地上爬起来，操起一把刀刃很长的农具就向沃克曼夫妇冲去。他们赶紧拔出左轮手枪吓住了他，这才得以脱身。

途经巴伦西亚（Valencia）时，一头骡子被他们惊得撒泼放刁，气得它的主人拿着一把 12 英寸长的刀子威胁他们说："你们逃不掉。这把尖刀捅进去的时候，你们就知道是什么滋味了。"[23]幸运的是，同行的人拉住他，让他们得以脱身。这次恐怖的经历让他们考虑是否打道回府，但其实，类似惊险的场景后来再没出现。沃克曼总结说，巴伦西亚人是"西班牙最不友好的人，他们有仇必报"。但实际上，他们刻薄评价的对象不只是巴伦西亚人。在其他地方，这两位骑行者还指责当地人"保守落后"，阿拉贡*（Aragon）的"妇女们像牛一样盯着我

161

---

* 阿拉贡在西班牙东北部地区，位于西班牙与法国交界处。——译者注

们"[24]，而"男人们、男孩们舍不得把手从我们的车子上挪开，他们摇铃铛、捏轮胎、压鞍座，像是身处专门举办的自行车展览会，这些车辆就是供他们娱乐、解惑之用的"。

他们还批评了与自己同行的外国游客。在格拉纳达市*（Granada）的阿尔罕布拉宫（Alhambra，西班牙的摩尔人王宫），他们遇到了"菲利士人"（Philistines，居住在地中海东南沿岸的古代居民，被称为"海上民族"）。由于文化认知不足，沃克曼夫妇极有可能无法欣赏西班牙摩尔人的建筑奇迹。

在巴塞罗那，范妮发现，尽管自己穿着合适的长裙，但还是很容易被别人关注。她在街上遭到了几个男人的骚扰，所以就警告自己的读者，这个地方"令人不愉快，女性骑行者不适宜前往"[25]。在阿尔及利亚，他们遇到的还是反应过度的动物。范妮认为，当地的马和骡子对女骑行者充满敌意，"长得像狼一样"[26]的狗更喜欢追着她而不是威廉跑。她说："可能狗都把自己当成了编外警察，认为妇女不该骑自行车，要纠正这种行为。"

范妮于 1912 年攀登喜马拉雅山，还曾手持《妇女选举权报》（Votes for Women）拍照，因而她很关注他们骑行所经过的这些国家妇女的处境。当阿尔及利亚的法国殖民者告诉他们，本国北部的卡比利亚（Kabylie，阿尔及利亚北部多山的沿海地区）妇女拥有相对更多的自由时，范妮对这种说法提出了质疑："我们要看得更深、更远一点，我们要看卡比利亚的男人是怎样看待女人的，而卡比利亚的女人又是如何看待自己的。"[27] 她与法国人得出了截然不同的结论，部分原因在于范妮发现，卡比利亚法律允许男人在"必要"时杀妻。此外，她还

---

*格拉纳达市是西班牙安达鲁西亚自治区和塞维利亚省的首府，西班牙第四大都市。——译者注

写道，卡比利亚女性往往得不到受教育的机会，而且从 12 岁开始，就会按照惯例被父母卖给夫家，"从此过上艰苦劳作的生活"。对于受过高等教育的范妮来说，这是无法理解的，因为她有办法做到不管家务、不做手工，只过自己喜欢的冒险生活，丰富人生阅历。所以她总结道，阿尔及利亚妇女是带着"既妒忌又绝望的"眼光看待欧洲女性的。

范妮也许没有资格去评判这些妇女的生活环境，但毋庸置疑的是，她致力于维护妇女受教育等权利的行动没有错。有本专门写她攀登壮举的书，封面就是她的一张照片，手上拿着一份有关妇女参政权论者的报纸。她还成为在巴黎索邦神学院（Sorbonne university）做讲座的第一位女性，并在遗嘱中分别给美国的四所女子大学留下了一笔钱。

1897 年 11 月，沃克曼夫妇踏上了史诗般的旅程。在接下来的两年半里，他们在东南亚地区骑行了 1.4 万英里。他们乘汽轮由一国前往另一国，也会在道路无法通行时乘坐火车。一路上，他们参观了东南亚地区那些当时很少有人涉足的著名考古遗址及寺庙。

他们为这趟旅程撰写的著作主要论及印度的那一段。在这里，范妮开始再次思考妇女的生活问题，例如她在海得拉巴*（Hyderabad）逗留期间，结识了当地几位治安官的妻子，她们整天都得用面纱蒙着脸，封闭在只有女性的临时住房无法出来。这种没有人身自由、无法支配金钱，也不能随意社交的现象，是受西方女权主义意识形态影响的范妮所深恶痛绝的，这种意识形态就是由自由行动和独立自主界定的。她认为她们的情况源自男女之间普遍的不平等现象，希望"文明之光能照耀男人的灵魂，让他们意识到较弱势性别群体遭受的极大不

---

*海得拉巴是印度第六大城市，特伦甘地邦的首府，位于印度中部。——译者注

公。那时，弱者会依天性自由成长"[28]。

在大多数情况下，沃克曼夫妇不畏惧骑行途中遭遇的艰难险阻。晚上找不到地方睡觉时，他们便不得不睡在火车站的木头长椅上。他们有个处理琐事的随从，这个随从每隔几天就乘火车去与他们会一次面，帮他们减轻负担，使他们得以只携带生活必需品上路。沃克曼带的是罐头食品，吃饭的时候身边有猴子簇拥，头顶则盘旋着野生长尾小鹦鹉。他们会要求随从给他们做饭、找住处，就像使唤贴身男仆一样。但如果沃克曼夫妇到了事先约定见面的地方，随从却没能帮他们准备好食物和住所，他们就会对他严加斥责，态度霸道极了。

在这种炎热潮湿的天气里，他们不仅要长时间骑行，缺食短水，还要不断地处理爆胎问题（每天的爆胎次数多达 40 次）。在远离铁路线的那些地区骑行时，他们与随从在很多天里无法碰面，就得自己携带所有必需品，其中的生活物资重达 45 公斤。地方官员们一再警告他们，要避开受饥荒影响的地方，以免受到灾民攻击，但他们完全置若罔闻。同样，他们也不理会前方道路上有大象的传言，把之前骑车遇到动物的经历抛到了九霄云外。他们也不曾侧挂包里的来复枪。

结束这次在印度北部的旅行后，沃克曼夫妇开启了职业探险家的新篇章。为了避开夏季的酷暑，他们放弃了骑自行车前往喜马拉雅山的高山垭口。沃克曼夫妇对这里非常着迷，甚至在后来的 14 年里，往返此地 8 次。在这里，范妮找回了自己最初的爱好，她不断地克服挑战、战胜危险，打破了数项女子登山海拔纪录。作为一名登山爱好者，范妮表现出了骑行时的胆识与决心，这些品质使她能完成漫长的骑行之旅。她不仅是第一个爬上这些山脉的女性，还与丈夫一同成为首批尝试攀登其中一些山峰的西方人。他们在喀喇昆仑山脉（Karakoram）征服了一座海拔超过 5900 米的山峰并将之命名为布洛克·沃克曼山

（Mount Bullock Workman）；他们还用自己夭折的儿子之名给一座山命名为齐格弗里德霍恩山（Siegfriedhorn），尽管这两座山早已改名。虽然沃克曼夫妇创造了众多非凡的纪录，作为登山家取得了一定成就并享有盛名，但还是有一个关于他们的令人不快的消息，即他们对当地的搬运工似乎缺乏同理心。

在这个长达两个月的艰难跋涉中，范妮带队前往喀喇昆仑山脉的玫瑰冰川和锡亚琴冰川。这趟行程让他们错过了女儿的婚礼，也令一个向导丧命，范妮也差点没命。

165

范妮在妇女权益问题上表现得很热情，但她对其他女性登山者的态度并非如此；对她们取得的成绩，她似乎并未称道过。1909 年，美国人安妮·史密斯·佩克（Annie Smith Peck）声称，她在秘鲁爬上了 7000 米的高山，于是范妮就花 13000 美元雇了一个法国调查小组到秘鲁，求证该山的高度是否属实。调查小组花了 4 个月证实 7000 米的数字有误，从而令范妮 6930 米的登山纪录一直保持到 1934 年无人打破。

撇开范妮的好胜心不谈，她无疑是那个时代最无畏、最积极的探险家之一。她无视当时普遍存在的对妇女的偏见，并用骑行来消除它们。　166

第八章　去往远方

这张照片记录了德乌拉·墨菲（**Dervla Murphy**）于 **1956** 年开始的西班牙骑行之旅，它出自德乌拉·墨菲所著的《单车伴我走天涯》（***Full Tilt***）。

伟大的户外运动

1928 年复活节的那个星期天，当身穿女式灯笼裤、头戴礼帽的玛丽露·杰克逊（Marylou Jackson）、维尔玛·杰克逊（Velma Jackson）、伊赛尔·米勒（Ethyl Miller）、利奥莱亚·纳尔逊（Leolya Nelson）和康斯坦茨·怀特（Constance White）骑车进入华盛顿特区的时候，记者们早就在此守候。这 5 名非裔美国骑行者来自纽约，过去的 3 天里，她们骑自行车从自己居住的城市出发，途经费城和特拉华州的威尔明顿（Wilmington）前往首都，全程有 250 英里。在到达目的地之前的每个夜晚，她们都睡在基督教女青年会（YWCA）的青年旅社。尽管骑行了 100 多英里，她们还是抽出时间游览当地。

这 5 人中有 2 人（其中一位是哈莱姆基督教女青年会的体育部主任）从事体育相关工作，而且她们很可能是纽约市骑行俱乐部的成员。她们对一位记者说，"热爱伟大的户外运动"[1] 是她们开启这趟行程的动力，也希望还有其他女性能超过她们在骑行距离上创下的纪录。第二天是复活节后的星期一，她们登上了回家的火车，继续纽约市的生活和工作。康斯坦茨·怀特酷爱旅游，她很快又离开了哈莱姆去俄罗斯旅行。然后她穿越了欧洲，在那里待了一段时间，后来回到美国定居。

我不知道当时还有多少女性响应了她们的号召，但 80 多年后，她们 5 人的骑行经历仍然激励着后人从事这项运动。2013 年，一个黑人女自行车手团体完成了从华盛顿到纽约方向的骑行活动，这是它努力推动美国自行车骑行者多样化、鼓励其他人加入其中而举办的活动之一。

20 世纪初，富有的中产阶级和上层人士已经不再对自行车旅行充

168　满热情，他们已然进入汽车时代。①《远足》中的骑行栏目反映了这一趋势，原本该栏目刊登的是让读者觉得不可思议的自行车环球旅行报道。然而，19 世纪、20 世纪之交，《远足》的骑行栏目则被汽车栏目取代。

　　康斯坦茨和她的朋友们以自己的行动向世人证明，仍然有人——包括许多女性——还在继续以一己之力丈量着土地。她们是渴望探索世界的新一代。既然旅行与休闲活动不再专属于富人，新兴的旅行者就开始成为这种活动的主角。在欧洲，消遣活动大受民众欢迎，20 世纪 20 年代到 50 年代末算得上是自行车旅行的黄金时期。

　　19 世纪 90 年代，欧洲人平均每周的工作时间超过 60 小时；到 1910 年，英国人的平均每周工作时间为 53 小时，而到了 30 年代则降至 43 小时。许多工人是女性。在 20 世纪 30 年代中期的英国，女性占劳动者总数的 1/3。尽管性别收入差距明显，性别歧视也随处可见，但比起前几代人，女性还是拥有了投票权和更多的自由。此外，虽然还要再打一场"世界大战"才能让裤子成为人们可以接受的女装，但人们对于女性的穿着比 19 世纪宽容得多。

　　1929 年华尔街金融危机之后，全球经济衰退随之而来，汽车成为大部分人难以企及的消费品；1931 年，英国只有 1/10 的家庭拥有汽车。不过，许多人买得起自行车，而且对于一些人来说，骑自行车也不仅仅是一种廉价的通勤方式。20 世纪 30 年代在约克郡一家工厂工作的卡塔

169　内奥夫人（Mrs Cattaneo）将周末与骑行俱乐部成员的活动描述成她生活中最重要的事情。她说："我们有自行车之后，才知道什么是假期，才开始外出四处转转……因为有了这辆自行车，我对于攒钱没那么热切

①　此时，人们购买汽车的能力提高：1909 年一辆福特 T 型轿车的平均售价是 850 美元，而至 20 世纪 20 年代初，一辆福特 T 型轿车的平均售价为 260 美元。

了。我会在周日收拾好行装，随便在哪个咖啡馆买一杯茶，只要 4 个便士，想喝多少就能喝多少……我爱那辆自行车，爱每个周日。"[2]

无数人像康斯坦茨一样热爱户外运动，他们拥有越来越多的闲暇时光，活动预算却极为有限。人们只要骑上自行车，就能逃避琐碎的日常生活，对于居住在城市里的人来说尤其如此。一些人会骑行很远的距离，距离远得令人咋舌——甚至能破纪录——而且去的地方鲜有人涉足。首先是欧洲人，其次是美国人，重拾乡村骑行的乐趣。骑行成了两次世界大战之间人们的一种户外运动形式。青年旅社开始在欧洲和北美各地"开花"，在风景优美的地方为步行者和骑行者提供廉价的食宿。乡村一度成为人们乐于前往之处；今天也是如此，只不过乡村变成了照片墙用户摆姿势、晒自拍照的地方。事实上，周末旅行在 1937 年的英国变得十分流行，甚至有一位读者写信给《骑行》杂志抱怨说，这项运动太受欢迎了，"一群又一群"的骑行者纷至沓来，毁掉了一处处优美的风景。

自行车的价格越来越低，而且专为旅行设计的轻型自行车给新一代的长途骑行者带来了便利，这都是造成乡村骑行热的原因。这种自行车还有一套用于爬行丘陵甚至是高山的齿轮。（英国）制造商改良了那些笨重的"安全"自行车（彭内尔夫妇和沃克曼夫妇曾勇敢地骑这种自行车艰难地创造了自己的环游壮举），改良后的自行车极受人们欢迎。在美国情况则相反，自行车却变得越来越重，速度变得越来越慢，这种自行车的外形像巡洋舰，它们看起来更像摩托车，还配有低压轮胎。许多自行车的重量超过了 20 公斤，是欧洲自行车重量的 2 倍，这有可能是自行车旅行没在美国兴起的原因。

英国自行车手旅行俱乐部的成员数量开始再次猛增，欧洲情况亦是如此。自行车手旅行俱乐部为骑行者组织了火车旅行，让他们享受

170

一整天乡村骑行的乐趣。各类骑行杂志刊登了弗兰克·帕特森（Frank Patterson）这类艺术家的作品，它们描绘了英国的种种理想景象。这些景象离现代性和战争很遥远，能让人们联想到更纯真的年代——不言而喻，它们是人们所怀念的时光，即使这些时光从来没有真正存在过。

随着人们在社会行为规范方面变得更加宽容，未婚情侣也能自由相伴外出了。自行车广告则反映出这一点，呈现了年轻的白人情侣快活潇洒地骑车旅行的场景。1934 年，在一则"大力神牌"（Hercules）自行车的广告里，一对不到 20 岁的年轻情侣热情地在自行车上拥抱，广告上的文字暗示人们的是：骑"大力神牌"自行车跟你的爱慕对象出去约会一天，而后"皎洁的月光会指引你们回家"，这无异于说：买这辆车，你就能得到这个女孩。然而，可笑的是，当这对情侣停下吃午餐时，男友还等着女孩琼倒茶。其他广告中的情侣要么手牵手沿着车道骑行，要么坐在沙滩上、依偎在自行车旁看地图。

1949 年，英国的一部浪漫喜剧电影《男孩、女孩和车》（*A Boy, a Girl and a Bike*）主要表现了约克郡一个骑行俱乐部成员的社交生活、他们每周去约克郡山谷的骑行活动以及在荒野中举办的各种夏令营。电影由迷人的霍纳尔·布莱克曼（Honor Blackman）及花季少女戴安娜·多斯（Diana Dors）主演，霍纳尔被称为英国的玛丽莲·梦露。①

一家杂志社举办了一次双人自行车骑行比赛，路线是从伯明翰市到英国首屈一指的私奔圣地格雷特纳格林（Gretna Green）小镇，选手们竞相争夺第一并借此结婚，这使得双人自行车大受欢迎。骑行杂志社定期刊登以骑行为婚礼主题的照片，我们从这些照片中可以看到婚

171

① 电影中，一个富有的年轻人爱上了由霍纳尔·布莱克曼扮演的角色，为了能接近她，这位年轻人加入了这个骑行俱乐部。可家族成员对他的行为惊恐万分，认为他正在参与工人阶级的活动——这表明当时的上流社会是多么排斥骑行运动。

礼宾客们在离开教堂时把自行车高高举过新郎和新娘的头顶，而这对伉俪很有可能是在骑行俱乐部里相识、相恋的。

新婚不久的骑手们即将迎来自己的孩子，这也不一定意味着他们不再骑行——父母会带着孩子一起骑行。热爱骑行的父母们变得创意十足，他们把拖车或侧车钩在双人自行车旁，里面放着还不会走路或年龄太小无法自己骑车的孩子，很像今天的阿姆斯特丹和哥本哈根等城市里接送孩子上学用的货运自行车，在伦敦这种车也越来越多。我甚至看过一张把婴儿车装在自行车上的照片——这并不是一个经得起时间考验的潮流，原因可能很明显。那些有年龄大些孩子的家庭可以选择三人自行车，这样全家人就能骑一辆车。当时有专门为成员较多的大家庭设计的自行车。1961年百代电影公司拍摄了一部英国电影，讲述了林肯郡的福斯特一家（the Fosters）的故事。福斯特一家中有4人骑一辆四人自行车，旁边的拖车里放2个年幼的孩子和露营设备。另外4个孩子则各骑一辆"平凡者"自行车跟在那辆四人自行车后面。 172

健身吧，姑娘们

1938年，24岁的比莉·弗莱明［Billie Fleming，当时她叫多维（Dovey）］是一位部门秘书兼打字员。她热爱骑行，想引导更多的女性参与这项运动。带着这个想法，她在长途骑行领域取得了许多成绩，成为家喻户晓的名人。比莉18岁时，男朋友教会她骑车，她很快就"痴迷此道"。狂热的她决定在一年内骑遍英国。比莉给"手牌"自行车公司写信寻求赞助，这家公司立即同意，指定她为公司的"健身女孩"，给她提供一辆自行车和整整365天行程中所必需的财力支持。那一年，她骑着只有3个齿轮的自行车跑了累计29603.4英里的路程

（全长超过了绕地球一周的长度），创下了一项女性长途骑行的世界纪录。比莉把这个成就归功于"年轻、健康和随时准备接受挑战的心态"[3]。令人感到惊讶的是，她的车轮只被扎破一次。

她决定，不管天气如何，这一年中白天她都要骑车。晚上，她会做演讲，宣传骑行对健康的益处。她只带了一个小小的车座挂包，里面放了一套换洗衣物和一些工具。吉百利巧克力公司每个月给她寄送巧克力，作为回报，她会在该公司的一些产品广告里露面。她的骑行距离通过一套核验卡进行确认，这些卡片由《骑行》杂志负责核实签名。卡片显示，她每天平均骑行 81 英里，一天中骑行距离最长为 186 英里，那天她下定决心晚上要好好睡一觉。《骑行》杂志定期检查她的计程器，以确保不出差错。

比莉活到了 100 岁，显然，她对骑行带来健康益处的观点是正确的。她一直激励众人努力尝试打破她的纪录。1942 年，澳大利亚的帕特·霍金斯（Pat Hawkins）声称自己的骑行距离超过了 54000 英里。可骑行权威机构仔细检查了她的计程器后发现其说法并不合理，故未予以采纳。值得我们注意的是，直到 2016 年才有人超过比莉创下的纪录，彼时瑞典人凯萨·泰伦（Kajsa Tylen）成功挑战了比莉的纪录，从 2016 年元旦到 2017 年元旦前夜，一共骑行了 32326 英里。

如果没有发生第二次世界大战，比莉会把骑遍美国作为自己的下一个挑战目标。她会看到更多骑自行车的女性。在经济大萧条时期，许多人选择骑自行车上班或找工作，这提升了自行车的销量。很快，自行车行业就决定鼓励女性骑车健身，把女性作为特定客户。

1934 年，好莱坞影星琼·克劳馥（Joan Crawford）的照片登上了一本杂志的封面，照片里的她穿着长裤和毛衣，骑在一辆男式自行车上，车则沿着滚轴移动——这是 30 年代的室内训练车型。她告诉杂志

173

记者，她和她（当时的）丈夫小道格拉斯·费尔班克斯（Douglas Fairbanks，Jr）用骑行保持体型。12 年后，她又骑一辆美国产的"施文牌"自行车（Schwinn bike）拍摄了照片，再次称赞这项运动给健康带来的益处，并且表示"要想锻炼身体、保持身材、找到乐趣，大家可以选择我推荐的'施文牌'自行车"。

　　20 世纪三四十年代，其他女演员也骑在自行车上拍照，其中就有凯瑟琳·赫本（Katherine Hepburn）。凯瑟琳从 3 岁半开始骑自行车，所以她根本不需要任何赞助协议，就会自己骑自行车在华纳兄弟电影公司（Warner Brothers）的片场四处溜达，即使在拍电影的间隙也是如此。骑行是她持续了几十年的爱好。有了好莱坞影星的认可，女性都渴望能骑行，由此自行车市场的女性顾客比例在 30 年代从 10%上升到了 33%。美国各大城市的百货公司也开始纷纷储备最新款式的自行车。在海滨度假村，人们可以像广告里的琼在洛杉矶的威尼斯海滩上做的那样，租辆自行车沿海边的木板栈道骑来骑去。但是骑行的热度并没有持续太久。短短的一段时间过后，美国生产的自行车大部分变成儿童车。

　　即使在战争期间，人们基于出行的需求也普遍选择骑行，因为当时汽油已是稀有物资。为满足经济恢复期的需求，战后的紧缩形势使得自行车旅行再度盛行于欧洲。然而，骑行作为一项大众运动的日子已接近尾声。20 世纪 50 年代中期，欧洲国家道路上的汽车数量已是 10 年前的 3 倍。1960 年，美国每 3 个人就拥有 1 辆汽车，而到了 1970 年，在美国每 2 人拥有 1 辆汽车。

　　1939～1969 年，自行车手旅行俱乐部的成员数量减少了一半，这反映出自行车旅行和骑行运动——赛事除外——总体在失势。不久之后，骑行意味着买不起汽车，往后几十年中它都是让人觉得丢脸的活

174

动。但这种情况并没有发生在荷兰和丹麦这样的国家，直至今天骑行还是这些国家民众日常生活的重要组成部分，因为这两个国家的基础设施完备，使得骑行像走路一样容易。在其他地方，还在骑自行车出行的人就不得不与相较 10 年前复杂得多的交通做斗争，这并不是每个人都愿意面对的状况。

虽然大多数西方人已不再热爱骑行，但是 20 世纪 60 年代世界其他地区尤其是亚洲开始爆发骑行潮。在中国，马路上的自行车数不胜数，以至于中国被称为"自行车王国"。1948~1958 年，中国的自行车数量翻了一番，达到 100 万辆。到 20 世纪 90 年代，这个数值冲到峰顶，达到 6.7 亿辆，其后随着人们汽车购买能力的增强，自行车销量才急剧下降——自行车销量的这种大起大落则早已在西方上演。

175

从敦刻尔克到德里

1963 年，自行车旅行不再流行，而一位来自爱尔兰农村的 31 岁女性却独自骑自行车从敦刻尔克出发前往印度德里。她用 6 个月骑行约 3000 英里，穿行于欧洲、伊朗、阿富汗、巴基斯坦和印度。10 岁生日那天，德乌拉·墨菲收到的礼物是一本地图册和一辆二手自行车，很快她就为自己定下了骑行目标及接下来要走的路线。此外，一个旁遮普邦的笔友也唤起了她对印度这片"神奇土地"的兴趣，让她把印度当作自己的目的地。

独自旅行的想法吸引了德乌拉。此前，她就已经开始独自爬山，一个人在黑水河（Blackwater River）游泳并在自己的家乡沃特福德（Waterford，爱尔兰东南部港口城市）长途骑行。大部分时间她孑然一人，以徒步或骑行的方式来探索这个世界。当她低头看自己踩在新自行车踏板上的脚时，突然产生了一个想法："如果我一直踩，久一点，再久一点，就能到印度。"[4]虽然这个计划还有 20 年才能实现，但她始终没有忘记它。就像一些人以上大学或结婚、生孩子为目标来规划自己的未来一样，德乌拉的人生计划中，永远都有"骑行去印度"这一环。

做出该决定的 4 年后，德乌拉因为母亲得了类风湿性关节炎瘫痪在床，不得不休学在家照顾她。这个昔日的小冒险家在接下来的 18 年里承担起了照顾母亲的主要责任，被困在"家庭牢笼"中。这 18 年中的大部分时间里，她无法离开房子，因为她母亲离不开人。对于一个沉迷于户外、一心要去梦想之地漫游才觉得快活的人来说，这种生活中的巨大改变以及肩上担负起的新责任简直压垮了她，让她觉得"深陷困境、苦不堪言"[5]，而且"只想得到自由"。

随着德乌拉母亲的健康状况持续恶化，她所珍视的那些自由时光逐渐"消失殆尽"，同龄人习以为常的自由她却求而不得。接着她父亲突然去世，她成了唯一能照顾母亲的人，生活变得更加艰难。在朋友们的帮助下，她坚持了下来。一旦有机会，她就会骑自行车奔向远方。

德乌拉的母亲在结婚之前也曾独自旅行，所以她认为，女儿应该像她一样体验自由的感觉。母亲鼓励她充分利用时间出去探索这个世界。在个人可支配自由时间逐渐减少的这些年里，自行车旅行成了支撑她活下去的救命稻草。1951 年夏，德乌拉进行了自己的第一次旅行，用 3 个星期骑车环游了威尔士和英格兰南部，吃住都在青年旅社里——对于一个大部分时间生活在利斯莫尔（Lismore）镇、活动范围没超过其半径 30 英里的人来说，这无异于是一场"意义重大"的旅行。

一些邻居对她独自骑车旅行感到震惊，因为这不是 20 世纪 50 年代爱尔兰农村地区的女孩会做的事情。这个国家大部分人是保守的天

176

主教教徒，人们认为做女儿的就应当牺牲自我。一个年轻女子独自骑行度假让一些人无法理解。相反，放弃学业专门照顾母亲倒不是什么稀奇事。无论如何，这次旅行证明她一天可以轻松骑行 100 英里，进一步说明她可以实现自己骑行 3000 英里的梦想。

177

1952 年，德乌拉离家 5 周，骑行前往佛兰德斯*（Flanders）地区、德国和法国，尽管回程时她在法国险些被一对夫妻绑架——德乌拉觉得他们企图抓她去卖淫。这次意外没有影响她，两年后她再次出发，去了西班牙，比她之前所有骑行之处更远。她骑一辆装配了大挂篮的笨重自行车，在多山地区一天能骑行 120 英里。1953 年，她带着对西班牙这个国家深深的爱回到了爱尔兰。归途中，她在睡袋里装了12 大瓶白兰地穿越比利牛斯山，把它们当作自己骑行西班牙的纪念品。因为行李过重，她的自行车最终被压垮了，一个车轮弯曲变形无法修复，当然，这也给了她一个教训。之后，她知道应该合理打包行李。

德乌拉的几次旅行更加燃起了她去印度的热情。她只缺少一个必备的条件——去印度的个人时间。在接下来的几年里，为了照顾母亲她没有更多可支配的时间，白天甚至无法外出，这让她陷入绝望。母亲的健康状况恶化，德乌拉不得不睡在她房间里。

1962 年，母亲去世，30 岁的德乌拉悲痛追悼，却也"庆幸自己终于获得了自由"[6]。她说，自由的"潮水"带着"轻微电击"感流遍全身。如果那种"被囚禁"的生活再继续下去，她的人生就毁了。

终于，1963 年 1 月德乌拉出发了，她沿着敦刻尔克一条结了冰的路向

178

东骑行——终于实现了她 10 岁时在利斯莫尔的山顶上制订的计划。她骑的是一辆几年前购买的男式"阿姆斯特朗军官牌"（Armstrong Cadet）自

---

*佛兰德斯是西欧的一个历史地名，泛指位于西欧低地西南部、北海沿岸的古代尼德兰南部地区。——译者注

行车，以堂吉诃德那匹受苦受难的劣骑"鲁林安替"*（Rocinante）为参照，她给这辆自行车命名为"鲁兹"（Roz）。"鲁林安替"意为耕马——用作一辆自行车的名字再合适不过了，因为它要"勤恳"地驮着骑手历经艰难险阻，走遍千山万水。"鲁兹"要接受颠簸小道的考验，有时要辟出路来，所以德乌拉用线和金属丝加固它。"鲁兹"的重量是 16 公斤，并不轻便，它还负载了 12 公斤重的行李。地形险恶时，德乌拉只得扛着自行车前进——有时甚至要走好几英里，所以负担的每一公斤都让她印象深刻。

出发前，德乌拉花了一个月研究地图，以找到去德里的最佳路线。她还将备用轮胎寄到她途经城市的领事馆——3000 英里的距离会损耗大量橡胶。她认为亚洲糟糕的路况会毁掉"鲁兹"的齿轮，所以她把这些从车上去掉了，让这辆车只做单速行驶——考虑到她将骑"鲁兹"翻山越岭，这个决定确实令人吃惊。她还练习射击，因为她决定随身携带一把手枪，在出发不久后，她会非常感谢自己带了这样东西。

21 年的等待之后，她开始了自己的旅程。但后面她又被迫多等了一周才启程，因为当时欧洲正在经历 80 年来最严寒的冬天。一周后，解冻期还没到，她就义无反顾地开始执行自己的计划。在接下来的几个星期里，她忍受极度的低温穿行在法国、意大利和当时的南斯拉夫，为自己这个时间点出发感到后悔。她骑自行车在暴雪、洪水中艰难前进，不仅要忍耐手脚被冻伤的痛楚，还要顶住能把她从"鲁兹"上刮下来的狂风。她还得尽力辨识隐没在积雪和黑冰之下的道路，沿着它骑行。能踏上前往印度的旅程，她欣喜万分，而欣喜之后却要直面途中的艰难困苦。在途中，她要面对的是生存问题，而不是她之前企望

---

*　"鲁林安替"为中国近代文学家、翻译家林纾对 Rocinante 的音译，这个词还有其他译名。　——译者注

过的自由自在的日子，她只能用腿尽量蹬自行车向东而去。但无论多么难以忍受，当她最终渡过难关时，这将是一个值得向别人讲述的故事。

即使是急于骑车旅行的德乌拉，也不得不承认，虽然她戴着自己喜爱的冬季滑雪帽、套着巴拉克拉法帽*（balaclava），手上还戴了毛皮衬里的连指手套，但她还是难以轻易应付这样的冬天。她最终选择乘火车穿越阿尔卑斯山进入意大利，因为骑自行车根本就无法通行。在东欧大雪封困的漫长山路上，她还不得不"可耻地"搭乘顺风车，那里太冷，她没办法骑行，实在要冒险她就有可能从结满冰的路上直接摔下悬崖。对于一个在正常情况下完全能独立行动的人来说，这简直让人沮丧至极。然而，因为情形完全不同往日，她失去了独立行动的自由。

在这样的环境里，坐汽车也并不意味着真正安全。德乌拉在塞尔维亚时坐的一辆卡车就滑出马路撞到了一棵树。尽管只有头部遭受轻微撞伤，她还是离开司机去最近的村庄寻求帮助。路上，3只瘦骨嶙峋的狼向她扑去，一只狼把爪子紧紧地搭在她的肩膀上，另一只抱着她的腿，第三只则准备猛扑过去攻击她。她曾练习迅速从口袋里掏枪瞄准敌人，所以她敏捷地射杀了扑在身上的两只狼，而最后一只飞快地逃跑了。德乌拉始终觉得自己在做梦。因为她遭受了头部撞击，所以她有可能出现幻觉。警察后来告诉她，所谓的"狼"也有可能就是野狗。但无论如何，在遥远的深山雪林中发生这样可怕的事情，就像格林童话里的故事那样，值得人一遍又一遍地讲述。这是第一个能写成《单车伴我走天涯》的经历，她在叙述这趟非凡的自行车旅行时，回味的永远都是过程而非终点。

180

---

*巴拉克拉法帽是一种几乎完全围住头和脖子的羊毛兜帽，仅露双眼，有的也露鼻子。——译者注

关于旅行的一切

2018 年 12 月末，我花了几天时间从罗斯莱尔（Rosslare）渡口骑车穿过爱尔兰东南部去探望 87 岁的德乌拉，在路上我想起了那几只狼。爱尔兰没有多少狼，但有很多狗，尤其是喜欢汪汪乱叫的小狗，它们喜欢追逐经过自己领地的那些骑行者。这些狗令人生厌，但不会咬死人。我没做什么准备，这才是一个更大的问题。我原本以为这几天骑行会相对轻松，往返路程大约 180 英里。

与德乌拉不同，我并没有谨慎地对待眼前的旅程，反而选择了一辆之前从未骑过的自行车，因为我觉得这辆车的挡泥板和结实的轮胎更适合冬天爱尔兰乡村的道路。骑行的第一法则是要确保有个舒适的鞍座，但我的鞍座自上次检修后已经在雨天的伦敦跟我"跑"了好几百英里的路程，迫切需要保养。幸好我没有骑自行车去印度，因为当我把车从轮渡上推下来准备安装行李架时才发现它与鞍座无法匹配，除非我把鞍座挪到一个让我不舒服的位置。

骑行了 25 英里后，我的车胎第二次被扎破了。这时我意识到，轮胎可能让我这趟行程功亏一篑。仔细检查一番，我看到轮胎已经极度破损，小小的裂缝里嵌入了少量的石子或玻璃碴，它们刺破了新装的两个内胎。在骑行首日便遇到扎胎，让我在冬日里浪费了不少宝贵时间，所以我不得不摸黑完成当天最后的 25 英里路程。谢天谢地，沃特福德的这条格林大道不准汽车通行。可本应该是加快速度、毫无压力的一段路，我却只得痛苦地慢慢骑，因为乡村的道路两边没有路灯，我只能看见眼前的几英尺路。不用说，这不是骑行的最佳状态。不过至少没有下雨，这在 12 月的爱尔兰是很不寻常的。回程时，我绕道去

181

了一家自行车店换轮胎，幸运地骑完了最后一段路。

　　这一经历让我想起了莉莉亚斯·坎贝尔·戴维森 1896 年的建议，即女骑手在出发之前，应该确保自己能修补自行车轮胎上的破洞。莉莉亚斯将这种修补能力视为"一件可怕的事"[7]，却值得冒折断指甲的风险去获取。其实她也想不明白，如果身边有人愿意帮忙，为什么还要这么做——德乌拉也赞同这个观点，尽管她已骑行数千英里（也可能正是因为她骑了这数千英里）。她笑着跟我说"男人就该干这种事"。

　　第一次长途旅行以及此后的数次旅行中，她通常会把车胎交给路过的人修补。在去利斯莫尔的途中，一个遛狗的当地人就热心地帮我解决了扎胎问题。当时我已经完全不想自己修补车胎了。在身处类似于阿富汗沙漠这样的极端环境里，德乌拉还是能自己想办法回到主路。不到万不得已，她不会选择自己修车。一个号称独立、自足的人有这样的想法真叫人吃惊。

　　骑行经过一个国家时，跟当地人打交道的一个好方法就是找人帮忙修好被刺破的轮胎。我找的这个人非常喜欢聊天，他给我介绍了一些当地的地标，还谈了他自己的骑行经历。当我和德乌拉一起坐在她的书房——这个书房位于曾经的利斯莫尔旧货市场的一座石砌建筑中，那里满是此类房子——炉子里烧着的木头让人暖洋洋的，几只狗趴在我们脚边呼呼大睡，她告诉我，当时她的旅行方式完全取决于当地人，因为她离游客走的路线实在太远了。当地人常邀请她到家里，为她提供食宿，还向她推荐可以参观的景点，或者建议她避开不适合前往的地方，这对于身处偏远之地的人来说再好不过了。

　　通过一个国家的人去了解这个国家是德乌拉曾经梦寐以求的经历。这种经历是骑自行车旅行才可能获得的，汽车、火车或马车的速度太快，旅行者没那么容易有这种经历。作家兼活动家丽贝卡·索尔尼特

182

(Rebecca Solnit) 描述了现代生活是如何日益成为 "一连串的内部事务" [8]，我们不再与周围的世界以及其他人发生关联。索尔尼特热衷于徒步，它就像骑行，都是在公共空间进行的活动。这个公共空间 "充满了随机性，一切都是敞开的，能让你发现自己都不知道想要寻找的东西。你在了解一个地方后会感到惊讶"。在她看来，我们过于依赖技术，所以错过了很多惊喜。她还对徒步能让人感受到自身的存在做了描述，说徒步不仅仅是从 A 点到 B 点的一种方式。对于德乌拉来说，情况也是如此。旅行——不管是骑自行车旅行还是徒步旅行——充满了计划与意料之外的经历，无须日程安排，也没有时间限制。

有了 "鲁兹"，她可以骑很远的距离——在去印度的途中，她每天都骑大约 80 英里，但她也沉浸于途经各国的方方面面，感受着身边的环境，与遇到的人们交往。对于德乌拉来说，还有一点也很重要，那就是这个行程由她自己做主。作为一个独自旅行的人，她可以想停就停，想绕道就绕道，不受时间和地点的限制。独立的天性与开放的心态是德乌拉最重要的品质，所以她能不断拥有新体验，接触各种异域文化。曾经有人问她是否去过中美洲，她的回答是否定的。她忘了，从秘鲁回程的路上，她经过了中美洲。只是因为没有骑车或徒步游览这个地区，所以她根本没把这段行程算入整个旅程。

1983 年，骑行家兼作家安妮·马斯托（Anne Mustoe）乘公共汽车环游印度时，也得出了同样的结论。她看到车窗外有个人正在骑行穿越塔尔大沙漠（the Great Thar Desert），"突然感到很妒忌……我希望是我骑着车在那条公路上，一个人自由自在，感受真实的印度，而不是透过车窗玻璃看着这个国家" [9]。两年后，这位 54 岁的女校长仍然确信，骑行才是最好的旅行方式，这种方式让她有时间去思考，能按自己的速度观察前行。所以她骑自行车从西出发向东环游世界。与德乌

183

拉相同，安妮认为自己与陌生人打交道给她带来了人生中最丰富的经历。得益于自行车的"无阶级性"，她遇到了这些"在一定程度上可以互相信任的"陌生人。在第一次旅行的 15 个月里，安妮骑行了12000 英里，之后她就成了自行车旅行的忠实爱好者，把自己的余生都投入用两个轮子探索世界的活动。她还完成了一次环游世界之旅，那一次是从东方出发向西骑行的。2009 年，她在骑行前往叙利亚途中患病去世，享年 76 岁。

在德乌拉看来，旅行不仅是恰逢其会之事——它应是主动为之的，而不是被动而为的。Travel（旅行）这个词的词源更接近中世纪的"Travailen"一词，这个词来自"Travailler"，意思是"劳作"、"艰难地行走"或"忍受痛苦"，因为那时旅行总归是一项艰巨的任务。不过，对德乌拉来说，旅行并不是一件很苦的事。她认为，在旅途中人经过努力能收获丰富、精彩的人生。有时她会把自己逼到身体忍耐的极限，然后从中获得一种喜悦感。所以相比之下，跳蚤、臭虫、沙蝇、蚊子，还有蝎子和黄蜂的叮咬，脱水、中暑、痢疾甚或是肋骨骨折，都算不上什么大事。她曾想向一位美国工程师表达这个观点。当时她正在伊朗境内骑着"鲁兹"沿一条沙漠公路向阿富汗前行，这个工程师停下吉普车问道："你在这条该死的路上干什么？"然后他态度坚决地要她把自行车挂在吉普车背后，准备驱车送她去边境。德乌拉拒绝了，解释道骑行是她最喜欢的旅行方式，"鲁兹"、天空和大地能给她带来幸福。他开车离开了，还说她是个"疯子"。

然而，20 世纪 60 年代初，在伊朗、阿富汗、巴基斯坦和印度等国，女性独自骑行并不常见。几年后，这些国家成为嬉皮士运动路线的一部分。不过，即使在那时，我也认为不会有很多人——如果真的有这样一些人的话——骑行去那些国家。在一些不容易进入的地方，例如克什米尔高原的高山隘口——20 世纪早些时候，就在这些山上，范妮·布洛克·沃克曼进行了自己开创性的登山探险——德乌拉可能是第一位骑行通过这些地方的女性。在一些更为偏远的村落，人们从未见过自行车，更别提看女人骑车了。所以当德乌拉出现时，当地人总是不断地要她示范如何骑行，并且自己尝试骑自行车。

一个女性孤身一人完成这种旅行的想法太不寻常了，所以阿富汗驻伊朗大使馆工作人员拒绝给她办理签证，以免她去那些他们认为危险的地区。大使馆倒是给她提供了去喀布尔的免费交通工具，以为她之所以骑行是因为负担不起其他交通工具。事实上，在一名骑摩托车的瑞典女子被谋杀后，大使馆工作人员已经禁止所有女性独自旅行。德乌拉还是没有被吓倒，她告诉大使馆工作人员，欧洲也有女性被谋杀的情况。她最终说服了美国大使馆的一名高级官员，请大使馆给她发放签证，但前提是她进入这个国家后，风险自担。

185

当她最终进入阿富汗时，她发现，这个国家是她一路走来最喜爱的国家。阿富汗当时已经不幸地卷入了苏联和美国之间的拉锯战，她不得不改变路线以避开冲突地区，然后就不断有人告诉她外国人被谋杀的消息。德乌拉发现阿富汗人民热情且友善。虽然他们物资匮乏，但还与她分享自己所有的东西。即便她后来遭遇了一个事故——因为道路崎岖颠簸，"鲁兹"的两个轮胎被毁，她被迫乘坐公共交通工具旅行。她被同车一个乘客的枪托不慎打中，断了肋骨，但这没有影响她对这个国家的热情。

今天，经常有人问独自旅行的女性是否害怕，也常有人告诉她们，这么做并不安全，言外之意就是女性更容易受到伤害，因而她们会鲁莽行事，使自己不仅形单影只，还陷入孤立无援的境地。而男人则充满了冒险精神。耐力运动员兼探险家珍妮·图赫（Jenny Tough）经常独自在穷乡僻壤骑行或跑步，却还是不断被人询问是否担心自己的安全。她跑 700 公里横跨玻利维亚的安第斯山脉（the Bolivian Andes）时，山下村子里的人却告诉她这样做很危险，有可能被杀。随着更多危险论调的出现，她的内心也起了波澜，尽管如此，每天早上一起来她还是坚持往前走，证明恐惧并不是有用的应对之态。

当她横穿摩洛哥的阿特拉斯山脉（the Atlas Mountains）时，几乎每天都有警察跟着她，不断提醒她此行会遇到的危险。正如阿富汗大使馆想阻止德乌拉进入该国的举动一样，摩洛哥警察试图劝阻珍妮，给她提供搭乘工具，坚持让她为了保证"安全"每晚都夜宿在村里，因为他们认为她会有人身安全隐患。在自称为"自由人"的柏柏尔人的土地上，珍妮说她一直都很轻松。实际上，让她身心俱疲的只是永远关注她的那些目光。

当我在谷歌搜索引擎中输入"单身女性旅行"时，就会在"人们也问"（"People also ask"）部分里首先跳出"单身女性旅行安全吗？"这类提示语。但是，人们自始至终都接受男人只身进入荒野地带的想法，甚至会将这种行为视作男人成长的标志。他们要么被视为粗犷坚毅的文学人物原型，一脸冰碴穿越南极大陆，为了生存得杀狗果腹；要么被视为无畏强悍的冒险家，迷失在亚马孙一望无际的丛林里，与某个原始部落的野蛮人朝夕共处。我们的历史就有他们的故事。而由那些有着相似旅程经历的女性所做出的叙述则往往被人们忽视或遗忘。作家凯特·哈里斯（Kate Harris）骑行完成了丝绸之路的旅程，她指出，人们太喜欢给进行这类旅行的女性探险家贴标签，认为她们是为了治愈某种情感创伤才远行去"找寻自我"，这种观点将女性冒险之旅局限于类似《美食、祈祷和恋爱》（Eat，Pray，Love）这部电影所叙述的自我发现之旅，并将此类经历女性化。换句换说，这种观念认为，女性探索世界不是为了冒险，而是为了逃离。

此外，男人可以不修边幅、无所畏惧，做个独来独往的探险家，而如果女人也想这样的话，其计划就会遭人质疑，有孩子的女性还会冒遭遇道德审判的风险。德乌拉没时间理睬这些，她告诉我，人们把她的首次旅行看作一个伟大的成就，这真是"荒谬"，"跨上一辆自行车骑行去印度本不是什么大事"。但这并不是说她从没发现自己有过难处或曾遇到危险。具有讽刺意味的是，一名独自旅行的女性有可能遭遇的危险甚至在她到达阿富汗（大使馆的人阻止她进入阿富汗，就是因为这个国家存在潜在的风险）之前就发生了。第一次危险发生在土耳其，在与伊朗接壤的边界。半夜，她在自己满是跳蚤的床上醒来，突然发现房间里有个身高 6 英尺（约为 1.83 米）的库尔德人扯去了她身上的被子，站在身边看着她。出于本能，她再一次迅速地从枕头下抽出手枪向天花板射击，吓得这个男人转身就逃。没有一个人前来查问为何半夜有人开枪。 187

在阿塞拜疆与伊朗的边界，她有几次更为惊险的遭遇。她当时认为，那是她唯一不会独自重返的地方。几个手持铁铲的土匪想偷走"鲁兹"，她举枪向天上射了几发子弹后，这些人逃走了。有一名警察把她锁在一个有围墙的空地里，想侵犯她。她在自己的书里写道，她狠狠地打了他，让他一时无法动弹，然后从他脱下的裤子上抓起钥匙跑掉，这个过程"不宜在书中写出"。尽管有过这些经历，德乌拉还是反对因为选择独自旅行而被称为有勇气的人。她说，是自我保护的本能而不是勇气让她渡过了所有难关。她不是个悲观主义者，在灾难发生前不相信它存在。

她从不认为自己作为一名女性旅行者，有什么是不合理的，维多利亚时代的女探险家先驱给予了她极大的鼓舞。她告诉我，她最喜欢的是伊莎贝拉·伯德·毕晓普*（Isabella Bird Bishop），因为伊莎贝拉旅行"只是为了好玩，享受旅行本身"。德乌拉在中东和印度的游历是伊莎贝拉在将近 100 年前就做过的事。在这些地区还有许多人觉得一个女性独自旅行——就像今天的一些女性所做的那样——是不可理喻的。在伊朗，人们都把她当作男人，所以分给她男人睡的床。她的短发、大头靴和身上的美国军用衬衫可能都是让人误会她的原因。对德乌拉来说，这种性别上的模糊是种解脱。她骑在"鲁兹"上，看到她的人不会用性别、国籍和阶级的认知对她进行评判。就像比利时和法国探险家亚历山德拉·大卫-尼尔（Alexandra David-Néel）一样，1924 年冬，她装扮成一个乞讨的和尚开启了一趟精彩的旅程，穿过喜马拉雅山进入西藏的拉萨，找到了属于自己的自由。如果她暴露自己的性别，这一切根本就不可能发生。

对于德乌拉来说，"雌雄同体"的外表很方便。此前，宗教领袖拒绝了当时的国王对伊朗进行现代化改革的计划，这里的女性不仅没有人身自由，还被男人们错误地当成自己的财产。

即使有人认出她是个女人，作为外国人，她也基本上不受当地规定约束，尤其是在一些更保守的地方，她发现女性连行动都是受限制的，而她则不然。她是局外人，所处的位置与众不同，所以她既能与男性交谈，又能和女性说话，包括那些严守深闺规范要留在内室的女性。40 多年后，当美国作家兼活动家香农·加尔平在阿富汗骑行时，她描述道，作为一个外国女人，当地人是如何"男女不分"地给予她"男子般的待遇"。在大部分时间，她基本可以平等地与男性及女性交谈，从而有机会深入地了解这个国家。

---

* 伊莎贝拉·伯德·毕晓普是 19 世纪的英国旅行家，英国皇家地理协会第一位女成员。 ——译者注

早在 60 年代初，德乌拉在旅途中遇到的以及她在爱尔兰家乡认识的许多人不知道，她为何不待在家里结婚生子。她的"老姑娘"名号 189 越传越远。其实她还只有十几岁的时候，就知道自己不想过那种生活，将其描述成"与我理想中随心所欲的生活势不两立"。

当德乌拉将近 40 岁怀孕的时候，她正在土耳其骑行，旅程直至其孕中期才结束。然后她独自抚养女儿，对于将自己描述为天性"孤僻"的人来说，这并不稀奇。她根本不在意其他人的看法，还跟我说，母亲这个身份也没能改变她，她仍然想过边旅行边写作的生活。当她的女儿瑞秋（Rachel）长大了些，她们就一起旅行：瑞秋 5 岁时，她们在印度南部；瑞秋 9 岁时，她们正徒步 1600 英里穿行在秘鲁安第斯山（Peruvian Andes）高处；瑞秋 14 岁时，她们又在环游马达加斯加（Madagascar）。她们不免在德乌拉的家乡引起了小小的轰动。

瑞秋成年后，德乌拉再次收拾好自行车旁的挂篮，准备进行长期的独自旅行，其中包括一次从肯尼亚到津巴布韦长达 3000 英里的山地自行车骑行之旅。且不说那时她已经六十几岁，她的计划仍然让人担心。在内罗毕（Nairobi），一位机场官员建议她乘坐机动车去旅行。在这种情况下，德乌拉很乐意将这位官员的担忧归咎于非洲社会尊重长者的习俗。

尽管因为骨关节炎德乌拉已经不再骑行，但是她对我说，她仍然会收到很多女性的——还有男性的——来信，告诉她《单车伴我走天涯》一直激励他们继续自己的长途骑行之旅。现在，科技改变了我们的旅行方式。德乌拉以前在外时无法与远在家乡的人联系——当然她也从不感到困扰，而今天的旅行者们却在几小时内就能联系家人和朋友。其实，一切都是预料得到的。以前德乌拉用各地的纸质地图规划

190 路线，而今天，我们如果没有全球定位系统（GPS）就会迷路。她认为她的旅行方式非常依赖陌生人的接待，而这种邀请旅人进家门的情况现在已经不可能发生。现在还有人会以她的风格旅行，使用类似于"沙发客"这样的应用软件。技术能帮助原本陌生的人之间实现更简单的有效沟通，只不过这种沟通没那么自然而已。

　　旅行——特别是骑行或徒步旅行——仍然充满意想不到且意义非凡的际遇。这趟去利斯莫尔的短途旅程就留给我一些难忘的回忆。在我回威尔士之前，德乌拉邀请我与她的女儿瑞秋及其外孙女一起共进午餐。炖汤时，德乌拉建议我骑车去城外的山坡上看看，从那里可以俯瞰沃特福德连绵起伏的青山和黑水河。只可惜我忘了问她，多年前
191 她是否就是在那里下定决心骑行去印度的。

第九章　环游世界

1984 年，安妮·"伦敦德里"·科普乔夫斯基（**Annie "Londonderry" Kopchovsky**）骑行环游世界前夕。该图经彼得·哲特林（**Peter Zheutlin**）许可转载。

与时间赛跑

2012 年 12 月 22 日，人们聚集在那不勒斯的各大街道，看着一支摩托车队穿过市区朝普雷比席特广场（Piazza del Plebiscito）驶去。人们并不是为了看骑哈雷摩托车的男人，而是为了看那个骑自行车跟在后面的女骑手——她疲惫不堪却兴高采烈，即将冲过终点线成为第一位骑自行车环游世界的女性，并创下这项吉尼斯世界纪录。这趟旅行与德乌拉·墨菲的旅行不同，它的成败取决于骑手是否能在惩罚时限内到达终点。世界各大媒体蹲守于此来捕捉这个历史性的时刻。

152 天前，当自行车骑手朱莉安娜·布赫灵离开家乡踏上她的破纪录之旅时，几乎没人把此举当真。教练曾告诉她，在进行这个大胆尝试之前，她至少还需要花一年的时间做里程训练。尽管几十年来男性一直在创造骑行世界的新纪录，却始终无人出资赞助朱莉安娜。人们可能对于一个女性能否做成此事心存疑虑，但真实的情况可能是人们不太相信这位 31 岁、8 个月前才开始从事骑行运动的女性能完成这个旅程。在朋友们的支持下，朱莉安娜独自骑车离开了那不勒斯，首先向西去里斯本，然后再前往美国，在路上度过了 5 个多月。

朱莉安娜可能是首位骑自行车环游世界的女性纪录保持者，但她并不是第一个尝试这么做的人。大约 118 年前，也就是 1894 年的 6 月，包括妇女政权论者和基督教妇女禁酒联合会（Christian Women's Temperance Society）成员在内的一群人挥手送别一位 24 岁的女性，她骑自行车离开波士顿前往纽约，这是她整个行程的第一段。与朱莉安娜一样，她并不是一个让人觉得容易成功的人。拉脱维亚犹太移民安妮·科普乔夫斯基在动身前几天甚至连自行车都没骑过。

此前，安妮一直在当地报社上班，负责出售报纸版面的广告位，

194

当时她和丈夫麦克斯（Max）及3个不到5岁的孩子一起租住在波士顿的一间公寓里。没人相信她会成为一个打破纪录的骑行者，但是，安妮告诉媒体，两位波士顿富商打赌，选择她去验证是否能有女性在15个月内骑自行车环游世界。那时，英国的托马斯·史蒂文斯创造了32个月骑行13500英里的成绩，而且是在10年前骑一辆前轮大、后轮小的自行车完成的。如果安妮成功了，富商会给她1万美元的奖金——在那个人均年收入大概只有1000美元的年代，这无疑是笔巨款。

维多利亚时代是个激荡着发明才能、洋溢着探索精神并崇尚冒险活动的时代。在那个充满竞争气息的时代，人们都想成为首个完成某项壮举的英雄，或能最先登上无人勘探的山峰，或能让自己的热气球飞到最高处。儒勒·凡尔纳（Jules Verne）在小说中塑造的人物"斐利亚·福格"（Phileas Fogg）在商业上取得的极大成功在一定程度上激发了人们对限时完成环游世界任务的热情。其中最有名的一位可以算得上《纽约世界报》（*the New York World*）报社里大胆无畏的新闻调查记者伊丽莎白·科克伦（Elizabeth Cochrane），笔名"内莉·布莱"（Nellie Bly）。1889年，她乘坐蒸汽火车、轮船、马车及人力车等一系列交通工具，用72天环游世界，创造了纪录。每天，美国读者都焦急地等待报纸上关于她的报道，想了解她的行程。这是历史上一个具有代表性的时刻，大众旅行缩短了国家之间的距离。

195

安妮是第一个尝试骑行环游世界的女性，她所处的时代是连女性在本地公园骑自行车都不能被人们完全接受的时代。不过，她也并不是当时唯一一个参加单人全球自行车赛的人。美国探险家弗兰克·伦兹（Frank Lenz，德国移民的儿子）在安妮骑自行车离开波士顿的时候，就已经上路两年了。弗兰克一直定期为《远足》杂志写有关他旅行的文章。在安妮出发前一个月，他就到了伊朗的大不里士市

（Tabriz，伊朗西北部最大的城市），这是他失踪的地方。一年后，有人证实他被土耳其的库尔德族土匪杀死，原因是他得罪了一个土匪头子。

据安妮说，她有 15 个月的时间回波士顿领奖金。她还说，她需要在旅途中赚 5000 美元，而且不能接受别人任意金额的捐赠——她在骑行之前就着手赚钱了。安妮知道广告的影响力和价值，所以她开始出售自行车和自己身上的广告位，就像之前她为报社工作时卖版面广告位的操作一样。她的第一单生意是与伦敦德里锂盐矿泉水公司（Londonderry Lithia Spring Water）达成的；她同意在车上挂一块这家公司产品的招牌，还给自己更名为"安妮·伦敦德里"。看起来安妮连个人身份都是有价可询的，在这个广告中，她的身份值 100 美元。这一路上，她会做许多类似的交易，她的自行车也因为要为一系列产品和服务做广告而挂上了很多装饰横幅和塑料板，被压得低低的。安妮造成了全球性的轰动效应，无论经过哪个国家，都会引起人们的关注。她自己也极其努力，尽量让自己保持新闻热度。她懂什么是宣传，也知道如何获得想要的热度，即使这意味着她的话多少会有点夸张或不实之处。

安妮表现出了超常的理性、非凡的勇气和与生俱来的自我推销天赋，但抛开这些不说，从波士顿的一间公寓出发，放下要照顾的孩子，忘记要平衡的收支，离家一年多，以第一位环游世界的女自行车手的身份创造全球性的奇迹，安妮跨出了一大步——这听起来更像是儒勒·凡尔纳笔下的场景。我们很难理解为什么她后来几乎被人遗忘，直至 20 世纪 90 年代末，她的曾侄孙彼得·哲特林决心研究她的经历并为她写传记。彼得本人及其他直系亲属从未听到过有关这位长辈的辉煌过往，直到有位研究者偶然发现了一份有关安妮旅行的归档报纸，并且联系他想得到更多素材，然后彼得也开始探寻她的传奇经历。他发现那是一次"无所畏惧、史无前例"[1]的旅行，安妮"充满了活力、勇于自我推销且富于运动精神"。

彼得一面把安妮描述为无视社会期待的"新女性之代表"，一个胆识过人、决意要成功的狂热女先锋；一面认为在她自己的叙述中有相当一部分的矛盾之处。首先，他认为这场赌博根本就不存在——这可以解开为何那两个人会挑选安妮做这件事的谜团。打赌的富商根本不存在，整个赛事纯粹是安妮自己惊人的浮夸表演。她在多次采访中就赌博规则提供了前后不一致的表述，可以证实这个观点。不过在我看来，这个插曲能使整个事件看起来更加精彩。没有两个富商来造星，反之，她虚构出了这两个人，作为她吸引世人目光的一个计划，这个计划还奏效了。

在没有一个真正的赌局的情况下，安妮可以灵活地对待这为期 15 个月的任务。时间限制似乎是唯一没有商量余地的条件——这与目前吉尼斯世界纪录的规定形成了鲜明对比。当朱莉安娜·布赫灵 2012 年给吉尼斯世界纪录认证机构写信，表明她想成为第一个拥有此项纪录的女性时，它的回应是她需要遵守很多规则。第一个规则便是她的旅行距离必须超过 24900 英里（超过赤道的长度），其中的 18000 英里她要靠骑行完成。不管是从东往西行还是从西往东行，其路线必须是连贯、不间断的，她要通过两个对拓点（地球同一直径的两个端点），还要在车上安装一个 GPS 定位跟踪器，以便吉尼斯世界纪录认证机构随时跟踪她的行踪。此外，朱莉安娜还必须得到沿途人们的签名作为补充证据，就像 1938 年比莉·弗莱明为了创造纪录在一年内大部分里程中所做的那样。

朱莉安娜出发前几周，吉尼斯世界纪录认证机构通知她其规则已变，计时开始后就不会停止，哪怕没骑自行车，它也会计时。当她乘坐飞机时，飞行时间也会被记入最后的总时间中，这就意味着她要在

197

最短的时间内到达机场并重新出发。他们还决定，不管挑战的人是男还是女，时限都是 150 天。尽管有人多次尝试打破相关纪录，但那时还无人挑战成功，所以这个决定无疑很奇怪。150 天的时限要求她每天骑行大约 125 英里——超过了她的训练英里数——而且不能休息。当她询问吉尼斯世界纪录认证机构为何给出这样一个特定的数字时，它似乎也说不出个所以然。而就在她出发前 5 天，吉尼斯世界纪录认证机构又再次联系她，说它已经决定将女性的最大时限改为 175 天。只不过朱莉安娜还是决定按照男性的纪录时限来挑战。

此时，朱莉安娜决定把她那辆舒适的旅行自行车换成一辆轻便的碳纤维材质的公路自行车，重量还不到 7 公斤，她以古希腊神话英雄柏勒洛丰（Bellerophon，神话中希腊暴君西绪福斯国王的孙子）打败怪兽喀迈拉（Chimera）时骑的神奇飞马的名字"珀加索斯"给这辆车命名。她把行李筛减至极限，只留下了一套换洗的骑行服和一些生活必需品。

安妮的旅行则没有这么轻松与自由。她的哥伦比亚公司产的女式自行车重达 20 公斤，极有可能是波士顿的波普制造公司赠送给她宣传用的。有低架式车架的自行车使安妮可以像平日一样穿长裙和紧身胸衣骑行，但长时间骑行的话，车子本身及衣物的重量还是会让她觉得太费力，她本不必如此。除了一把珍珠柄左轮手枪，装入车头衣物箱的行李很轻简。她的第一站是纽约市，她在那里待了整整一个月，接受媒体的采访，以提高自己的知名度，似乎并不担心时间一分一秒地过去。

1894 年 9 月下旬，在骑行 3 个月、1000 英里后，安妮到达了芝加哥。当她骑车进入这座风城时，对自己的计划已经没有那么狂热了。余下的旅程任务还很重，她骑着笨重的自行车，精疲力竭地驶来，后来她实在坚持不下去，宣布放弃行程。然后，她无奈准备创造一个骑行回纽约市的新纪录。直到另一家公司——斯特林自行车公司适时出现帮她重振了这项伟大的计划。该公司为她提供了一辆男式自行车，只有哥伦比亚公司产的女式自行车的一半重量，条件是安妮为其品牌做宣传。这辆自行车能让余下的路程更容易完成。她还放弃了长裙和紧身胸衣，转而穿上了灯笼裤。安妮转变很大，甚至开始向报社记者大谈理性服装的好处。

安妮的另一个问题不那么容易解决。她逐渐意识到自己计划的西行路线是有问题的：在冬季下雪之前，她根本无法穿过山脉到达旧金山。唯一的选择是返回东部地区，沿着 1000 英里的原路回到纽约市，再乘船去欧洲，放弃原有去西海岸再去亚洲的计划。令她欣慰的是，斯特林自行车能减少回程的艰辛。

对于任何骑自行车的人来说，天气是一个极具挑战的"对手"。它能把骑行者精心安排的计划搅得一团糟，导致他或她无法严格按时间表来骑行。就安妮的情况来说，她的"对手"是计划不周，而不是无法预料的天气。那些希望在环游世界的骑行运动中创造纪录的骑手大部分会选择向东行进，因为人们认为这是盛行风的更好风向。盛夏从欧洲出发的朱莉安娜算出，如果她向东骑，就会遇上亚洲的季风。所以她选择逆风而行，向西骑行。朱莉安娜从意大利南部骑入法国，沿途经历了 40 摄氏度的高温并且目睹西班牙境内森林大火造成的巨大破坏，向里斯本行进，赶乘飞往美国的飞机。在美国，离开了其家乡波士顿后，她就充分感受到了大风的威力，这是人们此前曾提醒她注意的。此外，美国的大雨、连绵不断的山丘和无数次的车胎被扎，都让她感受至深。

朱莉安娜穿越美国时，人们告诉她方向错了并建议她改变方向，

199

可是这个建议没有什么价值，因为她根本改变不了方向。对于不断顶风骑行，她是这样描述的，它"打击你的士气，消耗你的能量，让你想尖叫哭泣，让你绝望地拍打车把"[2]。我太了解这种感受了，并且从来没想过要骑行环游世界：我一直住在法国一个迎风的公寓里，那里会有很多天风大得让你觉得自己在骑高档位上的动感单车。当顺风骑行时，人会觉得自己可以飞起来。等朱莉安娜到达平坦的中西部地区时，风就更大了，让人根本忍受不了。所以她改变骑行路线，曲折前进，增加了很多英里路程，以避免直接对抗大风。

200

尽管如此，她还是没能躲过亚洲的大雨。就在她穿行印度的途中，台风登陆了。几天里，她在风雨中骑车，她和"珀加索斯"沾满了泥浆、垃圾和（更让人难受的）粪便。她被迫又一次紧急改变了骑行路线，以避免自己极度不适。

安妮改变路线也没能避开恶劣的天气。12月初，她抵达法国；她离开法国时，遇到冻雨，后来当她到卢瓦尔河时，遇上了下雪天。不过，她不必独自地面对这些：从巴黎到马赛，这一路上她有个粉丝车队在接力陪她骑行。她在巴黎待了几周，接受采访，做讲座，还参加了一个自行车展帮助厂家推广各种产品并做宣传。等她继续上路时，这个美国女人和她骑斯特林自行车往南走的事几乎家喻户晓。还有许多自行车手急切地要陪她骑一段路。她到达马赛后，受到了英雄般的欢迎。人们挤在道路两边，争着向这个他们已读过其大量报道的女人问好。安妮就是骑行界的明星。

与当时大多数国家相比，在法国根本没人关注穿着灯笼裤骑行的女性，而这位环球骑行的女性来了以后，人们却怎么也看不够。无论她有多么兴高采烈，当时她看起来只是一副饱经磨难的样子。就在当地一家骑行俱乐部的骑手们伴随她左右进城时，她是单脚踩车的状态，另一条腿缠着绷带支撑在车把上。她告诉记者，在阿维尼翁（Avignon，法国东南部的一个城市）附近她遇到了拦路抢劫的强盗，腿就是那时弄伤的。她的曾侄孙彼得说，这不大可能。她的腿可能是在里昂附近因为一个普通事故受的伤。

安妮沉浸在人们对她的关注中，这种受关注的生活与她在波士顿寂寂无闻的生活完全不同。她用自己的新名字创造了一个新人格，构成这个新人格的就是她编造的那些故事。她的故事也为她带来了丰厚的经济回报。她的名人身份意味着她可以出售亲笔签名的照片，帮商家推广产品，无论是香水还是轮胎；她可以在广告中露面，还可以在自己的车上挂更多的横幅。人们出钱听她说自己的旅行见闻，所以为了吸引人们的注意力，她就总是说话时一副滔滔不绝的架势。

与安妮面临的挑战不同的是，朱莉安娜不需要在骑自行车环游世界的同时去赚5000美元。在出发之前，她曾试图找过一个品牌赞助商帮她承担一些费用，但是无人响应。她想过，等她骑行一定距离，人们看到了她的决心，就会有人注资解决她的燃眉之急，可是也没有人这么做。当她穿越新西兰时，钱已经所剩无几，这是她在旅程中遇到的众多糟糕事之一，她还要面对的是：一个不起作用的GPS定位器，让她偏离路线好多英里，翻越了本不需要翻越的一些高山，在那里遭受了寒冷、雨水和强风的暴击。

就在她想放弃的关头，互联网帮了她。就像之前人们读报纸上的故事和采访文章追踪安妮从波士顿开始的行程一样，2012年，越来越多的人在网上追踪朱莉安娜的GPS定位器，从她在"脸书"上发布的信息和视频了解她的动态。当网友们听说她有可能要放弃这项挑战时，许多人想方设法让她继续上路，众筹资助她后面的行程。还有一些人，其中许多是女性，去路上迎接她，给她买食物和饮料。她的朋友们，

201

202

朋友的朋友们，留她过夜，尽一切努力让她坚持挑战。与安妮不同，朱莉安娜无须编造谎言，因为她的旅程中充满戏剧化的经历。

朱莉安娜携带了 GPS 定位器，这意味着她不可能伪造自己的路线和骑行距离。而安妮只有一个计程器，用来计算自行车的英里数。回到波士顿后，她声称自己的骑行里程超过了 9000 英里。当然，她算上了自己折回波士顿的骑行里程以及 1 月 20 日离开马赛抵达日本那 7 个星期的里程。她说，她穿越了北非和中东地区，翻过了喜马拉雅山，又到中国境内骑了一圈。在一个个拥挤的演讲大厅里，她还跟记者和听众们讲述了其他冒险经历：她在孟加拉国猎虎并且在这趟东方之旅中还被射伤了肩膀。

在研究了大量的新闻报道之后，彼得·哲特林得出了结论，即安妮从法国到日本的大部分旅程是编造出来的。因为在这么短的时间里她根本不可能骑那么远。难怪她的叙述往往自相矛盾，关于她的报道内容都不一样。

毫无疑问，她在马赛登上的那艘汽轮就是 1895 年 3 月她在日本横滨靠岸时登陆的那艘。虽然这能证明她一路的离奇冒险故事都是假的，但我们并不能否定"赌局"的几个条件。在安妮对赌注的所有解释中，她没有提到任何规定她骑行英里数的条件。在法国，在其他自行车手的陪伴下，她无疑骑行了数百英里（他们都可以作证），但是她也搭过几趟火车。她有可能在轮船一路停靠的那些港口上岸，绕着码头骑行。但当她在旧金山下船，准备完成最后一段路程时，她那些有趣又矛盾的故事才开始发酵。报社不再相信她说的话。

当她回到波士顿时，记者们变得对她愈加怀疑，质疑她对自己一路冒险经历的说法。她挑选的路线充满挑战性，迂回反复——沿着加利福尼亚海岸向南行，然后往东穿过亚利桑那州和新墨西哥州，再穿过荒芜的沙漠和群山北上回到芝加哥。她吸引了大批听众付费来听她这个勇敢又出色的女人讲故事。得克萨斯州厄尔巴索的听众们对她的野外传奇怎么也听不够，即使报纸已经报道她是乘火车到达此处，之后又乘火车离开。

无疑她搭乘了火车，但她也骑了部分路程，而且她的腰就是在与一群猪或者是某个农夫撞上后弄伤的——是猪还是农夫，取决于听众听到的她的冒险故事的版本。当离开 15 个月后又回到波士顿时，她的胳膊上打上了石膏。这位年轻的母亲开创了女性骑行环游世界的先河。不管两个富商的赌局是否存在，安妮都胜利了。她一路走过的旅程告诉人们，不要只把女人定义为妻子和母亲。

值得注意的是，安妮给自己改名就是在重新塑造另一个自己。当她是"安妮·伦敦德里"时，她从不提及自己的已婚状况以及留守家中的孩子。为避免人们对她这么长时间忽视家庭的指责，这是一个聪明的策略。如果她丈夫麦克斯也出去骑行环游世界，我想，就不一定会遭到人们批评，男人是有资格出去探险的。这种双重标准延续至今。

我们不知道安妮这样做的动机和她这么长时间离开家的感受。但毋庸置疑的是，19 世纪末的美国女性无论是在行动自由上还是在家庭规划上，都没有很多选择权。而安妮开始自己一个人的冒险，这是她做出的一个积极选择，远超出了一个要养育 3 个孩子的犹太人母亲以及一个波士顿工薪阶层人士所期望要做的事情。她选择骑行环游世界，这件事的意义重大，因为自行车彻底地打破了维多利亚时代严格的性别准则，也用更广泛的形式加快了女性获取更多自由的步伐。只是可惜她的故事被人们遗忘得太久。

发起挑战

如果历史还铭记安妮的旅程，就不会直到 2012 年才有人正式尝试用自行车挑战女性环游世界的纪录。

朱莉安娜承认，由于她之前从未对体育表现出任何兴趣，所以"我没有什么资格去承担这么大一项任务"[3]。但是她有"完成任务的意志力和决心"，无论如何她都要上路，她还渴望证明"一切皆有可能"。最初，一场丧亲之痛促使她去尝试这个看似不可能完成的任务，但在尝试的过程中，她的目的变了。在朱莉安娜从小生活的环境中，宗教信仰氛围极其浓厚，直到 23 岁她才逃离了干涉她多年的父母和那个让她度过了艰难童年和青春期的地方。有这样一段经历的人应该能正确对待鞍座上那些令人疲劳、痛苦的时光。她说，8 岁时她一定不相信自己有一天会接受这样一个挑战，更别提还会成功了。

朱莉安娜童年时遭受过的创伤让她变得坚强，身体和心理上的承受能力高于常人，而且能更好地应对旅途中那些非常糟糕的情况。在漫长、孤独的旅程中，她表现出独立自强、容易适应环境的特性，这是她不被恶劣环境击败的优势。

可以说，朱莉安娜是当时世界上最伟大的女子耐力运动员，但她把自己的成功归结于顽强，而不是实力。她是 2013 年唯一一个参加首届洲际赛跑的女性，这项赛事全程无援，是整个欧洲最难的一场赛跑。运动员从比利时出发，到达伊斯坦布尔，她最终得了第 9 名。她的非凡成就还包括获得 4200 英里越野自行车赛女子组第一名、总赛第四名的成绩。在别人可能放弃比赛时，她永不退却。她说，骑上自行车，自己就变成"另外一个人，我就失去了所有的身份认同感，甚至是性别观念——忘记了自己是个女人——我变成了一只动物，只是一路前行，就像一匹在寻找终点线的马"⁴。虽然她表现杰出，但始终只把自己当作普通人，相信许多人有潜能，只不过还未开发。

独自上路的骑行者不仅要与时间赛跑、与天气搏斗、与环境抗争，还要克服不计其数的其他障碍，其中的伟大不言而喻。另一位战胜困难的英雄是珍妮·格雷厄姆（Jenny Graham）。2018年珍妮38岁，成为环游世界骑行速度最快的女性。她是第三位骑行环游世界的人，第二位是2014年的意大利人葆拉·吉阿诺蒂（Paola Gianotti），虽然一次车祸导致她的脊椎骨折且她不得不停止挑战4个月，但吉尼斯世界纪录认证机构保留了其144天的骑行纪录。珍妮在124天里骑行了18428英里。她从柏林向东骑行，骑行路线与马克·博蒙特（Mark Beaumont）相似，后者在2017年创下了79天的男子新纪录并刷新了自己在2008年用时194天的骑行纪录。显然，这条路线有利于骑行。

珍妮创造世界纪录的5个月后，我与她在伦敦北部的一个咖啡厅见了一面。与朱莉安娜一样，她坚信女性能取得的成绩远比自己认为的要大得多，她的破世界纪录之旅就是一个好例子。她18岁时，就已经当了妈妈，那时的她根本不敢想象能取得像马克·博蒙特等运动员一样的成绩，那对她来说太遥不可及了。

珍妮承认，她读书时从来都不喜欢体育运动，只要能逃体育课她就逃。但随着儿子渐渐长大，她开始在家乡苏格兰北部因弗内斯（Inverness）周围的山丘上骑山地自行车。这种行为本身就让她与众不同。对于身为父母的人或那些担负照顾他人责任的人来说，空闲时间就像奢侈品一样，太稀缺了。在我们的社会中，看护者通常是女性。研究表明，母亲很少用闲暇时间做自己想做的事，例如参加体育锻炼。受访者说，如果她们去锻炼，就会有负疚感，觉得这是自我放纵的行为。这或许能解释，为什么我所在的自行车俱乐部里虽然很多男性的孩子尚小，但他们仍能设法在周日早上出门，而那些养育幼儿的妈妈却几乎不与我们一起参加俱乐部的活动。珍妮认为，缺少时间反而让她有动力想方设法以更为集中有效的方式去挤时间。当儿子参加课后活动小组后，她就能利用空闲时间跳上自行车出门。儿子再长大一些，她的时间就更多了，于是她就开始远距离骑行，做一些更有挑战性的事。

207

珍妮并未把自己当成一个冒险家。她一次改变一点，将自己推向了越来越远的地方，想看看自己到底能走多远。在朱莉安娜尝试挑战之前，一直是男人在创造骑行世界的纪录。女性的缺席正表明她们缺少自己能做此事的信念，这是长久以来的一个遗留问题，总有人说女性因为体能受限无法打破骑行运动的纪录。

即使在珍妮出发前的准备阶段，她还在说自己感觉就像个"骗子"。她告诉我，"整件事中最艰难的部分是来到起点并消除所有的质疑"，尤其当很多人希望她"大出洋相"而关注她的一举一动时。

无论她的疑虑是什么，她都有一个包括冒险家联盟*（the Adventure Syndicate）成员在内的强大支持网络，支持她的人相信她能完成目标。这个组织用组织骑行活动等方式来改变有关女性可能做什么事的说法，并鼓励她们迈出家门，参加骑行冒险活动。珍妮是一个有想法和耐力的骑手，所以她向儿子（他现在已经是个成年人了）借钱，准备骑到冒险家联盟的一个营地去。这一趟很值得，因为营地教练提出免费训练她一年。尽管几个月后珍妮读到了朱莉安娜骑行环游世界的报道就决定自己要发起这个挑战，但教练的提议对于她来说仍然是个"改变一生"的机会。

---

    *冒险家联盟是一个由女子耐力自行车骑手组成的全球性组织。 ——译者注

获得了稳定的赞助，又规划好了从柏林出发的路线，珍妮就开始了向东穿越波兰、拉脱维亚、立陶宛、俄罗斯和蒙古国直至中国北京的旅程，然后她在北京搭乘飞机再去澳大利亚。这样，她就目标明确地站在了起点。为了消除自己的疑虑，她对自己说："我为此而生，这就是我来的目的以及此时此刻应当做的事情。"她即将开始与时间赛跑，平均每天要骑行 16 个小时，完成 180 英里的路程。她活在当下，这是我们在日常生活中很难做到的。朱莉安娜也把她的骑行看作"一种冥想，一种彻底的静止"[5]。这说明，这类运动可以使人沉浸其中，忘却下一餐的食物、忘记要停靠的站点甚至无视终点。

与德乌拉·墨菲的悠闲之旅不同，珍妮根本没有闲暇停下来修整或在自己喜欢的地方驻足。但是她在路上"与人们互动"，她知道自己与这些人不会再见面，所以觉得这种互动更有意义。途中她也遇到了许多挑战，但对她而言，这些挑战转瞬即逝，她不允许它们影响自己的满足感。

珍妮本人态度端正，精力充沛，我认为这些品质一路上激励着她克服各种艰难困苦——睡眠不足、疲劳、低温受冻，还有在俄罗斯境内要连夜骑行以避免遭到公路上卡车的碾压。她的话语让人觉得像睡在马路下面的排水沟里和躺在陈设讲究的宾馆里一样舒服。我在想，我会像她那样坚持到底，还是会因这些困难打道回府。

为了度过孤独的时光，珍妮会跟着播放器里的音乐一起唱，里面的歌曲都是朋友们帮她挑选的。她还听了有声故事书，包括阿普斯利·彻里-加勒德（Apsley Cherry-Garrard）写的《世界上最糟糕的旅行》（*The Worst Journey in the World*）。这本扣人心弦的书描写了 1910~1913 年一支队伍乘坐"特拉·诺瓦"号（Terra Nova）前往南极探险时所遇到的灾难，其中英国海军上校罗伯特·福尔肯·斯科特（Robert

Falcon Scott）和其他几名队员在从南极返回的途中受冻死亡。这本书能帮助珍妮不在路途中睡着，并让她正确地看待自己面临的种种考验。在斯科特的队伍里没有女性，因为这些队员认为女性无法承受这样的挑战——这是一个错误的观念，因为后来事实证明女性能够更好地应对严酷的极地环境。1937年，有1000多名女性申请参加另一次南极探险，但无一人通过。几十年来，美国一直禁止女性从事南极探险活动。近些年由于社会的发展，女性——以科学家和探险家的身份——才被这个完全由男性、西方人主导的领域所接纳。

虽然现在女性在南极洲和其他地方也获得了自己的一席之地，但是她们仍然不太可能去尝试耐力性挑战，尤其是单人耐力项目。正如我们所见，这在一定程度上是由于女性缺乏在这些领域的代表性人物。珍妮和朱莉安娜这种运动员的出现表明女性能够取得伟大的成绩，希望上文所述的这种情况会得到进一步改善。此外，还有其他因素也在妨碍女性参与耐力性运动。盖洛普最近的一项调查显示，34%的美国女性担心在路上遭到性侵犯，而这方面，男性的比例只有5%。[6]许多人天黑之后甚至不敢在自己家的街区行走，更别提满世界骑行了。正如维多利亚时代的服装束缚了女性的手脚一样，性暴力或性骚扰的危险——这种危险也真实存在——阻挡了许多女性自由活动的脚步。

珍妮告诉我，作为一个单独旅行的女性，她并不觉得自己是个脆弱的人。但她也会研究将要去的国家里妇女享有的权益，为自己身为一个女骑行者在当地有可能面临的情况做好准备。她偶尔会警惕防备以应不测，注意言行，规避危险处境。例如她远离俄罗斯的卡车服务区，以免让那里的男人看到有个女人在夜晚独自骑行。她的策略是让自己成为"一个隐形人，不是男人也不是女人，只是一个影子，不会引起人们的注意"。我怀疑，马克·博蒙特在他的环球骑行中，是否也认真考虑了隐身问题。

她描述了一些令她"不太舒心的"插曲；有的卡车司机尾随她，有的则在路上等着她，让她不得不一直骑车甩掉他们。她从来不觉得这些是她无法应付的情况，而且这些让人不舒服的瞬间始终抵不上那些她与陌生人打交道时感受到的良性互动。她最担心的是卡车司机在超车时因路面不够宽而碾压她，这也是她一开始就改为晚上骑行的原因。

2018 年汤森路透社的一项专家调查将印度列为对女性来说最危险的国家，其原因是性暴力和奴役案件在该国发生率极高。统计数字令人震惊，在印度估计每小时就有 4 起强奸案发生。作恶者很少被法庭定罪，而且女性报案会遇到重重阻碍，即使报了案，也不会受到认真对待。印度是让朱莉安娜独自骑行时觉得最不舒服的地方。她不得不在晚上暂停骑行，因为夜间骑行过于冒险。除了要忍受严重的胃痛和呕吐以及注意危险的路段和糟糕的交通，她还时常要避免自己像"马戏团畸形人表演者"[7]一样吸引众人的目光。她描述了如何被"成群盯着她看的沉默男人"包围，这种情况在东海岸地区尤甚。一次，警察不得不用警棍驱散人群。还发生过男人骑摩托车跟踪她数英里的事，可以理解，这对她而言是危险的。她找了一个赶走他们的办法，就是冲这些人大喊大叫，挥舞拳头。

211

虽然在汤森路透社针对女性最不安全的国家调查名单中，前十位大部分是发展中国家，但人们对西方国家也存在误解，并未意识到那里的性暴力依然是个突出的问题。辛迪·索斯沃斯（Cindy Southworth）是华盛顿"全美制止家庭暴力网络"（National Network to End Domestic Violence）的执行副总裁。她评论道："人们总以为有收入的女性就不会被嫌恶，但遗憾的是事实并非如此。"[8]

令人震惊的是，瑞典被认为是世界上强奸率最高的国家之一。但如果考虑另外一个事实，这个数据又有可能失真：在一些国家，遭受性侵的女性过于害怕或羞愧而不敢报案，尤其是她们知道政府根本不会采取行动的情况下更是如此。女性更容易被她们认识的人侵犯。英国的格拉斯哥大学（Glasgow University）在 2018 年对强奸和性侵做的一项研究中发现，90%的受害者认识侵害她们的人。[9]

这并不是说在西方国家就不会发生可怕的情况。只是这种情况发生的概率比我们因各种报道而认为的要低，这些报道利用女性对于陌生人发起暴力袭击的恐惧，放大了她们所面临的种种风险。在朱莉安娜骑车通行于澳大利亚的偏远地区时，不断有人在提醒她可能会承担的风险。《狼溪》（Wolf Creek）是人们在警告她时反复引用的一个素材。电影中，两个女背包客遭到变态杀人狂绑架，受尽折磨并惨死他手。这部电影故意营造了模棱两可的宣传效果，试图让观众相信电影情节是基于现实生活的真实事件之上的，而实际上电影做了大量虚构，极度夸大了澳大利亚偏远地区独自旅行的单身女性有可能面对的危险，令传言更加神乎其神。

212　朱莉安娜没有看过这部电影，但她决定听从许多澳大利亚女性的建议——我相信我也会如此——她们告诉她绝不要在晚上骑车穿过澳大利亚的偏僻地区，还有一个人建议她避开人烟稀少的海岸线，改走一条繁华点的内陆路线。

警告归警告，她什么危险都没遇到，只体验了澳大利亚人的慷慨和善良，就像德乌拉·墨菲在阿富汗的经历一样。作为女性，无论是在外独自旅行还是日常在家里四处走动，我们都在不断调整自己的行为以规避危险。个人的消极体验加上被刻意夸大的风险，令我们自动地忽略自己，而且这变成了根深蒂固的行为，有时我们甚至都没有意识到我们正在这样做。

珍妮在澳大利亚遇到的最大危险来自大自然。这种危险首先是雨水和冬天的低温，然后是动物，特别是袋鼠。夜晚骑行时，她都会看到这些体型巨大的哺乳动物，有的高达 6 英尺，在道路边赫然向她逼近。只要不激怒它们，它们就不会发动攻击——这与俯冲纠缠她的喜鹊不同，但是夜晚独行的人看到它们会多么惊恐！

在美国的阿拉斯加，当地人对于珍妮不带枪感到震惊。尤其自从她开始在荒野地区骑行，大多数夜晚睡在路边的一个小帐篷里，而当时是熊储备食物准备冬眠的季节。珍妮认为，极度的疲惫会加剧头脑中对潜在危险的意识，所以她没带枪，而是买了一个威慑性喷雾，她还在自行车车把上系了一个铃铛，以便提醒那些对其到来毫无防备的熊。她晚上在路上骑行时，还会大声唱歌，以免突然惊吓到这些野兽。

在沿着育空河*（Yukon）下行时，她又在有点可怕的动物名单中添加了北美野牛。黑暗中经过的庞大兽群并没有降低她心中北极光奇观的得分，也无损白天这片美丽风景给她留下的印象。

珍妮告诉我，旅程中最艰难的部分是在欧洲的最后一段路，当时这趟旅程带来的巨大压力最终令她情绪失控。她经历了很多次轻微的情绪崩溃，原因是她觉得"完全不知所措，一切都压在我身上"。她离终点线越近，与她一同骑行的人就越多，直到她觉得情况失控。数千英里的独自骑行、所做的全部决定是一种文化冲击。因为珍妮选择了与朱莉安娜一样的方式旅行：完全自费。与包括马克·博蒙特在内的环游世界自行车运动员不同，她的身后没有人开着货车跟随，一路为她提供食宿、在情感上给予安慰、在她疲倦之时为她按摩。她没有后

213

---

* 育空河为北美洲主要河流之一，流经加拿大的育空地区中部和阿拉斯加中部。——译者注

勤保障队伍，没有人给她订机票或安排过境事宜等。奇怪的是，吉尼斯世界纪录认证机构对于这两种形式的纪录挑战行动未加任何区分。

　　珍妮随身携带了所需的一切，完全可以做到行动自主，以她一贯的方式骑行，最大限度地享受这项运动。当冒险家联盟的李·克雷吉（Lee Craigie）想和她一起完成西班牙和法国境内的最后部分路程时，珍妮严格坚持规则，一定要独自骑完全程。李只得断断续续地陪她骑行，但最后一天，她打破了规则。凌晨 3 点，李在一个麦当劳店里拥抱了筋疲力尽的珍妮。在珍妮的骑行规则中，拥抱是被禁止的。除非她确实需要。在这种情况下，她确实需要别人的拥抱。

　　骑行 124 天后，珍妮发现自己渴望回家，过正常的生活。但她没有回归到以前的生活，反而决定辞去工作与李一起当冒险家联盟的联合理事。在挑战纪录的途中，她收到了许多女性的来信，说自己深受她的激励，也开始了探险之旅。她的新角色能让她继续这份工作——去接触那些讨厌体育活动的校园女生和以前从不认为自己能参加这项运动的年轻妈妈。我们见面时，她才刚指导了一群女性自行车运动员，回到英国。有些人可能接着挑战珍妮创下的纪录——她们用一周时间穿越了西班牙的内华达山脉（the Sierra Nevada mountains）。珍妮的自行车停在咖啡馆外，装备齐全。

　　我们现在知道女性完全可以完成骑行冒险之旅，感谢朱莉安娜、珍妮和葆拉，感谢勇敢无畏、锲而不舍的安妮·科普乔夫斯基，尽管安妮的里程数可能远远低于该项纪录的保持者。感谢她们在改写女性活动能力的规则上做出了自己的贡献，帮我们打开了新世界的大门，让我们知道冒险旅行并不只是男人才能做的事。

第四部分 | 赛道皇后、公路与山地

第十章　竞赛就是生命

约 1881 年，美国竞技骑手埃尔莎·冯·布吕芒（**Elsa von Blumen**）

不速之客

1941 年 9 月，75 名男子聚集在密歇根湖岸边的一个高尔夫球场俱乐部里，追忆自己运动生涯的光辉岁月。19 世纪末是见证他们巅峰水平的时期，这些人是自行车赛而非高尔夫球联赛的翘楚。有几个是 19 世纪 90 年代的高轮自行车赛冠军，其他人则是当时"安全"自行车竞赛的冠军。好几个人参加了为期 6 天的耐力赛。人们把这种流行的竞赛形式看作对运动员耐力和毅力的终极考验，其赛事包括一天内绕赛道骑行 20 个小时，当骑手精疲力竭且无法踩动踏板甚至产生幻觉时，再睡上几个小时。获胜者是在计时停止时，能骑出最大距离的那个人。

也有可能这些人是靠助理教练提供的兴奋剂才取得优异成绩的；赛道上的运动员们可以使用士的宁、三甲基、海洛因、可卡因和吗啡，这么做当时并不违法。有时他们会跟马比赛，这是牛仔对自行车手的比赛。骑马的牛仔——包括"野牛"比尔·科迪*（Buffalo Bill Cody）在内——在感到疲劳的时候，至少可以改变坐姿，而自行车运动员很难改变骑行姿势。成千上万人前往观看骑行比赛，所以奖金数额巨大。自行车竞赛成为这一时期最受欢迎的观赏性体育项目，赛事运动员是举国皆知甚至在国际上极有名的大明星。他们把自己的体能发挥到了极致，打破了前人认为根本不可能打破的纪录。他们齐聚一堂，得以沉浸在对以往光辉岁月的回忆中，他们的生活里只有自行车。但是让他们没有想到的是，有一个不速之客会搅乱活动进程，让人们不再相信 19 世纪的赛车世界只是男人的天地。

---

* "野牛"比尔·科迪是美国西部开拓时期最具传奇色彩的人物之一，其组织的牛仔主题的表演非常有名。 ——译者注

午后，男人们各自上台诉说美好的往日荣光，此时一个年约 60 岁的妇女穿过草坪，直接向聚会的人群走去。她的自我介绍让在场的人明白了她的来意。她是蒂莉·安德森（Tillie Anderson），19 世纪 90 年代最伟大的女子自行车骑手之一。就她在无数看客众目睽睽之下骑行横跨美国的用时来说，她创造的纪录几乎比得过聚会中的大部分男人——甚至能超过其中一些人。尽管如此，蒂莉没有受邀参加"19 世纪明星"这一活动，因为女子自行车赛并未获得官方认可。蒂莉以及她同时代的女运动员和许多后继者的成就被边缘化，无人想起亦无人认真对待。

女骑手曾经吸引了大量观众——也赚了他们很多钱——还促进了报纸的销售。而一旦人们的新鲜感消退，女骑手的存在进入常规化，她们对于此项运动就不再具有价值，男骑手的形象又铺天盖地而来。高尔夫球场上聚会的男骑手都看似热情地接受了蒂莉，但要取得自己应有的位置，她不得不挤进这一男士的聚会。前奥林匹克自行车运动员妮科尔·库克（Nicole Cooke）是自行车竞赛历史上众多女骑手中通过个人努力得到认可的全能超级明星赛车手，她于 2017 年把这项运动描述为"由男性主导的、为男性而举办的运动"[1]。

目前，管理此赛事的国际自行车联盟（the Union Cycliste Internationale，简称 UCI）已正式承认女子自行车赛，但是女子自行车赛要与男子自行车赛平起平坐，还有很长的路要走。自蒂莉参赛的时期起，女性就一直在积极争取获得认同、报酬平等、拥有参赛机会等，并希望自己得到认真对待。然而，相关事项进展缓慢。1988 年，女子场地赛才进入奥林匹克运动会。截至 1988 年，女性已经在赛道上比拼了 100 多年。事实上，直到 1984 年奥运会才出现女子自行车赛项目，而男子自行车赛项目则始于 1896 年。2012 年以来，男子自行车赛项目

221

的数量和女子自行车赛项目的数量才开始持平。

　　骑行运动中，女性参与者被排除在外的历史由来已久。在奥运冠军及环法自行车赛冠军布拉德利·威金斯（Bradley Wiggins）2018 年写的《偶像》（Icons）一书中，有 21 位骑行偶像，却没有一位是女性。

　　蒂莉·安德森坚定地认为，她与其他男性一样有资格成为此项运动的"明星"，所以她参加了后来的每一次年度冠军聚会，直至 90 岁去世。

女强人与高轮自行车

　　我的曾祖父塞缪尔·莫斯于 19 世纪 90 年代和 20 世纪初在伦敦的赫恩山奥林匹克自行车馆（Herne Hill Velodrome）夺得了多枚奖章。该馆建于 1891 年，是现存历史最悠久和最著名的室外田径场之一，也是骑行热结束后为数不多的一个仍存于世的场馆。塞缪尔在赛道上拼搏的那个年代里，每个"耶稣受难日"赛车会都很神奇，能吸引到多达 1 万名观众。英国的弗兰克·肖兰德（Frank Shorland）是那个时代最成功的自行车运动员之一，他 1894 年参加了一项 24 小时耐力赛，结果有 2 万人前来观看，许多观众毁坏了路障只为看他凯旋。警察变成了保镖，防止他离开体育馆的时候被车迷围堵。

　　这些赛事大受欢迎，不禁让我想到一个问题：当时是否也有女子自行车赛事？一本有关赫恩山历史的著作并未提及这一时期的任何比赛。我最初认为，考虑到人们抵制女性到各地骑行，她们可能要到 20 世纪才能获得参赛资格。然而，情况并非如此。虽然女性很难得到骑行组织的官方认可，但她们的骑行行为也并未受阻。其实，骑行是女性参与的第一个竞技性运动——这一事实无疑强烈地讽刺了数十年来女性在此项赛事中被边缘化的现象。

人们普遍认为，女性的首次自行车赛是 1868 年 11 月在波尔多市（Bordeaux）的波尔多公园举行的，比第一次记录在册的男子自行车赛晚了几个月。在数千名观众的注视下，4 名女骑手争夺名次。获胜者是朱莉小姐（Mlle Julie），她险胜了路易丝小姐（Mlle Louise），后者在绝大多数时间一路领先。在赛事的一张插图中，"女骑手们"穿着放出后摆的中长裙；她们穿了长筒袜或者将裸着的大腿从裙子前面伸出来，踩着连在前轮上的踏板。这张图在通过审查后，登上了美国的《哈泼斯杂志》，但杂志社为了保持体面，在插图中添加了绚烂的花朵遮住女孩们的大腿。

据报道，次年在法国举办了另一场赛事，3 名女骑手与 120 位男骑手在第一次长途公路赛中同台竞技。只有 33 名参赛者完成了从巴黎到鲁昂（Rouen）的 76 英里路程，其中第 29 位冲过终点线的是来自里昂的一位名为"美国小姐"（"Miss America"）的女骑手。"美国小姐"的丈夫是第 30 名完成这场赛事的运动员。她很快就成为自行车热潮中在法国各地参加比赛的固定选手。

19 世纪 80 年代人们钟情于高轮自行车，一小群女性——大多是北美女性——决心在赛车界留下自己的足迹。她们会向其他女骑手、男骑手甚至是马发起挑战，看谁的速度最快。1881 年，在纽约州罗彻斯特市的汽车公园（Driving Park）埃尔莎·冯·布吕芒在 2500 名观众面前骑着高轮自行车向一匹名为"海蒂·R"（"Hattie R"）的马发起挑战。埃尔莎原名卡洛琳·威廉明娜·金纳（Caroline Wilhelmina Kiner），1859 年出生在堪萨斯的一个德国移民家庭，她十几岁时被医生诊断出肺痨，所以就开始步行锻炼身体。很快，她发现自己忍耐力超常，1879 年就获得了徒步竞赛冠军，被称为徒步皇后（Queen of Lady Pedestriennes）。

223

当时，徒步竞赛作为观赏性体育项目，与棒球一样流行，但是很难说观看一个人绕着一条小道走几个小时甚至几天（运动员中途只短暂地休息几次以补充能量）到底趣味性何在。埃尔莎定期参加100英里的徒步比赛，场地是室内特建的跑道或音乐厅舞台上由锯屑铺设的闭环，选手要在27小时内完成规定距离。1880年，她转而骑高轮自行车，它的速度要快得多，但毫无疑问，也更危险。在她与马比速度之后，她在匹兹堡的一个赛道上用6天骑了1000英里。在一张照片中，埃尔莎穿着系扣的皮短靴，头戴遮檐帽，穿着合体的夹克与灯笼裤，腰上还系着一条流苏裙。高轮自行车女骑手没人敢冒险穿长裙。

埃尔莎经常与男人比赛，她的主要女对手是法裔加拿大人路易丝·阿曼多（Louise Armaindo），她也是由徒步竞赛转向自行车骑行运动的。路易丝的母亲是一个马戏团里的女大力士，所以路易丝起初在芝加哥一个马戏团表演高空秋千，本人也是一名女大力士。她曾夸口说她母亲巅峰时期可以举起400公斤的重物，所以就她的经验而言，有关女性弱不禁风的说法简直就是无稽之谈。1882年，路易丝和埃尔莎在最初一场有记录的女子高轮自行车比赛中同台竞技，比赛持续6天，包括5英里预赛。路易丝获胜，而且她在10年里的大部分比赛中一直是女子高轮自行车冠军。

224　　　像埃尔莎一样，路易丝从不回避与男性同台竞技。1883年，她在芝加哥湖滨附近的国民警卫队训练场一个临时用煤渣铺设的赛道上与美国的两位冠军威廉·M. 伍德赛德（William M. Woodside）和威廉·J. 摩根（William J. Morgan）进行了为期6天的比赛。在2000名观众的注视下，这3人每天绕着赛道骑行12个小时，裁判员们仔细地计算着每位骑手的圈数。一旦有人休息其他人便会获得优势，所以自行车骑手尽量避免停下。在第一天比赛结束时，3 人之间的差距不大，但到了第 4 天，路易丝已经开始超过两位男选手。在比赛的最后 2 天，她的领先优势进一步扩大，路易丝以第一名的成绩结束了这场 72 小时的自行车赛，她骑行了 843 英里，摩根骑行了 820 英里，而伍德赛德只骑行了 723 英里。路易丝告诉一位记者："没有人想象得到，我如何严厉地对待自己，要求自己一定坚持到最后；但我决心击败那两名男选手，最终我成功了。"[2]

败在一个女孩手里的威廉·M. 伍德赛德感到很不舒服，所以又向她发出挑战，要她参加接下来那周于威斯康星州举办的一场骑行比赛，该赛事持续 3 晚，赛程为 120 英里。摩根也参加了那场比赛，但路易丝再次击败了他们。威廉还是不死心，于是 3 个人再次相聚，在密尔沃基*（Milwaukee）进行一个每晚 3 小时的 6 天赛。威廉非常自信这次他能取胜，所以他让路易丝先骑行 30 英里，让摩根先骑行 12 英里。但路易丝又赢了，以 294 英里的成绩赢了摩根和伍德赛德。摩根骑行了 285 英里，伍德赛德骑行了 277 英里。据称，到当年底，她凭借出色的赛车能力，赢取了相当于今天 10 万美元的奖金。

路易丝"女王"在接下来的比赛中打败竞争者，保住了自己的桂冠。一批十几岁、二十岁出头的年轻骑手涌现——也许是受到了路易丝的鼓舞——在美国各地的煤渣跑道上增强自己的耐力，终于结束了路易丝的时代。退出赛道之前，路易丝一次又一次地与有实力的选手较量。她加入了一个高轮自行车女骑手队，在全国巡回比赛，有时参加每天 8 小时的 6 天赛，比赛场馆被观众塞得满满当当，就像纽约的麦迪逊广场公园一样热闹。从 1889 年 9 月到 1890 年 1 月，路易丝和她的骑手同伴

225

---

*密尔沃基是一座位于美国威斯康星州密尔沃基县密歇根湖畔的城市。　——译者注

们又参加了英国的巡回赛，在格里姆斯比、北希尔兹、朗伊顿、谢菲尔德和北安普敦等地比赛。数千人前来观赛，其中大多数人应该从未见过女子骑行比赛。这些女骑手参赛十分积极，无论是20小时的6天赛还是只有100英里的短程赛都参加，她们还与男性挑战者对垒。

路易丝从未设法打败那些厉害的新对手重返巅峰。她的对手是洛蒂·斯坦利（Lottie Stanley），洛蒂一直逗留在英国境内与男性比赛，这就是自行车女骑手的与众不同之处。她有场比赛是在狼队足球俱乐部进行的，当时吸引了大约17000名观众。

可怕的蒂莉与莉塞特小姐

虽然路易丝的星途已经没落，但谁也不能否认她在自己的巅峰时期确实是位了不起的骑手，像蒂莉·安德森一样，她也赢得了与男骑手相同的权利，得以出席运动庆典盛事。不幸的是，1896年她在一次宾馆火灾中严重受伤，后来就无法再参加任何比赛了，1900年她在寂寂无闻中死去。

路易丝在她的最后10年里，看到骑行世界的巨大改变，尤其是自行车比赛界新女王蒂莉·安德森的飞速崛起。高轮自行车已经让位给新型的、更实用的"安全"自行车，而且自行车赛成为一项官方认可的运动。在美国，这项运动受到美国骑行者联盟监管。作为自行车运动的倡导机构，美国骑行者联盟负责举办自行车赛并保存比赛记录。高轮自行车赛曾具有相对狂野的西部运动风尚，因为每个人都能向其他人或其他东西发起挑战，但那样的日子已然过去。正如我们在第五章中所见，美国骑行者联盟并不是一个公正、无偏见的组织，在1894年出台了非白种人不得入会的禁令。禁令反对女性参加自行车比赛，并拒绝给予蒂莉及

226

其车友们官方认可，致使她们没有一场比赛的成绩被存入该组织的档案，举办女性骑行赛事的场馆甚至可能进入该组织的黑名单。

尽管一直有像路易丝这样的骑手在证明她们强悍且无畏，能与男性较量甚至打败他们，但在那个年代，美国骑行者联盟所持的观点并不独特。它认为女性在赛道上挥汗如雨这一现象既不可接受，又极具争议，女性不适合参加这项运动。在一个女人还需要证明自己像男人一样有权骑行的年代，即使那些大力支持女性自行车运动的人也觉得，女性不适合参加自行车赛。

当时的杂志和报道自行车骑行的大部分媒体在不停警告"速骑者"（骑自行车又快又猛的人）。对于女性来说，"速骑"二字与理想中的女性气质相差甚远，所以美国骑行者联盟不希望女性有如此表现。对于许多思想保守的人来说，这是骑自行车对女性造成伤害的最极端情况。在英国，有许多人赞同这些观点，其中就包括《骑行》杂志。该杂志 1894 年宣称，骑行"既不是也绝不可能是适合女性的运动。女性的身体无法承受骑行的负荷"[3]，而且"它肯定降低了所有女性的谦逊感"。伊丽莎白·罗宾斯·彭内尔也表示赞同，她说，对于女性来说，"如果过度，骑行运动就会变成绝对的不端之举"[4]。

227

那些主要由女骑手组成的早期比赛起源于法国，法国人也不会因为女性一直参赛而争论。1893 年，德·圣·萨维尔小姐（Mlle de Saint Saveur）成为首个宣称"小时纪录的保持者"——"小时纪录"即 60 分钟内骑的最远距离——她破纪录的地点在巴黎的水牛自行车馆，这激励了其他人去打破她的纪录。在法国有常规的女子公路自行车赛和场地赛，也有男女自行车赛。有些自行车运动员成为国际明星，例如莉塞特（Lisette）和比利时的伊莲娜·迪特里厄（Hélène Dutrieu）。迪特里厄还因为骑行取得的成就获得了国王利奥波德二世颁发的一枚奖章。

在英国和美国，女性很少有机会参加任何形式的公共体育比赛。网球赛是个例外，早在 1884 年，温布尔登网球锦标赛上就出现了女选手，但他们并未像今天的威廉姆斯姐妹（Williams sisters）那样富有活力与热情，原因至少在于她们依照规定穿着长裙。莫德·华生（Maud Watson）——首届温布尔登女子单打（Wimbledon Ladies' Singles）冠军，比赛时穿着一套全白、至脚踝的羊毛长裙，搭配小裙撑、丝质长袖衬衫和水手帽。这身装束可不是能帮她在球场上自由跑动、回击棘手发球的装束。同场对决的布兰奇·宾利（Blanche Bingley）20 岁，她穿着鲸骨紧身衣，比赛时紧身衣刺破了她的皮肤，让她的白色衬衫被血染红了。另一位选手晕倒了，也许是因为她的衣服不适合炎热的天气。1900 年奥林匹克运动会组委会允许女性参加网球比赛以及帆船、马术和高尔夫等上流社会的运动时，她们的运动服装仍然如往常一样并不实用。

虽然女性穿着维多利亚时代的女装可以打网球，但无法骑自行车。随着 19 世纪 90 年代社会的进步，赛道上的竞争加剧了，路易丝和埃尔莎的灯笼裤不再被使用，取而代之的是符合空气流动学的超短裙及连裤袜。也许有些男观众想看女人露大腿，这在以前很少见。美国骑行者联盟也许认为这种充满情欲的兴趣会玷污它希望赋予这项新运动的严肃形象。加之一些女骑手之前曾在马戏团或杂耍剧团表演，这一事实可能更让人觉得女性骑行运动只是一种有伤风化的助兴表演，而不是一种严肃的运动。

的确，女性在赛道上以肉眼可见的方式摆动身体是一大新奇的景象，但当时的报道也表明，观众知道这些女人是有目的地参加比赛的，而不是为了哗众取宠。1889 年，谢菲尔德的一家报社报道了路易丝及其高轮自行车团队的比赛，承认"与其说是肢体的展示"[5]，不如说这些女性"是带着速度和技巧在骑行，堪比最好的男性自行车运动员"。

　　并不是说蒂莉等 19 世纪 90 年代的女骑手，尤其是她们的经纪人和经理没有意识到女性身体给观众们带来的影响。媒体也把关注的焦点放在了女骑手的服装、外表和身材上。就跟现在一样，一些女骑手利用服装、外表和身材来提高自己的关注度。蒂莉的一个对手——多蒂·法恩斯沃思（Dottie Farnsworth）穿着一套醒目的猩红色缎子短裤与上衣，给自己赢得了"红鸟"（the Red Bird）的绰号。她曾在一个剧院工作，所以清楚入场仪式的意义。她会披一件白色长袍走到赛道上，然后脱掉长袍露出自己备受瞩目的"战服"。媒体和观众对此赞不绝口。

　　顶级骑手都是名人，她们接受记者的采访，用夸张的姿势与自己的自行车拍照合影，就像 20 世纪的好莱坞明星一样。除了要提高收益，她们还要证明自己不仅是赛道上力压群雄的王者，还是有别于男人的女人。在某次比赛前，有一名医生当着报社记者的面检查蒂莉的腿，以确定它们是否在训练期间变得像男人的腿一样粗壮。据报道，蒂莉的双腿形态依然"优美"，但腿上的静脉过于醒目，确实不利于展示"优美"的双腿。

229

　　成就蒂莉职业生涯的远不止她的个人形象。1891 年，她从瑞典来到芝加哥，在洗衣店里工作，也做针线活。她看到女人骑自行车在城里到处跑，也渴望拥有一辆自行车。1894 年，她不仅设法弄到了一辆自行车，居然还发现自己有骑自行车的天赋。每天工作之前她都要训练，1895 年就在芝加哥的埃尔金奥罗拉球场创造了百英里骑行纪录。在那里，一个赞助商看中了她，送了她一辆更好的自行车。

　　她的下一个挑战是参加一场为期 6 天的比赛，包括每天 3 小时女子自行车竞速赛，蒂莉轻松击败了那些更为资深的对手，赢得了 200

美元的奖金。虽然女子自行车竞速赛没有得到美国骑行者联盟的认可，但蒂莉意识到，这个竞赛能给她带来的收入是她当裁缝的收入远远无法比拟的，更别提声誉了。1895 年，她的收入估计相当于今天的 15 万美元——对于一个一直与父母住在肉市楼上、努力维持收支平衡的人来说，她的收入很可观。她整日训练，是个难以对付的运动员，她在 1895~1902 年参加了 130 场比赛，赢了 123 场比赛。她被报纸称为"可怕的蒂莉"，并且决心与男人一较高下，但是美国骑行者联盟的禁令意味着她不能在官方认可的比赛中挑战男骑手。后来她终于在芝加哥的一个民间比赛中得到了机会，如愿彻底击败了她的男对手。

230 　　19 世纪 90 年代中后期女子自行车竞赛尽管不被看好，但已经成为美国的一项产业，成千上万名观众蜂拥而至，来看蒂莉和其他选手在赛道上较量。自行车运动蓬勃发展，已经不再是观众只想一睹女性身材的局面了。它这么吸引人，部分原因可能是男子自行车赛的比赛时长是 6 天，每天选手在赛道上艰苦比拼 20 个小时，着实让观众和运动员疲惫不堪。而女子自行车赛则限制在每天 3~4 小时，进程更快、更扣人心弦，观众所花的时间和金钱也更少。

　　精明的自行车赛主办方巧妙地解决了女性不能与男性在同一场地比赛的禁令，他们在戏院或杂耍剧团的舞台上（或其他任何可以容纳男女同台比赛的地方）搭建了临时比赛场馆，场馆中椭圆形的木制赛道有倾斜、陡峭的坡面。在这些侧倾高达 45 度的小型赛道上安全地骑行需要运动员有一定的技能。事故（骨折和严重的脑震荡等）并不少见。而那些参加比赛的人却认为它很值得，因为比赛能给他们带来更高的生活品质。有些女性设法赚取比男性更多的钱，这让今天职业骑行界巨大的性别收入差距看起来像是一种时代的倒退。毫无疑问，女运动员的经理和经纪人能从中赚取丰厚的收益，留给骑手的只是一小部分利润。

自行车赛当天最吸引人。主办者会拼命揽客，还会在比赛期间雇乐团伴奏，提高观众的期待值和兴奋度。与温布尔登网球锦标赛那种高高在上、肃静的氛围不同，自行车比赛的现场是喧嚣的，人们喝酒赌博，兴高采烈。尤其是在伦敦的皇家水族馆定期举办的为期 6 天的女子自行车赛，它吸引了来自法国和比利时的明星车手与英国运动界的佼佼者们同台竞技。

主办方发现，男女同赛的项目——在英国并没有不允许女性与男性在同一场地比赛的禁令——利润丰厚。在比赛的间歇，会有杂技演员、小丑、男女大力士、玩杂耍的日本人、花样游泳运动员和人体炮弹发射节目来娱乐观众，低俗点的节目还有大象表演、由白人扮作黑人的滑稽唱歌节目及一种"人力马车"的展演。

1895 年 11 月，所有的目光都集中在赛道上，这里在进行为期 6 天的国际女子自行车赛，《伦敦标准晚报》把它描述为引发"全球性话题"的赛事。在数千观众的欢呼下，英国的无名小辈莫妮卡·哈伍德（Monica Harwood）获胜。几个月前，莫妮卡看到一则广告，招募在英格兰和苏格兰参加自行车赛的女骑手。她报名了。像蒂莉一样，她轻松击败了竞争对手，其中包括著名的克拉拉·格雷丝（Clara Grace）（媒体称她"格雷丝夫人"）。格雷丝在比赛第 5 天跌到了第 9 名，后来却帮助训练了自己的这位新对手。

位居第二的是法国的莉塞特，她骑行超过 368 英里，而莫妮卡则骑行超过 371 英里。莉塞特被称为世界上最伟大的女骑手，只是没有官方途径可以验证这一说法。但这场比赛并不是莉塞特职业的终点；次年 5月，她在巴黎的冬季赛车馆，主场与克拉拉·格雷丝竞技，领先了后者100 多千米。同年，她又用 43.461 千米的成绩打破了一项新的女子小时争先赛纪录（由前面的领骑的选手定速度，让后面的选手获得跟随骑行

232　的优势），这个纪录保持了多年。她还在巴黎一场 50 千米自行车赛中与威尔士明星骑手吉米·迈克尔（Jimmy Michael）较量，但被他击败。然后，她再次返回伦敦的皇家水族馆赛场，取得了胜利——这是另一场为期 6 天的比赛，她把对手莫妮卡挤到了第 2 名。

　　莉塞特是国际著名自行车赛手，她费尽心思地营造了一个关于自己出身的神话，无疑是想保持媒体和公众对她的兴趣。在一个关于她出身的版本中，她说自己之前是布列塔尼的一个放羊女，有个路过的自行车手，听说她想学骑车，就送给了她一辆自行车，于是莉塞特发现了自己的运动天赋。在另一个关于她出身的版本中，她是巴黎的一个孤儿，因为在一家工厂长时间工作而疾病缠身，为了健康，她开始骑行，后来才开启比赛生涯。

　　无论她出身如何，她的真名都是艾米丽·勒·加尔（Amélie le Gall），她是个极难对付的天才骑手——也许不是世界上最伟大的自行车手，这一点在 1898 年她立志征服美国时就很明显了。在接下来的几年里，她参加了蒂莉、多蒂和"红鸟"等高手参加的比赛。莉塞特没有取得一次胜利，但观众仍然为这个不穿运动短裤、只穿紧身衣的法国传奇女子着迷。蒂莉和其他美国女自行车手都已经适应的赛道可能影响了莉塞特的发挥，因为这种赛道很陡峭，与她习惯的法国常规赛道大不相同。这也许是令她在首个 6 天赛中狠狠摔跤的原因，现场有4000 名观众目睹了这一幕。她不愿意承认失败，于是重新上路，但几天后又一次与其他骑手的碰撞让她得了脑震荡。多蒂摔倒在莉塞特的车道前，跟她发生了碰撞，多蒂说自己的肋骨断了。尽管伤情严重，但比赛第 3 晚她们都回到赛场。最后，蒂莉取胜，莉塞特夺得了第 2

233　名，而多蒂则位列第 4。莉塞特没有返回法国，决定继续留在美国，也许是因为她能在那里赚更多的钱。

报纸和公众都喜欢这个谜一般的法国自行车运动员。芝加哥的《洋际报》（*Inter Ocean*）在她来此比赛之前刊登了一篇报道，说明很多人相信莉塞特对自己出身的描述。他们根本就不管莉塞特实力不如蒂莉的现状，把她称为"最快自行车手"[6]，而且误传她打败了吉米·迈克尔。最重要的一点是，美国人推崇她的法国血统，把她的风格描述为一种"真正的巴黎人专有的迷人'优雅风格'"，还称赞她的训练计划远没有她的美英对手"那么严苛"，我猜他们的意思是说其训练计划更适合女性。

无论多么"优雅"，莉塞特都无法阻止女子自行车赛在美国的衰落。男子自行车赛也受到了打击，因为观众的兴趣转移到了棒球等其他运动项目上。明星女自行车手纷纷离开赛道，开始在别处谋生。第一个就是多蒂，她加入了一个马戏团，在一个被称为"单车－晕晕转"（Cycle-Dazzle）的斜坡小轨道上表演绝技。后来，在一个不幸的夜晚，她从"单车－晕晕转"的斜坡摔了下去，伤势严重，几个小时后就去世了。她的竞赛同伴们转向了更安全的生活领域：蒂莉成为一名按摩师，而莉塞特进军餐饮业，在新奥尔良开餐厅，后来又与丈夫一起在迈阿密开了分店。

20世纪初，英国人和法国人对女子自行车场地赛的热情消失殆尽。一度闻名于伦敦的皇家水族馆也在1903年遭到拆除，莉塞特曾在这里出乎意料地败给了一位英国的新自行车手。人们很快就忘记了这些闪耀的明星，也没有关于她们成就的官方记录，她们的大多数后人不知道其家族中还有过家喻户晓的"女自行车手"，她们曾因自己的勇敢拼搏和坚持不懈而在赛道上攻无不克。

234

并非路的尽头

虽然女性场地赛在20世纪初没那么有吸引力，但是女性没有停止参加骑行竞赛的脚步。全世界的女骑手都想破纪录，只是这后来变成了在公路上提高的里程数而不是在体育馆里增加的圈数。出生于德国的玛格丽特·加斯特（Margaret Gast）曾于 1901 年在美国参加过 6 天赛，时年 18 岁（她告诉主办方自己已经 21 岁了，才得以参加比赛），她在 9 天 8 小时 5 分半钟里骑了 2000 英里，地点是纽约长岛范德堡夫妇为自己新购汽车所修建的 25 英里环道。她以 3 小时 1 分的优势打破了之前的男子纪录。玛格丽特最初的目标是想刷新女子 1500 英里骑行纪录，但当她到达距离终点 1 英里的标志时，觉得自己精力充沛，于是决定再骑 500 英里。她完成 2000 英里骑行距离的过程中，只断断续续地睡了几个小时——因为极度疲惫从车上摔下来了几次，冒着雷暴天气和倾盆大雨前行，道路已泥泞不堪——她依然没有停下来。她一直骑了 2600 英里，创造了男女骑行距离的新纪录，才停车。如果可以由她自己决定的话，她可能会骑 3000 英里，是住在路边的居民把她拦停的。

这些居民认同一篇报纸文章的观点，谴责玛格丽特，说她"太不像话"[7]，他们还告诉一位记者，他们担心这种"场面"会影响孩子。我猜，居民们不希望自己的女儿把参加女子自行车赛视作恰当之举，所以他们要及时确保此事不会再次发生在自己"高贵"的"地盘"上。其他文章虽然承认这是一个了不起的成绩，但也急切地指出玛格丽特因此而忍受身体上的伤害，有一篇文章甚至宣称她"形象狼狈，简直令人无法直视"[8]。但如果让玛格丽特先照顾好自己的女性形象，再去考虑自己的成绩，她一定会断然拒绝。后来她将一只价格不菲的小狗捐赠给纽约的一场拍卖会，就是为了筹集资金支持妇女选举权运动。

在打破男子骑行纪录后，玛格丽特可能觉得自己已经实现了作为一名自行车运动员的梦想。像多蒂一样，她开始在舞台上表演绝技。

就玛格丽特而言，她完全是因为另一项发明——摩托车而放下自行车
的，这位在"死亡之墙"* 上"1 分钟能骑行 1 英里的女孩"不仅继续
挑战人们对她的性别的期待，还在比赛中与男性一争先后。在表演绝
技时，她也遇到过好几次意外，但与可怜的多蒂不同，她侥幸生还并
成为一名出色的摩托车赛车手。一次，有位记者问她，是否觉得女性
需要不同类型的摩托车，她的回答一如既往：女赛车手想要一种"难
以驾驭的车，与男车手骑的一样"。

"穿裙子的恶魔"

阿方西娜·斯特拉达（Alfonsina Strada，娘家姓莫里尼）是意大利
的骑行先锋。她出生于 1891 年，住在摩德纳（Modena，意大利北部城
市）附近的村子里，10 岁时就学习骑父亲的自行车，把村子里的路骑了
个遍。据传，她有个绰号，叫"穿裙子的恶魔"，她 13 岁时就赢得了自
己的首个比赛，还因此得到了一头猪作为奖励。像前辈莉塞特一样，阿
方西娜没有阻止媒体神化她的农民出身，虽然她的父母看似更希望她将
来当个裁缝，却很可能因为感激她赢来的那头牲畜而没有阻止她骑车。

236

阿方西娜意志坚定，学车不久就赢了多个比赛，对手既有女孩也
有男孩。她也由此声名鹊起，被其他人当作可怕的竞争对手。18 岁时，
她到圣彼得堡参加一个大奖赛，获得了由沙皇尼古拉二世授予的一枚
奖章。这段经历对于这个十几岁的年轻人来说肯定极其难忘，因为她
家里很少有人（如果有的话）去过摩德纳以外的地方。

1911 年，她在都灵的一个场馆打破了女子（非官方）小时纪录，

---

* "死亡之墙"指用于摩托车竞技或特技表演的呈圆筒状、垂直地面 90 度的
场地。——译者注

成绩是 37.192 公里，这个纪录保持了 26 年。但愿这个成绩能让她家人和怀疑她的人相信，她做了正确的职业选择。如果没能消除家人怀疑的话，她至少也得到了路易吉·斯特拉达（Luigi Strada）——她未来丈夫的全力支持。路易吉是个金属加工工匠，有空就会参加自行车赛，他对妻子的能力深信不疑，甚至把自己的竞赛事业抛诸脑后而专注于支持她训练。1915 年斯特拉夫妇结婚时，他送给阿方西娜的结婚礼物就是一辆全新的竞赛用自行车。在接下来的几十年里，她被称为"自行车女王"，成为骑行史上一个真正的传奇人物。

女骑手缺少参赛机会让阿方西娜感到沮丧，所以她欣然接受 1917 年环伦巴第赛*的参赛邀请，成为该赛事的第一位女选手。环伦巴第赛从来没有刻意遗忘女性，但当时的意大利是个非常保守的国家，所以可能没人认为女性有参赛的想法。比赛的组织者是阿尔曼多·古奈特（Armando Cougnet）——《体育公报》（Gazzetta dello Sport）的编辑，他清楚一则轰动的报道能带来什么影响。随着许多明星赛手离开赛道奔赴第一次世界大战的战场，古奈特想寻找一些有趣的元素注入比赛，所以就邀请了阿方西娜参赛。作为 204 公里赛程里唯一的女选手，"自行车女王"最终还是骑完了全程，比冠军慢了 1 小时 34 分，但只比前两位选手慢几秒钟。有 23 位车手中途弃赛。

次年，她再次参加该赛事，对手又全是男车手。这一轮她得了倒数第二名，但只比冠军落后了 23 分钟，险些就赶上了前面的 5 名对手。这次比赛有 14 人弃赛。她后来就没再参加过环伦巴第赛了。因为名车手们从战场纷纷归来，比赛组织者不再需要靠一个女人与男选手对决来制造额外的宣传效果。19 世纪 90 年代，经理和比赛组织者热情

237

---

*环伦巴第赛是著名的公路自行车运动赛事，在意大利伦巴第举办。 ——译者注

地推动女子自行车赛，而一旦失去了经济动机，他们就撒手不管，现在阿尔曼多也是如此。我不怀疑在阿尔曼多的心里，阿方西娜是个难以对付的骑手，能给观众留下深刻的印象；但我知道，他并没有兴趣去改变女子自行车竞赛的现状，去为女性打开自行车赛的大门。实际上，比赛规则变得更为严苛，女性不再具备参赛资格。如今，人们都知道，环伦巴第赛只有男选手参赛，没有对应的女性赛事。阿方西娜是这个经典一日赛中唯一的女性参赛者。

我猜，6 年后阿尔曼多恭敬地邀请 33 岁的阿方西娜去意大利参加他组织的另一场只有男选手的比赛时，她一定有些惊讶。这个多赛段比赛是世界最有名的赛事之一，对选手要求极高，因为阶段赛冠军会穿上粉红色运动衫，所以该赛事也被称为"极速粉红"。阿尔曼多再一次面临吸引公众对赛事兴趣的问题，因为他的一些知名男骑手缺席了。但这次不是因为他们要服军役，而是他们就比赛的费用问题起了争执。当时主办方拒绝了选手们的要求，双方陷入了僵局。阿尔曼多需要借助意大利当时最伟大的女自行车手来制造噱头，从而令观众兴奋。阿方西娜不能错过这次机会，她要向世人展示她完全能胜任自己祖国的传奇"盛事"——一场与环法自行车赛相同级别的标志性比赛。 238

1924 年的这场比赛让人感觉压力巨大，因为路线有 3613 公里长，其阶段赛长度从 250 公里到 415 公里不等，其中许多路段包括长长的爬山路。2019 年的赛程还稍短，最长的阶段路程也不超过 232 公里。就路况和自行车的重量来说，现在的情况与当时的情况天差地别。阿方西娜及其同时代车手骑的自行车车架是没有齿轮的钢造车架，重量几乎 2 倍于如今专为公路赛设计的碳纤维车架。

为了制造噱头，阿尔曼多采用了阿方希·斯特拉达（Alfonsin Strada）这一名字而没用阿方西娜的真名。不过他不太可能骗到众人，因为阿方西娜早已是家喻户晓的明星。5 月 10 日，当赛手们越过设在米兰的起点线，开始前往热那亚（Genoa）的第一阶段 300 公里赛时，任何怀疑阿方希就是阿方西娜的人都证据在握，"他"的确是"她"，因为她穿着有自己签名的黑色运动短裤，运动衫上也有"阿方西娜"的名字。

在最初的大部分比赛中，她都落后于第一名 45 分钟到几个小时，但她并不总是最后过线的人，境况再不利，她也始终在坚持，而 2/3 的对手弃赛退出了。她完成另一个阶段赛后，人们兴高采烈地站在街道两旁，等着看她经过，向她抛撒鲜花和礼物，把她从自行车上高高举起，这肯定激励了她坚持下去。在第七阶段赛中，因为天气恶劣，南方的山路崎岖不平又结冰，她发生了碰撞事故，膝盖受伤，但她还是咬牙向前，完成了当天 304 公里的路程。

239

第二天，阿方西娜差点就完全放弃了这次环公路赛：膝盖还在痛，车胎多次被扎穿，她的车把也不受控制了。她找了个扫帚柄绑在车把上，撑到了终点。这次事故使她被主办方终止比赛，因为她到达当天的终点佩鲁贾（Perugia）时，早已过了限定时间很久。然而，她成为众人关注的话题中心，这对阿尔曼多来说很重要，所以他不能让她提前结束比赛。尽管她不会得到完成比赛的官方成绩，但是阿尔曼多仍然付钱让她完成了剩下的几个阶段赛。在后面的赛段里她又发生了事故，是她的勇气和决心伴着她骑到了最后。在最后一天返回米兰时，她落后于冠军朱塞佩·恩里奇（Giuseppe Enrici）33 小时，但对于等着她完成赛程的人们来说，她才是英雄。甚至连意大利国王都给这位"自行车女王"发来了贺词。

当她又要报名参加 1925 年的环意大利自行车赛时，她惊讶地——无疑也愤怒地——发现，她的申请未获通过，限制她的人正是前一年邀请她参赛以提高赛事知名度的人。主办方有了需要的全部男明星骑手，可以令公众始终保持对比赛的兴致，阿方西娜已经多余了。主办方从来没有改变规则的想法，不会让女性长期参赛，也不会推出女子自行车赛（女性自行车赛直到 1988 年才出现，对于阿方西娜来说太晚了）。这项自行车环赛过去是也将一直是只有男性参加的竞赛，不会再有例外。

但这不是阿方西娜事业的终结。她还在这个自己深受欢迎的领域继续比赛了十多年。1938 年，她以 32.58 公里的成绩打破了另一个女子小时纪录，这个成绩保持了 17 年未被打破。后来她退出了，和第二任丈夫（曾经也是一位赛车手）一起在米兰开了一家自行车行。随着岁月流逝，她的成就慢慢被人遗忘，就像在她之前的蒂莉、路易丝及其他数不清的女赛车手一样。后来的这任丈夫有过为阿方西娜写书的念头，记叙她光辉的职业生涯，只可惜至死也没能找到一家出版商。 240

阿方西娜 1959 年死于心脏病，是意大利唯一参加过世界著名的自行车环赛的女运动员，她的精彩故事几乎被人忘却。直到 21 世纪初的 10 年里，终于有人给她著书作传，她因此受到赞扬与认可，这实至名归。我敢肯定，如果她现在在世，一定会很高兴地看到女性终于可以参加环意大利自行车赛——尽管是全女子赛事。但她可能会困惑，为什么女子自行车赛的赛程和奖金都少于男子赛的，甚至连媒体的报道都不如男子赛的多。 241

第十一章 "像女孩一样骑行"

1839 年，玛格丽特·威尔逊（**Marguerite Wilson**）在她打破纪录的 **1000** 英里骑行中从大陆的一端出发，此时她出现在一家补给站。

罗斯林女士骑行俱乐部的女人

2005 年，艺术评论家兼自行车手蒂姆·希尔顿（Tim Hilton）收到了一封信，写信人告诉他，要"挖出他的眼睛"[1]。蒂姆刚出版了一本关于骑行的书，这本书广受好评，所以他很可能没料到会有读者反应如此激烈。也许更令人惊讶的是，这个要挖他眼睛的人，是一位九十多岁的女士。她曾是罗斯林女士骑行俱乐部（the Rosslyn Ladies CC）的成员，而蒂姆对该俱乐部的评论让她非常愤怒。尽管其他成员也写信向他表示不满，但只有这封信威胁要对他采取不利行动。

关于这家俱乐部，他没写多少内容，只有一页多一点，而里面却有未经验证的传闻，让批评者们极为恼怒：

> 据说，罗斯林里的女人……是如狼似虎的女人，她们身边的男人各个处境危险。警告你的儿子，别靠近她们。她们都不结婚。罗斯林女士骑行俱乐部的成员不告诉丈夫自己的这个身份。她们手上有一份名单，上面列出了她们痛恨的男骑手。罗斯林女士骑行俱乐部的成员会到一个山上聚会，嘲笑、羞辱名单上的男人。她们喜欢胡编乱造。[2]

这些话是这些年蒂姆听别人说的，而说这些话的人应该没有遇到过罗斯林女士骑行俱乐部的成员。对于他们来说，这个俱乐部很神秘，其成员骑行表现不俗，他们对这些女性抱有偏见，尽管这些偏见自相矛盾。除了毫无根据的流言，蒂姆并没有设法找出基于事实的内幕。毫无疑问，这些流言成为针对这些女性的又一争议点，尽管蒂姆一开始只是打算将这些话当作小道消息流传出去。

244

罗斯林女士骑行俱乐部的成就不是编造出来的。现在，大部分成员已经 70 岁、80 岁或 90 岁，不再参赛。但在全盛期，她们是公路和赛场上的一支可怕力量。她们是驾驭钢铁的女人，就像钢铁一样强壮。罗斯林女士骑行俱乐部于 1922 年成立，是英国历史最悠久的骑行俱乐部。

1946 年，20 岁的帕特·西格（Pat Seeger）首次加入罗斯林女士骑行俱乐部，曾是俱乐部里最响当当的公路自行车骑手。当我去埃塞克斯郡郊区帕特的家拜访她时，我们坐在客厅里，四周全是她的各种奖章和奖杯。帕特在伦敦北部的哈林盖区（Haringey）长大——离我现在住的地方只有几条街。15 岁时，男朋友就教她骑自行车，说服她加入了他所在的俱乐部，里面有男有女，但那时女成员不多。

结婚后（新郎是另一个骑行的男友），她决定加入全是女成员的罗斯林女士骑行俱乐部，当时创建俱乐部的一些元老仍然活跃在赛场上，其中就有内莉。她告诉帕特，最开始的几年里，当她们从伦敦东部的哈克尼区（Hackney）骑自行车出发时，总有人向她们扔石头，还有人骂她们。有可能那个恶毒咒骂蒂姆·希尔顿的写信人就曾是娜丽的队友，遭受过人们这样的辱骂。

帕特告诉我，她之所以加入罗斯林女士骑行俱乐部是因为它总能赢得（并组织）诸多赛事，并因此见诸骑行类报纸。她们的骑行成绩能记录在册，全都归功于伊夫琳·帕克斯（Evelyn Parkes），她创建了英国女子公路自行车赛纪录联合会（Women's Road Record Association，WRRA）。几十年来，官方一直不认可女子骑行，如果令女子自行车赛事的纪录被官方认可，她必须自己先行动起来，即便官方骑行组织不接受这些纪录，也要把它们登记下来。

尽管蒂莉、莉塞特等骑行明星早已取得丰硕的成果，但在 20 世纪，人们还在激烈讨论女性是否适合参加自行车竞赛项目。1937 年，英国自行车运动员阿尔伯特·勒斯蒂（Albert Lusty）声称，女性的行为不仅"伤害了比赛本身"[3]，还"损害了国家利益"。在 20 世纪 60 年代第二波女权主义浪潮兴起之前的几十年里，女性投身两次世界大战为国效力，人们却仍然认为女人只能待在家里，把体力活留给男人，她们做好家务、带好孩子就行，这也是阿尔伯特认为的国家利益。

荷兰才是能让阿尔伯特更舒心的国家，因为 20 世纪 30 年代和 40 年代，荷兰禁止举办女子自行车赛，任何想参加相关比赛的人只能去国外。米恩·范·布里（Mien Van Bree）搬到比利时居住后，赢得了许多重大赛事，而荷兰报纸却发表文章说，她本该"待在家里，待在厨房里"[4]。时代已经变了，荷兰人现在对女子自行车赛充满热情，有了像玛丽安·福斯（Marianne Vos）、安妮米柯·范·弗勒滕（Annemiek van Vleuten）和安娜·范·德·布雷根（Anna van der Breggen）这样的明星运动员，在国际公路赛、场地赛、越野赛和山地自行车赛项目上占绝对优势。遗憾的是，对于米恩来说，这个转变来得太迟了。

四次获得美国国家冠军称号的自行车运动员南希·奈曼·巴拉奈特（Nancy Neiman Baranet）于 1956 年参加了一个自行车巡回赛（该赛事是环法自行车赛的前身，没办多久就停办了），她的母亲却坚持认为一个女人只属于家庭而拒绝观看女儿的比赛。南希加入底特律一个骑行俱乐部后，她母亲吓坏了，抗议道："你这样做，邻居们会怎么看?"[5]南希的父亲起初同意她骑自行车，那不过是因为他更反对女性开车。

并不是只有骑行出现这方面的问题，如果女性运动员想要参加时间更长、难度更大的项目，就都会遇到一定的阻力。她们可以参加奥运会的跑步比赛（这不同于 1984 年之前的女子自行车赛），但 1960 年之前赛程最长的跑步比赛也只有 200 米。1928 年的奥运会有过一次女子 800 米赛跑项目，但因为媒体不实地报道那些完成比赛的选手冲过终点线后瘫倒在地或人事不知，该赛跑项目就被取消了。马拉松赛是直到 1972 年才对女性开放的，虽然此前就有一些人试图以个人名义参赛。第一次世界大战期间及其后几年，英国的女子足球比赛已经初具规模，但 1921 年英格兰足球协会宣布足球不适合女性参与并禁止女性在俱乐部踢球，直到 1971 年才取消该禁令。

"金发女郎" 与 "强力原子"

出生在考文垂的艾琳·谢里登（Eileen Sheridan）已经九十几岁了，20 世纪 40 年代时常与帕特和罗斯林女士骑行俱乐部的其他会员参赛，是 20 世纪最伟大的赛车手之一，她身高不足 5 英尺，却有着惊人的力量和速度，所以被外界称为"强力原子"（Mighty Atom）。艾琳在回忆录里写道，当她刚开始参加自行车赛时，不受观众欢迎。她作为唯一一名女选手参加了一个 12 小时内骑行 140 英里的长距离自行车赛，这是她第一次参赛。主办方认为女选手会拖慢所有人的速度，所以劝她丈夫在比赛前带她回家，可艾琳拒绝退出比赛。她骑行了 50 英里后，不再有人询问她的参赛进度；骑行了 100 英里后，她证明了自己不是跟在别人后面坚持的人，而是最终成为"核心圈的一员，受其认可"[6]。

247　　艾琳说她加入当地的考文垂骑行俱乐部（Coventry CC）时，再一次感觉到自己和自己的车"不慎误入一个不属于自己的世界"。艾琳参加该俱乐部的第一次活动时，带头的几个人不断加快速度想甩掉她，他们认为她跟不上骑行队伍。但她很容易就跟上了队伍。她经常是俱乐部外出骑行的人里唯一一名女性，每当队伍休息时其他人都会叫她倒茶，但骑行时她轻而易举就甩掉了大部分队友。用当时一家杂志上的话来说，她"震撼了赛车界，为女子纪录树立了全新的标准"[7]。她创造的一些纪录几十年都无人能破。

玛格丽特·威尔逊（Marguerite Wilson）是英国第一位职业女子自行车运动员，绰号"金发女郎"（"Blonde Bombshell"），她在20世纪30年代也遭受了类似的阻力和质疑，其纪录后来被艾琳打破。在骑自行车之前，她尝试过田径运动，想在自己的家乡伯恩茅斯（Bournemouth）建立一家女子体育俱乐部，但她清楚地意识到其他体育俱乐部的男性"憎恶女性参与他们的消遣活动"[8]，就放弃了这个的想法，转向了骑行运动。她知道自己的父母不会赞同她的决定，所以把自制的比赛装备装在包里偷偷地溜出了家门。

玛格丽特很快就赢了数场自行车赛，开始另寻更艰巨的挑战。1937年，她开始自己的首个12小时自行车赛（该赛事由罗斯林女士骑行俱乐部组织）。比赛期间，运动员们拼尽全力在12小内骑行最远的距离。男车手们告诉她，只有"男人才能骑12个小时"[9]，但这个18岁的女孩知道，她能向大家证明，他们的说法是错的。某个周六的下午，她完成了工作，然后去参加比赛，中途在汽车里睡了几个小时。她是最年轻的参赛者，但最终骑了209.25英里。她后面的一位女骑手比她少骑了7英里。

1949年艾琳参加首个12小时自行车赛时，人们也不看好她。比赛那天，她提前赛时40分钟就完成了女子223英里的路程，这让比赛组织方不知所措，只得引导她继续参加男子自行车赛，骑完12小时。她最后骑了237.628英里，比当时的全国女子自行车赛纪录还多了17英里。综合男子队的成绩，她的骑行距离位列全体选手第5。因为当年取得的各项成绩，她在伦敦举行的一次盛大颁奖典礼上被授予"英国最佳全能女运动员"（Women's British Best-All-Rounder）称号。

值得注意的是，拒绝相信其成绩的人"不在少数"，一些人指责艾琳抄了近路，另一些人则暗示她的骑行距离计算有误。她决定，下一年她要打破自己的纪录，或至少保持纪录，让这些质疑者心服口服。

又一次，她提前骑完了女子自行车赛全程，不得不再次进入男子自行车赛程。极端恶劣的天气使她比之前的纪录少骑了 1 英里，但她还是超过后一名女骑手 15 英里。而在男子自行车赛程中，有一半的参赛者因为无法应付各种场地条件而选择退出。那年，她再次获得"英国最佳全能女运动员"的称号，还获得了代表自行车骑行界最高荣誉的比德雷克纪念奖（Bidlake Memorial Prize），这个奖项一年只颁发给一位英国自行车运动员，以表彰其对自行车运动的杰出贡献。这个奖项从 1939 年开始将女赛手纳入评奖范围，当年的获奖者是玛格丽特，就是那位其纪录后来被艾琳打破的前辈。

环英自行车赛

艾琳的骑行成绩是消除质疑的有力证据，也足以说服大力神自行
249 车公司（the Hercules Cycle company）1951 年把艾琳签为自己的职业自行车运动员。该公司希望艾琳能打破 21 个远距离越野骑行纪录——例如从兰兹角*（Land's End）到伦敦，从利物浦到爱丁堡，从伦敦到约克郡——这也是玛格丽特在 20 世纪 30 年代末 40 年代初为大力神自行车公司创下的纪录。这些项目只有一个骑手参与，为了避开车辆，骑手凌晨 2 点出发。骑手的车前灯和大力神自行车公司的汽车大灯照

---

* 兰兹角是位于英国西南部顶端的康沃尔半岛的海角，也被称为英国的天涯海角。——译者注

亮了乡村的道路，后勤车按照规定跟在 100 米之后的地方。艾琳开始刷新玛格丽特已经创下的优异成绩。而其中最艰巨的任务是完成环英自行车赛 872 英里段的骑行挑战，骑手应从康沃尔半岛西南方向最顶端的兰兹角出发，到苏格兰最北边的约翰奥格罗茨村（John O'Groats）结束。

玛格丽特 1939 年 8 月开始参与环英自行车赛的骑行挑战，当时英国正处于与德国开战的边缘。在她之前，只有一个名为莉莲·德雷奇（Lilian Dredge）的女子尝试过这个任务。1938 年，32 岁的莉莲用 3 天 20 小时 54 分完成了这一艰巨的赛程，她也并非没有与来自骑行界的偏见做斗争，许多人怀疑她是否有能力完成这样一个特别需要耐力的挑战。显然，因为外界对她的密切关注，莉莲决定每晚稍做休息，以免看起来过于疲劳。而精力充沛的玛格丽特则决定只在绝对必要时睡一会儿，这样自己的用时就能比莉莲的骑行时间少 17 个小时。玛格丽特抵达约翰奥格罗茨村的旅馆时，用时 2 天 22 小时 52 分，她比莉莲早到 20 多个小时，其间只睡了 3 个小时。挑战赛之后，她说她的问题不是缺少睡眠，而是觉得孤独，因为她是个喜欢跟别人说话的人。尽管如此，洗了个热水澡再吃一顿丰盛的早餐，她又跳上了自行车。她想再骑 130 英里，创下 1000 英里的纪录，就像莉莲之前做的那样。

当她在骑行终点维克（Wick）下车时，已经骑行了惊人的 1000 英里——其中有 11000 米的爬坡——用时 3 天 11 小时 44 分（而莉莲用时 4 天 19 小时 14 分），只有两个男选手的骑行时长比玛格丽特的骑行时长短。她后来说，她觉得自己还有精力再骑 1000 英里。如果不是已经尽力反驳"男人才能骑 12 小时"的错误观点，那么她肯定会骑行第 2 个 1000 英里。但是，她的四周一片漆黑。玛格丽特及其团队不知道的是，就在她打破骑行纪录的途中，英国已经正式宣战了，全英国每晚都实行灯火管制。她无法庆祝自己取得的好成绩，某些坏消息理所当然地破坏了这一切。回到伦敦时，她听到了第一次空袭警报。

在战争初期，玛格丽特一直在创造纪录，但她的行动受阻于战时措施——清除路标、设置临时路障、中断天气预报等，这些对于长途骑行的规划都至关重要，因为长途骑行需要各种有利条件的支持。1941 年，玛格丽特不得不彻底将自行车搁置起来投身战场，她自愿在南安普敦（Southampton）当了一名救护车司机。她告诉一位骑行同行，她"永远都不能原谅希特勒"[10]，因为他终结了她的职业生涯。

1948 年，她和丈夫罗尼（Ronnie）移居加拿大后又再次从事这项运动。但她发现，要加入一个加拿大骑行俱乐部，她必须再次证明自己的实力。在俱乐部的第一次骑行中，男成员尽全力想在最短的时间里甩掉她，这是艾琳最初的遭遇。然而，让加拿大人"震惊的"是，他们根本甩不掉玛格丽特，她能做的远不只"跟上"他们。她开始在业余赛中出现，男骑手们也不再敌视这个风驰电掣的英国女人。当她最终返回故国时，英国的全国自行车运动员联合会（the UK's National Cyclists' Union）拒绝给她颁发业余赛车许可证，因为她之前是作为职业选手参赛的。缺少参赛资格证再加上背部有伤，她作为一名自行车赛手的日子结束了。

随着艾琳开始刷新每个赛程纪录，玛格丽特看到自己的成绩直线下降。1954 年 6 月 9 日，"强力原子"开始挑战玛格丽特参加过的环英自行车赛项目和 1000 英里自行车赛，此前玛格丽特创下的 1000 英里自行车赛的纪录 15 年都不曾被人打破。艾琳已经在康沃尔待了几个星期，她为这次艰巨的长途骑行做了精心的准备。当她骑着三挡齿轮的钢架自行车（像玛格丽特一样）从兰兹角出发时，却发现天气与车队所期望的温暖夏季天气相去甚远。没过多久，艾琳就开始与强逆风及反常的冷雨做斗争。

艾琳到达 120 英里外的埃克塞特（Exeter）时，已经比原计划晚了 30 分钟，要刷新玛格丽特的纪录，她就必须按计划行事。其实她一直不停地踩自行车 12 个小时，脚都没离开过踏板，她补充能量时吃的是绑在车把上一个小罐子里的食物。她第一次停下来进行休整的时间极为短暂，仅仅就是穿了件暖和点的衣服，并给车子装上了夜灯，以便在没有月亮或下雨的夜晚安全骑行。

骑行了 24 小时并完成了 450 多英里路程（包括在湖区的一些艰难爬行路段）后，艾琳遇到了一群在等她出现的记者，他们希望她能做适当休整，并告诉他们她的行程情况。但她只是从他们身边骑了过去。在骑到 470 英里的地方时，她终于不敌寒意，停下车，到身后的大篷车里取暖，换下湿衣服，又喝了用燃气炉煮的热汤。她让自己睡了 15 分钟。难以置信的是，这次小憩让她感觉"神清气爽，棒极了"[11]，接着她准备骑行 800 英里。可即便如此，她的经纪人还是坚持把她背到自行车上，以节省她的体力。

一路上，艾琳顶着强风和暴雨艰难地爬上了苏格兰边境的大山——这是她骑行路上的逆境期，她吃尽了苦头。但她并不打算屈服，最终大雨停了。过了珀斯（Perth，苏格兰金罗斯郡首府城市）之后就是她骑行的第二个晚上，格兰扁山脉*（Grampian Mountains）在夜间若隐若现，看起来神秘又可怕，她穿行其间还随处可见山上裂缝里风吹聚成的雪堆，这里气温骤降。骑到 673 英里处时，艾琳的脚冻僵了，手起了水泡，她被迫进入大篷车里再次短暂逗留以让自己暖和些。经纪人在车把上缠了更多的胶带来保护她受伤的手，而艾琳则在骑进黑

252

---

*格兰扁山脉是苏格兰的主要山脉，该山脉横跨苏格兰中部，隔开了苏格兰高地与低地。 ——译者注

夜之前戴上了第二副手套。

骑完 700 英里，饱受了严寒之苦后，她才稍微松懈，小睡了半个小时。时至骑行的第三天，破晓时分，蓝天和阳光乍现，让她的情绪高昂起来，她继续在苏格兰的群山中艰难跋涉。但这短暂的好天气并没有持续多久；时间流逝，她再次逆风而行，忍耐寒冷和极度的疲劳。坚持前行的艾琳第三天晚上最终到达了目的地约翰奥格罗茨村旅馆，全程用时 2 天 11 小时 7 分。她打破了玛格丽特在这个赛事中的骑行纪录，比她快了 11 小时 45 分。

她洗了个澡，睡了不到 2 小时，又回到了自行车上，准备再骑130 英里，希望为自己 1000 英里的纪录增添更多胜算。最后的冲刺让人觉得难熬，因为长时间缺少睡眠加之身体极度疲惫，她甚至开始产生幻觉。一开始，她不断见到给她指错路的人，然后会在道路两侧的树篱中、暗影里看到包括北极熊在内的各种动物，它们色彩鲜艳、体型巨大，在眼前闪现。没过多久，她又开始闪避前方道路上想象出来的障碍物。骑了 60 英里后，她睡了 1 个小时，因为这样继续下去过于危险，当然，这一点睡眠时间于她而言远远不够，所以当她起来再次出发时，她踩着踏板就睡着了。又骑行 30 英里后她不得不停下再睡 1 个小时以降低撞车（这是极其可能发生的）的概率。她的手太酸痛，连餐具都拿不动，所以经纪人只得用刀叉把食物喂到她嘴里。

她再次上路，当她接近最后 20 英里路程时，太阳又出来了，首次创下 1000 英里纪录的莉莲·德雷奇也到现场为她加油鼓劲，艾琳为之振奋。第二次即将到达约翰奥格罗茨村的旅馆，她踩在踏板上的脚像装了弹簧一样，时速已经达到 18~20 英里。她用 3 天 1 小时的时间回到了旅馆的前门，艰难地超越玛格丽特的 1000 英里自行车赛的骑行纪录，与之相比提前了 10 小时 44 分。当时只有一个男子纪录用时更短。
48 年后艾琳的纪录被琳恩·比达尔夫（Lynne Biddulph）打破，后者用
2 天 16 小时 38 分骑完了相同的路程。

家庭主妇与"硬汉"

骑行文化赞颂那些历经磨难的骑行者。这就是类似于环意和环法的
多赛段自行车比赛赛程极长的原因，普通人很难理解这种比赛的挑战。

因为自行车运动员要克服巨大的痛苦才能获取胜利，所以这项运
动的偶像们被赋予了"硬汉"一般的神圣地位。安迪·汉普斯登
（Andy Hampsten）和伯纳德·西诺（Bernard Hinault）在其他许多选手
被迫弃赛的冰、雪和零下低温等恶劣环境下，仍然坚持不懈，并最终
获胜而被载入史册；自行车骑手福斯托·科皮（Fausto Coppi）在 1951
年的环法自行车赛中身体极度疲惫，精神几近崩溃，当时他被一些人
比作钉死在十字架上的基督；还有路易松·博贝（Louison Bobet）在
20 世纪 50 年代初连续 3 次成为环赛冠军，但他付出的代价是长裤疮，
导致肌肉组织严重损伤，不得不通过手术切除大量坏死的皮肉。

相比之下，一名作家把艾琳描述为一位"精致的女士"。在 1956 年
英国拍摄的一部百代电影短片中，我们可以看到她先给女儿喂饭，然后
把她放回床上，再开始自己的训练。她在车库里骑自行车和举重，电影
里的解说员列出了她的各项惊人纪录，说道："难怪她会赢得那么多场
比赛，她必须赢，这样才能赶回来做家务。"很难想象他们会对路易
松·博贝说出同样的话，他是在艾琳前往约翰奥格罗茨村的 1 个多月后
赢得环法自行车赛冠军的，博贝自视甚高，甚至经常用第三人称来指称
自己——虽然我很怀疑，他不骑车的时候是否真的会做那么多家务。

254

　　这个电影短片不会冒犯艾琳，她为自己是一个妻子和一位母亲而自豪，这种自豪感完全不亚于她对自己在骑行运动中取得成就的自豪感。但在整个职业生涯中，她一直要面对女性应该离开骑行圈这一观念，人们希望女性把这项运动及随之而来的痛苦、折磨和荣耀都让给男性。1953 年的一次自行车赛中，一名观众告诉她，女性参加自行车赛是"错误的"，她应该待在厨房里。然而，在挑战纪录的征途中，她、玛格丽特和莉莲等前辈表现出超常的耐力并忍受各种折磨，幸好她们没有因此动手术。她们完全可以承受痛苦，就像自行车一样，她们也是钢铁锻造的。这些女性不可战胜，她们要工作、养育孩子还要做家务，围绕这种紧凑的日程，她们还要安排自己的训练和比赛，而且这一切并不妨碍她们成功。

　　在艾琳转为职业运动员、放弃自己的工作专心训练之前，她总要仔细地安排自己的日程表，以确定有时间参加训练。这意味着她要早起完成琐碎的家务事（有时甚至要烤个蛋糕），给自己留下足够的时间骑车去办公室，以飞快的速度骑过街道，直接穿过她上班的汽车展厅，再下车坐到办公桌前。晚上她可以自由安排自己的时间，可以随便骑多远。在做洗碗这样的家务时，她会为下次比赛制定骑行战术。

　　1946 年，当艾琳怀上第一个孩子克莱夫（Clive）时，她承认自己有些焦虑，她在回忆录中写道，她担心"这一快乐和渴望的事"可能会"结束我的比赛生涯"。在克莱夫出生后，有个朋友问艾琳，她是否会永远放弃自行车赛。6 个月后，这个朋友得到了她的答案，艾琳回到自行车上，又赢了很多场比赛，母亲的身份并非障碍。医生告诉艾琳，生产之后的一年里不要骑车，但其实 7 个星期后，她就又坐在车座上了。

　　艾琳后来出色的成绩说明，她最了不起的成就还在后面。不久，小婴儿克莱夫就加入了艾琳的骑行训练，他睡在父亲车后的一个小拖车里。等克莱夫再长大点，她就把他放在她自行车的后座上，他的体重给她带来了额外的训练难度，尤其是在上坡的时候。

罗斯林女士骑行俱乐部的帕特·西格也是一个母亲，她不明白为什么儿子托尼（Tony）的出生意味着要结束她的比赛生涯。她告诉我，在怀孕期间，她一直骑自行车直到自己觉得不舒服才停下。托尼出生后，她把他放在一个自行车侧边的拖车里，这样她就可以参加周末俱乐部举行的比赛。在那些日子里，路上车辆不多，所以很多有年幼孩子的俱乐部成员都这么做。

256

"约克郡的家庭主妇"

当艾琳决定退役时——1955 年她保持了由女子公路自行车赛纪录联合会认证的 21 个现存纪录之后——另一位被视为有史以来英国最伟大的运动员以及"硬汉"般的女自行车手也把自己的孩子放在自行车侧边拖车里努力骑行。

1956 年贝丽尔·伯顿（Beryl Burton）生丹尼丝（Denise）的时候只有 19 岁，她将成为一名国际赛车手，并将在这个领域叱咤数十年。丹尼丝从小就和父亲查理（Charlie）一起陪伴贝丽尔参加她的比赛。贝丽尔遇到查理之前，没骑过自行车。他们是在利兹*（Leeds）的一个制衣工厂相遇的，他们都在那里工作，很快开始约会。查理是一位自行车骑行爱好者和业余自行车赛手，他借给贝丽尔一辆车，这样他们就能一起骑行了。

当时几乎没有迹象表明，贝丽尔会骑在自行车上最终闯出一番惊

---

*利兹是英国第三大城市，英格兰西约克郡首府。 ——译者注

人的天地。她小时候参加学校的 11+考试*失利，之后不久得了风湿热病倒在床，并且暂时性瘫痪，亦出现言语不畅的问题，在医院里住了 9 个月后休学调理身体 1 年多，所以 15 岁就辍学了。医生认为病情使她心脏衰弱，所以警告她不要剧烈运动。但当她爱上骑行后，就不多想医生的话了。她找到了自己的兴趣，而且凭着坚定的决心——这是她取得一切成就的核心品质——她有望成功。她开始在比赛中崭露头角，后来把自己令人赞叹的职业生涯描述为对于之前经历的身心创伤的"补偿"。

1957 年，丹尼丝出生后的一年，贝丽尔获得了三个国家级荣誉。两年后她去了比利时的列日市**（Liège）参加场地自行车赛，获得了自己的第一个国际大奖。她的职业生涯极其漫长，成绩斐然，所以无法在此做出完整的总结——她赢得了太多场比赛，我们甚至无法提供关于获胜场数的准确纪录，按照有些说法，她赢得的比赛可能接近1000 场。我们目前所知道的是，她在国际场地赛和公路赛中获得过 7枚金牌以及数十个全国冠军，她连续 25 年夺得英国公路计时赛委员会（the UK Road Time Trials Council）的"英国最佳全能女运动员"（艾琳得过两次）称号。她是首个 1 小时骑行 25 英里、2 小时骑行 50 英里、4 小时骑行 100 英里的女性。她的部分纪录至今仍无人打破。但她一直是以业余选手的身份参赛。她给自己制定训练方案，而且在整个职业生涯中骑行费用完全是自理的。

贝丽尔是自行车运动的一个主力，几十年来很少有人能打败她。比利时的艾迪·莫克斯（Eddy Merkx）是当时欧洲骑行界不可撼动的

＊英国的 11+考试类似于中国的小升初考试，11 指的是学生的年龄。 ——译者注

＊＊列日市是比利时列日省省会，比利时第三大城市。 ——译者注

王者。两人很相似。然而，艾迪表现果敢，被报纸称为"食人者"，贝丽尔却常常是记者们笔下的"约克郡的家庭主妇"。但与前辈们不同，官方对女子骑行纪录的认可至少让她从中受益，1955 年，国际自行车联盟态度终于缓和，宣布将承认女子的世界骑行纪录。那一年，黛西·弗兰克斯（Daisy Franks）在赫恩山奥林匹克自行车馆创下了有史以来"官方认可的"首个女子骑行比赛小时计时赛纪录。官方态度的转变主要归功于艾琳·格雷（Eileen Gray）——英国前场地赛自行车运动员，女子自行车赛车手缺少参赛机会、无法获得奖牌和荣誉的现状让她沮丧，所以她成立了女子自行车赛协会（Women's Cycle Racing Association），还呼吁国际社会认可自行车比赛中的女性参与者。她听到了很多反对意见，尤其是来自荷兰的反对意见，这个国家甚至到 20 世纪 50 年代还认为女性不应该参加自行车赛。

艾琳·格雷终于使她的许多对手看到了女性参加自行车赛的意义，1958 年国际自行车联盟在法国举办了首届世界女子公路自行车锦标赛（Women's Road World Championship）——在举办首届世界男子公路自行车锦标赛的 65 年之后——由卢森堡的艾尔西·雅各布斯（Elsy Jacobs）夺冠。但卢森堡人还是没有参与该赛事。艾尔西也许已经获得了世界冠军，也保持了一个 14 年来无人能破的新的小时计时赛纪录，但她无法在自己国家赢得全国冠军，因为当时卢森堡的女性是没有参赛资格的。第二年，卢森堡意识到自己国家有真正的运动天才，1959 年艾尔西终于在自己不断增加的荣誉中，添加了一个卢森堡全国自行车赛冠军。

艾琳·格雷选择代表英国参加首届世界女子公路自行车锦标赛的选手是艾琳·克罗珀（Eileen Cropper）。几十年后，她跟一位记者说，赛事中女队的待遇和男队的待遇天差地别，女队预算有限，自己需要支付大部分的设备费用。尽管艾琳·格雷已到了八十几岁的高龄，但她仍然为这种不平等待遇感到义愤填膺，用"廉价客栈"的字眼来描述女队员的住所，当时三人住一间。她回忆道，在第一名过线之后，裁判用猜的方式来决定骑手们过线的顺序。而且，报道男赛和女赛的报纸版面也有很大的差别，艾琳说："如果男选手们做了点什么，报纸就铺天盖地地报道，而没人关注女选手。"[12]

对女性闯入男性主导的领域的抵制还在继续。艾琳·格雷在协助女子车队参加国内和国际比赛时，就反复见证了这个问题。有一次，她陪一支英国女子自行车队在莱比锡比赛时，男子骑行车队的一名成员偷走了她们所有的备用内胎和轮胎（这是她们自己出钱买的装备），目的就是让她们在比赛中失利。但这一招没起作用，女子骑行队获胜了，带着金、银、铜牌回国了。还有一次，英国著名自行车运动员雷格·哈里斯（Reg Harris）禁止女运动员与他在同一个赛道上骑行。这无疑惹怒了艾琳，她后来说："如果我们能从他那里获得即便一点点帮助都好。可惜我们永远也得不到。"[13]

歧视只会使艾琳·格雷和她的车队"更有决心赢得比赛"[14]。她后来在担任英国自行车联合会（the British Cycling Federation）主席时，还在持续推动男女自行车手获得平等机会，1984年，她将女子骑行纳入奥运会的不懈努力终于有了结果。

贝丽尔的女儿丹尼丝知道，她母亲不会让任何东西阻止她成功。现在许多人认为贝丽尔是有史以来最伟大的自行车手之一。像艾琳·谢里登一样，贝丽尔让自行车融入自己的工作和家庭生活，每天在约克郡的一个种植大黄的农场完成繁重的日常工作后，晚上还要增加骑行的运动量。在工作中，她需要"搬运、抬举、弯腰和挖掘等，无论天气如何，整天都是如此"[15]，所以她的身体总是酸痛不已。每晚她撂

下农具，就会骑上自行车，在她老板诺尔曼·"尼姆"·卡莱恩 260
（Norman "Nim" Carline）的严密监督下一周骑行 500 英里，她在计时
赛方面是个令人望而生畏的对手。

尽管贝丽尔的丈夫查理也热爱骑行，但他并不想让她留在家里洗
碗而自己出去骑行——当然，贝丽尔没有训练或收割大黄的时候也会
设法挤出时间做家务。当贝丽尔几乎在自己参加的每场比赛中夺冠时，
查理就放弃了自己的比赛全力支持她。他鼓励她从事这项运动，也是
他意识到她有潜力成为骑行界真正的传奇式的人物。贝丽尔的女儿一
直说，如果没有查理的支持，贝丽尔不可能赢得那么多场比赛。查理
既当贝丽尔的机械师，又当她的司机（当他们买了汽车，就不再骑几
百英里参加比赛了），她做长时训练期间，他负责照顾丹尼丝。在 40
年的比赛中，他是她的靠山，伴她享受胜利的喜悦并熬过流年不利。
艾琳·谢里登的丈夫肯（Ken）同样也支持艾琳，在她安置克莱夫上
床睡觉时，肯会帮她把自行车准备好让她出去骑一会儿。他鼓励她在
生完两个孩子后重新骑行，还帮她制订了一套训练方案。

身为妻子的女骑手从女子自行车赛的冠军到超越男骑手，引起了
不小的骚动。"家庭主妇们"不仅进入了男性主导的自行车赛的世界，
还声称要打败男骑手。1945 年，在一次 50 英里的计时赛中，艾琳超过
了所有比她先出发的女选手，又开始追赶男子方阵，男队中最后那名
选手早女选手 10 分钟出发，这让她经历了历史性的一刻。没人会料到
这群女选手会追上来，但是艾琳体能很强，她很轻松就超过了这 10 分
钟的车程。当她从旁靠近骑行在女子方阵前面的第一个男选手时，她 261
知道他的自尊心会受到打击，就带着同情的口气对他说，"戈利
（Golly），这难道很难吗？"[16]，然后就加速骑到前面去了。而在一次计
时赛中，一个男选手乞求艾琳·克罗珀不要超到他前面去，她则没那

么同情他，说道："我要超过你！"[17]

贝丽尔是一名出色的自行车运动员，她已经习惯经常刷新男子骑行时间和里程的纪录。1967 年，贝丽尔参加了在约克郡举办的一个 12 小时自行车计时赛。与艾琳参加的 50 英里自行车赛一样，女选手与男选手按照相同路线骑行，但与他们交错开一段距离。贝丽尔很快就超过了现场所有的女选手，开始赶上并超过男选手。那时，12 小时自行车计时赛的男子骑行纪录与女子骑行纪录之间的差距为 21 英里。许多人预料贝丽尔能比其他女选手骑出更多的英里数，但谁都没有料到这位"约克郡的家庭主妇"能缩小男女自行车赛的差距并且威胁到男子自行车赛的纪录。

骑了 100 英里后，贝丽尔只落后最受欢迎的男运动员麦克·麦克纳马拉（Mike McNamara）2 分半钟。再骑 100 英里，她已经比麦克快了几秒钟。骑行 250 英里后，她已经连续骑行超过 11 个小时，太阳慢慢落下，她超过了所有 98 名参赛男选手，看到麦克就在前方。令人意外的是，她已经缩小了那 21 英里的男子自行车赛纪录与女子自行车赛纪录的差距，并即将打破男子自行车赛纪录。即使习惯于超越男性的贝丽尔，也为那一刻的伟大所震撼，她在自传中写道："我觉得浑身僵硬，就好像一个开关被按下去一样，那股让自己的双腿快骑的冲动突然消失了。鸡皮疙瘩起了一身，有几秒钟，我只是盯着他起伏的肩膀和被汗水打湿的运动衫看。骑了这么久，我几乎无法接受眼前的景象：我居然追上了英国最厉害的自行车手——麦克纳马拉。"

262　她很快恢复了状态，迅速赶上了他，这成为骑行史上最具传奇色彩的时刻：她把车停在麦克纳马拉旁边（这个男人正在创造男子自行车赛新纪录，却不知道他马上就会被贝丽尔打败），递了一个甘草什锦糖给他。麦克纳马拉接了过来，向她道谢，而她又往前骑，继续她的破纪录之旅。

即便如此，她还是觉得很矛盾："我就在那里，遥遥领先，99 个男选手在我后面，不知道是该得意还是该难过。麦克纳马拉非常出色，但他本应得到的荣耀，将因为一个女人的出现而蒙上阴影。"这对于贝丽尔来说不同寻常；在其他比赛中，她不会因为超过男选手而有任何疑虑。一位同赛者回忆说，她飞速超过他时大声喊道："嘿，小伙子，你没用力啊！"

撇开麦克纳马拉受损的自尊心不谈，当她完成赛事时，有太多需要庆祝的事情。她在 12 小时内骑了 277.5 英里，超过现有女子自行车手纪录 40 英里。她比上一次男子自行车 12 小时骑行里程纪录多骑了 5 英里。麦克纳马拉也以 276.52 公里的成绩创造了一个新纪录，但他还是无法超越贝丽尔。正是出于这个原因，贝丽尔第三次被授予比德雷克纪念奖，该奖此前从未授予同一个自行车运动员两次以上。一位男车手花了两年时间才打破她的纪录。50 年后，才有女车手超过该纪录——且不说这期间的技术进步与发展——2017 年，艾丽斯·莱思布里奇（Alice Lethbridge）的 12 小时计时自行车赛骑行纪录达到了 285.65 英里。

麦克纳马拉似乎从未真正地从被一个女人打败的震惊中完全恢复过来，因为他始终拒绝谈论那天发生的事。另外，贝丽尔获得了次年在法国戛纳参加万国大奖赛（Grand Prix des Nations）的机会，这个久负盛名的计时赛已经举办 72 年了，这是第一次也是唯一一次允许女性参赛。要参加这个比赛，她就得先于男选手出发，而且她的骑行时间是非官方的。但她的成绩远远超出了人们的预期，她要在自行车场内完成最后几圈，可当她到达赛场时，场馆内还在进行另一场比赛——没有人料到她会这么快返回。大奖赛的冠军是绰号"凤凰"的菲利

263

斯·吉蒙蒂（Felice Gimondi），但贝丽尔只比他慢了 12 分钟，落后于最后一名男选手 1 分钟，这些人全是装备精良的职业自行车运动员。

20 世纪 80 年代初她还在持续创造纪录，并于 1983 年获得了其连续第 25 个也是最后一个"英国最佳全能女运动员"称号。不幸的是，1996 年她在骑车外出送自己 59 岁生日请柬时突然去世，这似乎也契合她的一生。本来接下来的那个周末她还计划参加一个 10 英里的全国自行车计时赛。很多人认为，这几十年来她的心脏负荷太重，最终停止了跳动。

她丰硕的成绩在骑行界独一无二，引人瞩目，有力回击了那些认为女骑手不可能获得这么高成就的人。只可惜当时女性不能参加奥运会，我们永远也无法知道她是否能取得更高成绩。如果她能从后来自行车和训练两方面的技术进步中受益，我猜测她的成绩会更加惊人。

现在更多的女性有机会参加更为艰难的体育赛事。证据摆在我们眼前，在把贝丽尔参加的 12 小时自行车计时赛或艾琳和玛格丽特的环英自行车赛这种艰巨赛事算在内的世界超级耐力赛项目中，男女性别之间的差距不断缩小，女性会经常击败男性，就像贝丽尔那几十年间做到的一样。2016 年，阿拉斯坎·莱尔·威尔科克斯（Alaskan Lael Wilcox）是第一个完成 4200 英里泛美自行车赛的选手，经太平洋至大西洋海岸横穿美国。2015 年，她才刚在洛基山山地自行车赛中刷新一项女子自行车赛纪录，沿着从加拿大到墨西哥边境洛基山脉 2745 英里的路线骑行。

2019 年，德国的菲奥娜·科尔宾格（Fiona Kolbinger）成为历史上首位夺得洲际自行车赛冠军的女性，她用 10 天 2 小时 48 分钟从保加利亚骑到法国，艰难地完成了 2485 英里的赛程。她跨过终点线 6 个多小时后，下个选手才到达终点。在同年的超级耐力赛跑项目中，英国的贾思明·帕丽斯（Jasmin Paris）赢得了 268 英里的越野赛（Montane Spine Race）冠军。她打破了当时的 12 小时纪录，在 83 个小时的赛程中只睡了 7 个小时。此外，她还设法抽出时间为宝宝挤奶。①

"堕落"女朋克

贝丽尔给女骑手们开辟了新天地，20 世纪 80 年代中期她从国际比赛中退下来时，女子自行车赛正进入一个新时代，尽管要达到与男子自行车赛同等的地位还需要很长时间，女性在经历了漫长的等待后终于还是获得了证明自己实力的机会。她们越有能力证明自己在竞赛中拥有一席之地，批评者们就越强烈地要求她们做家务。任何有疑虑、需要更多证据了解真相的人，看看 20 世纪 70 年代和 80 年代初美国西海岸地区出现的一个场景就够了，在那里有一群骑自行车的女性卖力地飞蹬着踏板，把"精致女士"这个概念抛诸脑后。

265

山地自行车（MTB）的起源备受争议，但人们普遍认为 20 世纪 60 年代末及 70 年代，住在马林县（Marin County）的一群喜欢骑自行车的嬉皮士在发明一种新型自行车和主张骑车风格上起到了重要作用。这里有许多公路赛自行车手，他们发现从事自行车运动的人都过于循规蹈矩。究其原因，马林县与旧金山的反文化运动中心——海特-阿什伯里区（Haight-Ash bury district）只有一桥之隔，这个地区充斥着迷幻剂，还有热闹的"爱之夏"（the summer of love，1967 年嬉皮士在旧金

① 值得我们注意的是，有些人仍在质疑女性的运动能力。2019 年奥观调查网（YouGov）的一次民意调查显示，1/8 的男性说，他们能打败塞雷娜·威廉姆斯（Serena Williams，塞雷娜·威廉姆斯是美国职业网球明星威廉姆斯姐妹中的妹妹，通常称为小威廉姆斯），虽然塞雷娜是当今世界最伟大的网球运动员之一。

山和伦敦举行的摇滚音乐会）。

　　为了发泄情绪，这群人从废车场捡来了老式的充气轮胎自行车，绕着塔玛佩斯山（Mount Tamalpais）的煤渣路骑行。这些车在20世纪30~40年代是警察用于巡逻的工具。琼·克劳馥曾经宣传过的重型自行车（20公斤以上）由于其重量结构，被证明是适合越野骑行的更牢固型。这些经过改装的自行车被称为"老爷车"。很快，狂热的骑行爱好者们开始打造适合自己风格的自行车，这样就可以在坑坑洼洼的地面上快速地骑车下坡。

　　它一开始本是一派相互协作且反消费主义的景象，因为自行车的零件都是从废车场中捡回来的，带着纯粹的DIY（意为"自己动手做"）理念；但发展到后面，它成为20世纪80年代中期的主流现象时，初期的创始人靠着它发了一笔横财。山地自行车的出现引发骑行运动的一场革命，现在山地自行车是自行车产业的一个重要组成部分，很难想象曾经有一段时间人们都不愿冒险在柏油碎石路面骑行。而那些有此冒险冲动的人发现没有专门的自行车适用于这种路面。它是一种全新的前沿事物，一个让人肾上腺素飙升的东西，它令人兴奋，能让人更接近自然，远离汽车和城市，但它也可能导致骑行者严重摔伤甚至危及生命。

　　山地自行车降速赛骑手在陡峭的、技术性的赛道（如非滑雪季的滑雪道）上高速下降，这种赛道布满了岩石、车辙、树根和其他障碍物。降速赛迅猛激烈，5分钟就结束了。后来被称为"改装赛"（Repack Race）的降速赛在1976~1984年偶尔举行，第一次比赛是在塔玛佩斯山上一段长约2英里、近乎垂直的防火林道上举行的。如果你去看早期比赛照片，很难在一排冲下小道的男人中找出一个女人，他们都穿着牛仔裤和工作靴。有些参加降速赛的人例如加里·费希尔

（Gary Fisher）出名了，他的名字在全世界都是山地自行车的代名词。无可置疑，山地自行车运动仍然是一项危险的运动，但那时，自行车还远没有演变成今天你能买到的这类车，我们当前使用的自行车除了具有重量更轻的优点，还带有悬挂和盘式刹车，这种自行车让骑行者更加安全。

人们没注意到这些照片很多是女性拍摄的。当温德·克拉格（Wende Cragg）不拍照的时候，就加入男性的队伍，在塔玛佩斯山的小道上沿着改装车路线下降。

从起源来看，山地自行车运动一直以硬朗的风格著称，是一项典型的"男性"运动。它属于进取型运动，运动环境并不理想，有时候骑手甚至会发生危险——这都是传统观念中女性应该避开的东西。事实上，即使今天，也有越来越多的男性参与其中。但是在过去的几十年里，一直有女性影响、定义、发展这项运动。她们推动了骑行观念的改变，把女性骑行重塑为快速、无畏的运动，而不再是"像女孩一样骑行"。

20 世纪 70 年代中期，温德开始骑这种宽厚轮胎的时候，她有一段时间是热衷于探索小道骑行的人群里唯一的女性。她现在仍然住在费尔法克斯（Fairfax）山脚下的一个小镇，我通过电子邮件跟她探讨成为骑行新运动一分子的感觉。她给我描述了跟她一起骑行的那个小群体，包括现在已是其前夫的拉里（Larry）和几个本地的男性友人及邻居，说他们更像一个"部落"，感觉自己在"孤独地探索一个刚刚打开的新世界"。她喜欢"不受人关注"，可以做自己的事情。

然而，她也承认自己不喜欢骑山地自行车。1975 年 8 月，她带着一个 25 公斤的"巨兽"上了山顶，这是她首次尝试骑山地自行车，但是她后来发誓永远都不骑这种车了。那天天气很热，空中满是灰尘，

267

上山的时候因为车子太重，所以她要用力推行，而且发现下山的路要么狭窄，要么就是单行道，十分吓人。与其他一起骑行的人不同，她那时还不是个自行车运动员，所以她没有优势。但是后来她发现骑行能让她觉得自己与家门口的美丽风景紧密联系在一起，她重新骑行。随着她能更熟练地应付具有挑战性的地形，对自己笨重的自行车也更为熟悉，她变得更有冒险精神，开始享受"发现（自我和环境）的过程"。骑行成了她必须要做的事情。她说："骑行完美地满足了我追求快乐和冒险的内心需求。自由和欣喜的感觉让人陶醉又上瘾，不久，我就发现自己每天都需要这个'上瘾药'。"

　　一开始，比赛像一场场"无忧无虑的冒险"，但随着赛事变得越来越激烈——参赛者能活着到达终点便感到如释重负。在最初的 18 个月里，温德是唯一一个在塔玛佩斯山上骑行、比赛的女性。但这一点也没妨碍她，她说自己作为唯一的参赛女性像个"独行侠"。小时候，她总比妹妹们更喜欢参与哥哥们玩的游戏，也习惯当个"假小子"。这可以解释为什么她从不大惊小怪或者害怕困难，而允许自己沉溺于"此刻"，多思考。在她看来，自行车是一种"调节器"，能"改变性别及文化的限制"。

　　温德说，骑行不一定就是比谁骑得快。有几天，他们这群人会放松自己，欣赏沿途风景，带着狗在河边野餐，一路采摘浆果和蘑菇。她并不害怕比赛——在那个"蜿蜒曲折又毫不留情的"400 米降速改装赛中，她仍然保持着女子组的最短时间纪录，冲过了坑坑洼洼的车辙和孔洞，绕过大石头，通过急转弯，还越过了无数个障碍物。因为这些障碍物。选手们不断摔跤，有的还跌了大跟头。

　　温德骑自行车到过更远的地方，1978 年她和塔玛佩斯山团队的另外 5 名队员一起去了科罗拉多，在那里她成为参加珍珠隘巡回赛

（Pearl Pass Tour）的第一个女性。如今，这个已大名鼎鼎的赛事仍在举办，38 英里的赛程累人至极，选手们两天之内要从克雷斯特德比特（Crested Butte）骑到阿斯彭（Aspen），中途还要沿一条给骡子通行的老路通过 3872 米长的珍珠隘口，这条路两侧加装了安全防护装置，曾用于从矿井运出矿石。发起这个巡回赛的科罗拉多骑行队（the Colorado Group）一度想要退出，把赛事留给加利福尼亚人及其更高级的自行车，但当他们知道温德也准备参加这个赛事时，他们的大男子主义不允许自己让步。

温德将攀登隘口更多地描述为崇尚"坚持与耐力"而非速度的行为，在许多路段骑手要背着或推着自行车前进，通过多个结冰的溪流。第 2 天，自行车在满是石头且狭窄的坡上俯冲进入阿斯彭并且将"剧烈地晃动"，这对于车手将是"坚忍品质的真正考验"。这个赛事自此作为该运动诞生的一个关键赛事而举足轻重。珍珠隘口巡回赛一直是一项需要专心以待的赛事，不是为胆小怯懦之人准备的；人们可以想象，在 1978 年条件尚不成熟之际，它需要参赛骑手有巨大的毅力。

269

20 世纪 80 年代出现了山地自行车热，比赛变得愈加严肃并不断得到规范，大公司纷纷进驻赛事资助骑手，温德承认她并不想参与其中。但作为这项运动的开拓者，她感到无比自豪，"尤其是作为一名女性，站在了山地自行车运动蓬勃发展的前沿，而这项运动最终席卷世界，永远改变了骑行行业的面貌"。她拍摄的照片现存于马林骑行博物馆（Marin Museum of Bicycling），是一份重要的档案，展示了山地自行车运动的诞生以及她在其中独一无二的地位。她告诉我，每当她看到有女孩"跨坐在一辆山地自行车上"时，自己都会感到无比欣喜。这项运动在许多方面发生了变化，尤其是自行车和多项山地自行车运动的变化——包括越野赛、耐力赛、自由骑行和其他各种骑行活动——而且与以前相比，有越来越多的女性躬身骑上了车，在单向道上飞驰。

20 世纪 80 年代和 90 年代自行车比赛逐渐职业化，参与其中的女选手都取得了令人赞叹的成绩，这一切又鼓舞着今天赛场上的女选手。那些早期和温德一起骑自行车的女性及其后跟随的一些人在这个完全以男性为主的运动中留下了不可磨灭的印记。丹尼丝·卡拉马格诺（Denise Caramagno）是在比赛初期为数不多的、与温德打过交道的自行车女运动员之一，她曾用《宽轮》（Fat-tire）这个词命名她合作创刊的杂志，它是第一本有关山地自行车运动的杂志，可以说是她提出了现在这个人尽皆知的概念。再说杰奎·费伦（Jacquie Phelan），她的奇装异服让她在起跑线上脱颖而出，她穿着波尔卡圆点紧身衣，头盔顶上粘着一只橡皮鸭。20 世纪 80 年代初她从公路赛转向山地自行车赛便一举夺得冠军。从 1983 年开始，杰奎连续 3 年夺得全国冠军，当时并没有单独的男子赛和女子赛，因为女选手不多。朱莉·弗塔多（Juli Furtado）也值得一提，她短暂却杰出的职业生涯（不幸的是，她被诊断出红斑狼疮而不得不放弃骑行）始于 1990 年国际自行车联盟举办的世界山地自行车锦标赛，她在越野赛中拔得头筹，1996 年代表美国参加奥运会。在退役时，她保持了一项吉尼斯世界纪录，是山地自行车赛中获得第一名最多的人（不分男女），她获得的冠军数在当时超过了成绩最优的男选手和仅次于她的女选手的冠军数目总和。

"炮弹"

20 世纪 90 年代的一位降速赛选手在赛事中脱颖而出，不仅因为她娴熟的技巧和在比赛中的支配能力，还因为她不受约束的坏脾气。她的气质跟摇滚明星的气质很接近。米西·吉奥夫（Missy Giove）绝不是个"精致的女士",她像一颗"炮弹",有朋克摇滚乐明星的气质,"要么家喻户晓,要么默默无闻"在她身上展露无遗。在她所获的数不清的大奖中,有 11 个山地自行车降速赛世界杯奖章,这让她的身体在比赛中受尽了折磨。她是个技术高超的骑手,但在世界最复杂、最需要技巧的降速赛道上以每小时 60 英里的速度猛冲下来,难免会摔伤。

一位记者曾这样描述米西的比赛风格,说她"像一颗核弹一样,沿着赛道一路往下,到处爆炸"[18]。这在一定程度上可以解释她为何骨折次数特别多——估计有 38 次,膝盖、脚后跟、肋骨、锁骨和骨盆都曾受伤。她经历了多次脑震荡,而在 2001 年世界山地自行车锦标赛的某次可怕事故中,她还出现了脑出血。这份医疗记录令人深思,当然没有什么值得庆祝,尤其是脑出血的后遗症在很大程度上让她 2003 年做出了退出降速赛的决定,但这份医疗记录体现了她无畏与投入的运动品质。

"我不害怕死亡,如果我怕死,就没有现在的我。"米西曾跟一位记者说,"我喜欢飞翔的感觉。你会觉得除了那一刻,你什么都不怕,这是一种非常自由的感觉。"[19]她的人生哲学就是活在当下:"你只活一次。你最好狂欢一场。"[20]十多年里,几乎没有什么能阻止她回到自行车上,有时即使她才骨折没多久。我们总能在起跑线上看到她的身影,她的头发多变,有时扎成脏辫,有时是漂成白发的平头,有时被染成两种颜色以搭配车身的颜色。她身上穿了很多孔,到处是文身,这让她十分受欢迎,经常上新闻头条,常上头条的还有她挂在项链上的宠物(一条名叫贡佐的水虎鱼)干尸和她每次比赛前都会撒在其胸衣上的宠物狗(名为拉菲安)的骨灰。她是一名个性突出的杰出运动员,受邀参加乔恩·斯图尔特(Jon Stewart)和柯南·奥布莱恩(Conan

O'Brien）等人的电视台脱口秀节目，还受邀担任音乐电视的嘉宾主持——这样的节目通常不会把时间花在小众运动项目的明星身上。在比赛中，十几岁的男孩们成群结队地排队等她的签名。①

272　米西在纽约长大，十几岁时，第一次因为骑自行车送中餐赚到了钱。她总是觉得这个城市让人窒息，渴望去大山。终于，她跳上自行车骑到了佛蒙特州——她祖父母居住的地方。就是在那里，她开始从事高山滑雪运动，并在 1990 年赢得了全国青年锦标赛冠军，还为自己赚到了大学的奖学金。米西刚开始滑雪时，因为付不起上山缆车的费用，她只好徒步爬到雪坡山顶再滑下来，足可见她的勇气。

　　在非滑雪季的训练中，她发现了山地自行车运动，马上就爱上了这项运动。同年，她把帐篷打好包，然后从佛蒙特搭便车去了科罗拉多，参加国际自行车联盟举办的首次世界山地自行车锦标赛，也就是朱莉·弗塔多获得女子越野赛的赛事。她拿到了参赛证，第一次参加降速赛就被朱莉所在的雪人队（Yeti）经理约翰·帕克（John Parker）发现，帕克意识到这个大胆又特立独行的骑手会是给他们增加夺冠机会的人，就立即递了一件队服给她。

　　米西的专业排名稳步提升，比赛中她表现出色，所以观众总是精神振奋、欢欣鼓舞。1999 年在莱斯盖兹（Les Gets）举办的山地自行车世界杯赛（MTB World Cup）上，一位评论员这样总结米西和她的职业生涯："这个骑手风格狂野，她可能是今天女子组里最大胆的一位。她一直放浪不羁，但她一直位列前三。"

　　加入雪人队后，截至 2001 年，她在骑行运动的世界锦标赛和世界

────────────

　　① 如果你在互联网的搜索引擎里输入"米西·吉奥夫"的名字，首先出现的会是她 2009 年走私大量大麻而被逮捕的新闻。如果不提这件事会很奇怪，因为这件事让体育界的许多人震惊。我不打算就她的行为做出评判。这里主要谈的是米西对于女子山地自行车运动的重要贡献，我认为，这些不会被她后来所做的事抹杀。

杯上夺冠。在那段时间里，她转而加入了精英云集的沃尔沃-坎农代尔队（Volvo-Cannondale），该车队在这项运动和骑手身上投入了大量资金。米西为锐步（Reebok）拍摄了广告，摄影师是安妮·莱博维茨（Annie Leibovitz）。她还出现在一款电脑游戏中。报道自行车赛事的媒体满眼全是她，满版专栏写的都是她与最厉害的法国山地自行车和越野赛车手安妮-卡洛琳·肖松（Anne-Caroline Chausson）之间有可能出现的激烈竞争。

虽然男子自行车赛仍是媒体关注的焦点，但米西还是成功地吸引了它们的目光，而且她不需要做出任何妥协。她曾告诉一位记者，她认为骑手不必穿得像个芭比娃娃也可以当人们的榜样，这是件"很酷的事"。此外，她从不羞于公开自己的性取向。

许多运动员不愿意透露性取向，担心这会让自己失去收入丰厚的赞助协议，还担心会受人责难。根据一些报道，这种情况最典型的就是男子足球运动了。1990 年，英国的贾斯汀·法沙努（Justin Fashanu）就受到了责难，所以人们普遍认为这是他 8 年后自杀的主要原因。从那时起，英格兰足球超级联赛（the UK's Premier League）中就再也没有职业球员公开自己与大部分人不同的性取向。但今天的女子足球运动情况完全不同，梅根·拉皮诺埃（Megan Rapinoe）及其他约 40 名足球运动员及教练在 2019 年的世界杯女子足球赛上，公开她们的性取向。

一直以来体育运动向我们展示的就是精力充沛、喜欢异性的男子汉形象（硬汉形象），所以要让人们接受很酷的女骑手还得费一番周折。另外，在专业的运动领域，因为职业女运动员缺少人们认可的女性气质，所以她们的性取向曾受到质疑。谢天谢地，这种观念现在已经过时了。在电影《卡梅伦的错误教育》（*The Miseducation*

273

274 of Cameron Post）中，十几岁的女主角被送到一个基督教皈依营地接受"治疗"，管事的人得出的结论是，她对女孩的吸引力源自她热爱跑步。

有跟大多数人不同性取向的女运动员会受到敌视，其收入也可能受影响。网球明星玛蒂娜·纳芙拉蒂洛娃（Martina Navratilova）估计，她 20 世纪 80 年代损失了 1000 万美元的广告代言费。相比之下，2019 年瑞典女足运动员玛格达琳娜·埃里克森（Magdalena Eriksson）庆祝瑞典队进入世界杯 1/4 决赛时，亲吻丹麦足球运动员佩妮莱·哈尔德（Pernille Harde）的照片流传到世界各地，却广受祝福。这一幕并不意味着这个问题已经消失，而是表明人们对女性性取向和运动的偏见有可能最终消失。

就像许多运动一样，人们想到骑行时，脑海总浮现一个精力充沛的直男硬汉形象，虽然这个理想形象早已过时。参加过骑行运动最高级赛事的前职业自行车运动员菲利帕·约克（Philippa York），认为"人们会把所有他们认为与众不同的人挑出来取笑，或把他们归成危险的一类人"[21]。她不隐晦自己的行为，希望人们对这个运动的看法能有所改变，打破围绕在性别和性取向周围的壁垒。

早在 20 世纪 90 年代，体育界很少有人愿意公开自己的性取向。米西认为："呈现真实的自己十分重要，因为这能给其他人带来力量。"[22] 许多人认为，山地自行车运动还是个比较新的运动，它更为开放和进步，这也可以解释为什么米西的性取向在这个运动领域不那么受人关注，而如果她身处更传统的运动领域，可能会被人诟病。

这个要求速度的运动险象环生却又让人激动不已，米西在其中迅速成长起来。在这个属于男性的运动领域里，她始终相信自己能像他

们一样厉害。这种信念融入她的血液，2015 年，她 43 岁，退役已经 12
年了，却又在温德姆（Windham）举办的国际自行车联盟自行车世界
杯赛道上亮相。她的伴侣被诊断出癌症，想看到她参赛，所以米西重
新回到赛场。虽然她已经 10 年没有骑过车了，但那天得了第 16 名。
她没指望自己能赢得比赛，只是跟记者说希望她的出现能鼓舞其他人。
这个女人从不允许任何东西拖她的后腿，也不准备让年龄左右自己，
她的建议是发自内心的。

　　美国超耐力运动员丽贝卡·鲁西（Rebecca Rusch）认同米西的观
点，她是 38 岁才开始参加山地自行车赛的。从那时起，她就一直在国
家及世界自行车越野锦标赛和 24 小时山地自行车赛中夺冠，因此获得
了"痛苦女王"（"Queen of Pain"）的绰号。与此同时，米西之前的
老对手安妮-卡洛琳·肖松已经四十多岁了，她战胜了卵巢癌之后重返
自行车赛场。

自行车之重

　　许多参与山地自行车运动的人认为，与公路自行车运动等传统项
目相比，这项运动具有包容性，欢迎众人参与，不那么狭隘地"排斥
女性"和墨守成规。但无法回避的事实是，在西方社会，参与该运动
的女性远远少于男性，有黑人、亚裔及其他少数族裔（BAME）背景
的人就更少了。我们很难获得性别差异方面的数据，但 2016 年美国一
家山地自行车杂志估计，其女性读者比例约为 15%，所以该杂志算出，
赛道上的女选手的人数只有男选手人数的 1/5；然而，在跑步这项运动
中，男女比例是相当的——2015 年，在跑步比赛所有完赛者中，有
57% 是女性。

山地自行车前职业车手萨布拉·戴维森（Sabra Davison）和她的姐姐莱亚（Lea，奥运会级别的车手）在 21 世纪初开始从事这项运动时，常常是团体里仅有的两名女性。很明显，站在各种赛事的起跑线上的女性就更少了。当我给住在佛蒙特州的萨布拉打电话时，她告诉我，她们都感受到了周围男骑手的极大鼓励与支持。她承认，她的经历并不是每个人都有的："当你只是一个独立的个体时，会发现很难融入自行车骑行运动团体。"

因此，她和莱亚创建了一个非营利性山地自行车指导团体"小贝拉斯"（Little Bellas），为 7~16 岁的女孩提供辅导，让她们一起学习和骑山地自行车，以培养"群体意识和情谊"，她们希望借此鼓励更多的女孩参与这项运动。该团体的联合创始人安吉拉·欧文（Angela Irvine）40 岁才学会骑山地自行车，沿着山道骑行时她一直努力跟上男性友人的速度，所以她非常清楚，更利于女性的活动空间将有助于增强骑行者的多样性。萨布拉告诉我，她们的目标是让这项运动更平易近人，创造一个让女孩"倍感安全且被邀请参与的"空间，因为"山地自行车可能本身就不是一个人人皆可参与的运动"。

她们的团体在全国都有分部，办得非常成功，甚至在一些地方报名参与的人排到了 4 年之后。无论成员的家庭收入如何，该组织都提供奖学金，确保每个人能有参与这项运动的机会，还承担每个女孩的报名费，让她们将支出控制在最低限度。"小贝拉斯"只是美国和欧洲各国众多团体中的一个，它为女性、黑人、亚裔及其他少数族裔等自行车手提供支持空间，让这项运动变得更加多元、更为开放。创立这个团体的想法可以追溯到 20 世纪 80 年代，当时杰奎·费伦创建了她大名鼎鼎的"女子山地自行车及茶协会"（the Women's Mountain Bike And Tea Society，WOMBATS），这个协会举办了一系列营地活动，鼓励女性参与这个当时以白人且以男性为主的运动。

比赛时被人赶超的感觉艾妮莎·拉马尔（Anissa Lamare）再了解不过了。23岁的艾妮莎，或她朋友口中的苏里（Suri），来自印度东北部城市西隆（Shillong）。这个城市所在地区的山峰高达2000米，还有茂密的热带低地森林，是越野骑行的理想之所。

艾妮莎所在的部族传统上实行母系传承制，家庭的继承权会传给女性后代——如今这在印度及其他任何地方都是极为罕见的。然而尽管这个地区以女性为中心，在它举办的山地自行车赛中却没有女性的项目。印度其他地区的比赛也是如此。这就意味着，第一次参加山地自行车降速赛时才17岁的艾妮莎必须进入男子组比赛，先参加男子青年赛，再参加男子精英赛。40年前，温德也是如此，当时她是唯一一名在塔玛佩斯山参加男子山地车改装赛的女性。

就像当时的加州一样，这项运动在今天的印度基本上还处于初级阶段，其基础设施和参与度远远落后于欧美国家。单就自行车的花费就足以让很多人望而却步。艾妮莎认为她可能是印度唯一一个参加山地自行车降速赛的女性，因为她至今还没有在自己参加过的赛事中遇到任何其他女赛手。在印度，没有像"小贝拉斯"这样的团体能让更多的女性站到起跑线上，所以艾妮莎作为先锋站了出来，希望让别人跟随她。她通过电子邮件告诉我，当她第一次报名参加比赛时——骑了她拥有的唯一一辆极限单车——对这项运动简直一无所知。她甚至连头盔都没有。但当她体验了冲下山那种难以抗拒的快感，她就对就这项运动上瘾了，而且设法挤进了前十。

赛后，艾妮莎立即开始存钱买合适的山地自行车。最近的商店距离她家有3小时的路程。因为她不想空手而归，所以最终买了个超大型自行车回家。她的身高不足5英尺，而且她的国家几乎没有女性山

278

地自行车运动的市场，所以要找到一辆合适的车永远都是个挑战。她买的自行车车架尺寸太大，所以在比赛中她会借用朋友的车，后来她又攒钱买了一辆为她这种身高设计的（二手）车。她钟爱地给自己的新车取名为"缪斯"。

她并没有因为自己是唯一一个骑行和参赛的女孩而对这项运动失去兴趣，反而一开始就喜欢这种独一无二的感觉。但没过多久她的新奇感就消失了，她开始渴望与同性别的人骑车和比赛。因为她不能以女性的身份合理竞争，所以这种缺憾让她觉得在这项运动中自己没有前途。当她为攻读政治学硕士学位搬到 3000 公里以南的班加罗尔（Bangalore）后，就被迫完全放弃了比赛，因为离她最近的山地自行车运动赛道也在 50 公里之外。她说，这个决定"对我的打击很大"。她无法用骑行来纾解身心压力，感到"生活马上要变得空虚"。她曾短暂地考虑过退学，但知道这是不可能的，因为她还要赚钱养家。

后来，她告诉家人，毕业后她会再抽时间专注于山地自行车赛。她渴望骑在自行车上，并且为比赛而训练，她对我说，"这个念头永远不会消失"。艾妮莎希望她能去欧洲，检验自己对阵其他女选手的技能。也许到那时，她就不再是印度唯一一个在下山道上横冲直撞的女性。正如温德曾经是美国山地自行车运动的先锋，艾妮莎这个孤独的先行者也肯定不会独行太久。也许有一天，她或者那些紧随其车辙印的人会为下一代骑行女孩组建印度版的"小贝拉斯"，而那些女孩将永远不会体会没有女子组比赛的感觉。

第十二章　你现在能看到我们吗？

来自埃塞俄比亚国家女子自行车队的艾如·特斯佛·格布拉（Eyeru Tesfoam Gebru，最右边）在卢旺达基加利参加 2018 年非洲大陆锦标赛的女子精英公路赛。

想要一件黄领骑行衫*

在法国西南部奥德省利穆（Limoux）镇向南朝向比利牛斯山脉的一段紧急停车道上，一群妇女正从货车上拖出自行车。此刻是 2019 年 7 月 20 日上午 7 点 30 分，在数周的酷热之后，正下着小雨，空气中弥漫着一丝寒意。次日这条路上将站满观众，他们将目睹 2019 年环法自行车赛的参赛者们由此出发，开启其第 15 赛段的比赛。2019 年该赛段全长 185 公里，总爬升高度超过 4500 米，终点设在普拉特阿尔比斯山（Prat d'Albis）山顶。

比赛当天，女骑手们的骑行路线跟男骑手们的骑行路线一样。她们已经完成了此前的全部 14 个赛段，每个赛段都是在男子比赛的前一天完成的，并将继续如此，直至巴黎香榭丽舍大街的最后几公里处。没有宣传大篷车开在她们面前来带动观众情绪，也没有车队提前清理街道并从各个角度拍摄她们，终点的新闻发布会也与她们无关。这不是女子环法自行车赛，因为根本没有这一赛事。这些女骑手要骑行 3479.3 公里并完成 52000 米的爬坡（这在环法自行车赛历史上是最多山的赛程），以抗议世界上最受欢迎的体育赛事之一不允许女性参赛。

这些人中，有一支由 13 名法国骑手组成的队伍，名为"Donnons des Elles au Vélo J-I"（大意为"把自行车给女性"），她们在过去 5 年中一直骑行出现在环法自行车赛的每个赛段。2019 年，又有 10 位国际骑手加入了她们的行列，这个国际骑手团队名为 InternationElles**。我们鼓励公众在每个赛段加入这个队伍，但今天只有我紧跟在她们身后，向群山进发。

282

＊在环法自行车赛中，黄领骑行衫被称为冠军衫。——译者注

＊＊该组织由来自全球各地的 10 名女骑手和 4 名工作人员组成，致力于争取平等和促进女子自行车运动。——译者注

起初我们沿奥得河的一条快速路前进，然后我们骑上缓坡，经过森林和古老的普伊维特城堡。随着我们向前骑行，不断有骑手从后面加入这一队伍，村民们听说我们这些妇女在骑环法赛的赛段时也为我们欢呼。我与上述国际骑手团队一起紧跟其后，她们以前没人参加过如此连续高强度的赛事。有几名骑手是热衷于体育的严肃运动员，曾参加过铁人三项等高难度挑战。然而，环法自行车赛更具挑战性。它被视作最严酷的耐力赛之一，虽然跟赛的女骑手们并未参加角逐，但跟赛的行为对于她们来说仍然是个极其严峻的挑战。在这个队伍中，许多女队员为了跟赛不得不暂停工作并且休假，有些人还有孩子，如皮帕11个月前刚生下儿子，她从澳大利亚的家中飞往欧洲的前几周才停止母乳喂养。

上一个赛段也是艰苦的山地，111公里长，以海拔2215米高的图尔马莱山（Col de Tourmalet）为终点，这是环法自行车赛中的一个标志性爬坡；而后女骑手们必须前往下一赛段的起点，并为另一个漫长的一天准备好自行车和装备。这群人最多只能睡5个小时。前一个赛段的衣服正挂在 InternationElles 后援大篷车车后晾着。可以说，在正式环法自行车赛的主车群中，没有骑手在离开鞍座的时候还需要担心赛车的车况是否正常或者骑行短裤是否干净。他们不仅有后勤团队，享用多台洗衣机和有舒适床铺的豪华巴士，还有营养师、厨师，以及随队按摩师帮他们放松过度疲劳的肌肉。而女骑手们除了4名基本的后勤保障人员外，无法享受类似的服务。由于没有奖金，她们还要自费跟赛。

当我们开始攀登今天的第一座山——蒙塞古尔（Montségur）时，我很难相信这群人已经坚持15天了，因为我看到她们中大多数人在向着山顶的卡萨尔城堡（Cathar castle）奋力前进。我和另外几个人在后面踩着赛车，在骑行了一段很长的山路之后，新鲜劲已过，我们可能

283

想为当天剩下的漫长时间保存点体力。当我们艰难地爬上 14.7 公里的坡道时，那些在路边停驻露营车、搭帐篷的人大声鼓励我们，他们热衷于在这座标志性的山上找个不错的位置来观看第二天的正式比赛。这帮助我继续前进，也令我得以从另一个视角体验环法自行车赛。

InternationElles 中有个成员名叫卡门（Carmen），她的父母从荷兰赶来支持她，他们出现在山顶附近，鼓励她继续往前骑行。我们在山顶重聚了，在晴朗的天空下吃着香蕉和能量棒，然后精神振奋地从另一侧下山。这时，我离开了这支队伍，往起点骑去。我稍微松了一口气，因为自己不必再去挑战余下的那 3 个让人痛苦不堪的陡坡，其中一个坡道被称为"城墙"（the Wall）。

她们应对得很好，在余下的 6 天里，这两组人完成了环法自行车赛路线规划者留给男骑手次日去完成的所有任务。她们也许未曾料到尼姆的气温会飙升到 46 摄氏度，天气太热了，她们不得不去洗车场凉快凉快。或者说，她们最终骑行的距离比男子骑行的总距离更长，因为在热浪过后的次日，阿尔卑斯山的一场极端冰雹带来了冰雪天气，再加上接下来在第 19 赛段发生了泥石流，男子比赛不得不中途取消。当她们沿着那条标志性的巴黎街道驶向终点时，愈发证明了如果一群业余骑手应付得来，那么毫无疑问，职业女骑手的能力会更强。

她们并非第一批抗议将女性排除在这场比赛之外的人。据传闻，1908 年一位名叫玛丽·马文特（Marie Marvingt）的法国妇女试图参赛，但遭到拒绝，之后她在正式比赛开始前骑完了整个赛程。似乎并无任何确凿的证据来证明这件事，但我对于玛丽有能力做到这一点深信不疑。我无法在此一一详述她的令人难以置信的体育成就以及其他成绩，其中包括游完塞纳河、在冬季奥运会上得奖、创下女性飞行纪录、在第一次世界大战中伪装成男子执行轰炸任务并在第二次世界大战中成为秘密抵抗组织中的一员。总之，她是历史上被授予勋章最多的法国女性之一，并且出版了自传。玛丽还在 88 岁时骑自行车从南锡（Nancy）来到巴黎，行程为 350 公里。这一切都表明在 1908 年她完全有能力迎接挑战。

不管上述传闻是真实的还是虚构的，它都强调了几乎自该赛事出现以来，女性便一直在大声疾呼：将女性排除在这场赛事之外是不公平的。但这远非女子自行车运动中唯一的不平等现象。事实上，这项运动还有很多不平等现象，如男女骑手的酬劳存在巨大差距、女性的参赛机会更少且获得的奖金更少、媒体忽视女骑手、宣传形式往往千篇一律等。女性职业自行车赛现在终于朝更好的方向发展，这部分归功于无数鼓舞人心的活动家——包括许多职业自行车运动员——这些人在呼吁将这项运动做到更好。她们正在彻底改变妮科尔·库克所说的情况，即"由男性主导的、为男性举办的运动"[1]，并且正在推动这项运动的变革。

285

"骑行对女性来说太难了"

自行车运动中规模最大且最受关注的赛事是环法自行车赛，而女性在该赛事中缺席，相关历史很复杂。1984 年，环法自行车赛的主办方阿莫里体育协会（Amaury Sport Organisation，ASO）组织了环法自行车赛女子组比赛（Tour de France Féminine）。这场有 18 个赛段的比赛无比接近男子组比赛。即使国际自行车联盟允许女子环法自行车赛的最大总赛程也不超过 1000 公里，而男子环法自行车赛的最大总赛程为 4000 公里。女骑手在男骑手之前比赛，每天提前约 2 小时结束比赛，就在那群准备观看男骑手驶过的观众面前比赛。就在这一年，女子自行车赛终于进入了奥运会，虽然这只是其中一项赛事，但这是一个重要的转折点。美国自行车运动员康尼·卡彭特-菲尼（Connie Carpenter-Phinney，当时只叫卡彭特），在首届奥运会女子公路自行车赛上赢得了金牌，她觉得"前景大好"[2]。然而，最初围绕环法自行车赛女子组比赛的乐观情绪开始消退，因为媒体非常关注男子组比赛。许多人仍然怀疑女性是否应该参加该赛事，尤其是前环法自行车赛冠军雅克·安奎狄（Jacques Anquetil）。他在一份报纸上撰文，尽管他"绝不反对女性开展运动"[3]，但他认为"骑行对女性来说太难了。她们生来便不适合这项运动。我更喜欢看女人穿白色短裙，而非赛车短裤"。劳伦特·费格农（Laurent Fignon）是 1983 年环法自行车赛的冠军，他同样对女子参加该赛事不感兴趣。他说："我喜欢女人，但我更愿意看到她们去做点别的事。"[4]

两年后，环法自行车赛女子组比赛的赛时减至两周；又过了 3 年，ASO 退出了。女子分赛段比赛一直持续到 2009 年，在这期间该赛事更名为 Grande Boucle Féminine Internationale，因为在 ASO 看来，任何使用"环法赛"（Tour）一词的做法都侵犯了其商标权。该赛事还面临其他问题：长期缺少赞助，骑手无报酬，组织者陷入严重的债务。截至 2009 年环法自行车赛女子组比赛最后一次举办时，该赛事只剩下 4 个赛段了。

Grande Boucle Féminine Internationale 已结束，但是在 2014 年，La Course 重启，它是由 ASO 再次组织的一个新的女子自行车比赛。人们对女子自行车赛姗姗来迟的反思完全归功于职业自行车手玛丽安·沃斯（Marianne Vos）、埃玛·普利（Emma Pooley）、凯瑟琳·伯汀（Kathryn Bertine）和铁人三项运动员克里斯西·惠灵顿（Chrissie Wellington）的宣传。该赛事的第五届比赛就在我加入 InternationElles

第 15 赛段的前一天举行，由玛丽安夺冠。

那么，既然有女子自行车赛，为什么这 23 名女性还在抗议？因为男子自行车赛为期 21 天，而且男骑手有机会争夺 200 万英镑的奖金；而女子自行车赛的赛事只有一天，总奖金仅为 19000 英镑。因此，媒体对它的报道远远不及大型男子自行车赛。当玛丽安取得令人振奋的胜利后前去参加新闻发布会时，她看到的是一个满是空椅子的房间，其中散坐着零星几个记者。有一位记者在推特上写道："令人尴尬的是，这项运动有史以来最伟大的骑手之一就这样被人忽略了。"马克·卡文迪什（Mark Cavendish）是男子职业自行车运动员中的佼佼者，他也一直对这项运动中的不平等现象发表意见。他在推特上写道："这真的让我对自己在这项运动中所处的位置感到悲哀和尴尬。"

有时，人们会觉得环法自行车赛轻浮的领奖台女郎——那些亲吻赛段获胜者的脸同时向其递上花束的女性——比 La Course 的女骑手们更引人注目。2013 年，职业骑手彼得·萨根（Peter Sagan）在环佛兰德斯赛（Tour of Flanders）中获得了第二名后，观众在电视直播中发现他对领奖台女郎玛雅·莱耶（Maja Leye）上下其手，这引起了媒体和网友的愤怒，随后该车手迅速公开道歉，这极度说明了人们是如何看待这些女性的。这一不合时宜的传统长期以来一直因其固有的性别歧视而被诟病。2018 年，面对强烈的反对和请愿之声，环法自行车赛的组织者提议结束这一传统。与此同时，飞镖联盟和世界一级方程式锦标赛也放弃了有争议的举牌女郎、陪赛女郎。但 ASO 不仅决定不跟进，反而变本加厉，宣布它还是会继续这一传统。

环法自行车赛并非唯一重要的赛事，还有其他机会令女性得以参加与男性赛事更为相当的公路多日分段赛。我相信，如果阿方西娜·斯特拉达知道在她首次参加大环赛 64 年后环意自行车赛终于推出了女子自行车赛，必定会十分开心。该赛事最初被称为 Giro Donne，现在名为 Giro d'Italia Internazionale Femminile，或 Giro Rosa。它有 10 个赛段，是目前赛程最长的女子公路自行车赛（虽然它曾有 16 个赛段），而且曾有几年是唯一的多赛段女子自行车赛，或被称为 "Grand Depart"。然而，阿方西娜可能疑惑为何其参赛者有望获得的奖金只占男子自行车赛奖金的一小部分。2018 年，总冠军安妮米克·范·弗勒滕（Annemiek van Vleuten）获得了 1130 欧元，而后她不得不与自己的队友分享奖金；但男子自行车赛的冠军则获得了 115668 欧元。同年，克里斯·弗鲁姆（Chris Froome）参加比赛获得了 120 万英镑的奖金。

　　虽然令人难以置信，但这比以前的局面已经好很多了。2014 年，玛丽安·沃斯成为总冠军但只获得 535 欧元的奖金，而相比之下奈罗·金塔纳（Nairo Quintana）的奖金为 20 万欧元。比起许多体育项目，通常女子自行车赛的奖金比较少。在世界大满贯赛事中，女子网球运动员获得的奖金与男子网球运动员相同，这要归功于前职业运动员兼活动家比利·简·金（Billie Jean King）所做的宣传工作。在马拉松赛、田径运动和游泳比赛中，男选手和女选手的奖金差不多。在足球这项最受人欢迎的运动中，男女选手的报酬则存在巨大的性别差距，比如 2019 年英格兰女子足球超级联赛的球员平均收入是英格兰足球超级联赛中男性收入的 2%。这令美国女子足球队在连续赢得第二届国际足联世界杯后请求与男球员同酬。美国男子足球队从未进入过半决赛，但只要他们进入半决赛，就将获得比女球员更多的奖金，每人约 55 万美元，而每位女球员的奖金则为 9 万美元。虽然这很不公平，但女子足球队选手比参加女子环意自行车赛的骑手有望获取的奖金要多得多。

　　在众多其他比赛中，也出现了类似的情况。在 2019 年的环佛兰德斯自行车赛中，男子自行车赛的冠军获得了 20000 欧元奖金。但第一个冲过终点线的女性玛尔塔·巴斯蒂亚内利（Marta Bastianelli）仅得到了 1265 欧元奖金，而女子自行车赛赛程只比男子自行车赛赛程短了不到 70 英里，并不能证明 18000 多欧元的差异是合理的。自 1984 年至今，环法自行车赛似乎没什么进步。当时来自美国的玛丽安娜·马丁（Marianne Martin）赢得了第一届环法自行车赛的女子组比赛冠军，她只得到了 800 多英镑奖金，而男子组比赛冠军劳伦特·费格农则得到了近 8 万英镑奖金。玛丽安娜后来说，参加比赛令她身无分文，但是她从未后悔。

在女子职业自行车赛中，由于缺乏奖金，工资不高，甚至没有工资，许多女骑手在比赛和训练之余还要做其他工作谋生。在 2011 年和 2012 年女子环意自行车赛中都获得总成绩第 2 名的奥运奖牌得主埃玛·普利告诉记者，她在菲律宾参加的铁人三项比赛中获得第 3 名的奖金远高于她从事骑行运动所获得的奖金，这很能说明问题。在退役前，美国人玛拉·阿博特（Mara Abbott）曾两次赢得比赛，与文森佐·尼巴里（Vincenzo Nibali）赢得男子赛事的次数一样多，但当文森佐已赚取了数百万美元时，玛拉说自己的生活才刚刚脱离贫困线。她还是一名奥运会选手，但在她的赛车生涯中，她不得不在骑行运动之外再挣钱养活自己。环意自行车赛冠军和奥运会金牌得主妮科尔·库克声称，在 2012 年奥运会前的三个月里，车队甚至连工资都没有发给她。

289

若无人观赛，女骑手还有报酬吗？

艾丽斯·斯拉芃德（Iris Slappendel）是位已退役的荷兰自行车竞技运动员，她非常了解职业自行车运动中女性所面临的问题——在她的职业生涯中，有 6 年没有拿到工资。2017 年，她决定了解一下性别薪酬差距到底有多大，便调查了约 200 名女子公路自行车运动员的收入和工作条件。她发现，1/3 的受访者年薪不足 5000 英镑，大多数人不得不再从事一份工作才能生存下去。超过一半的受访者在拿到工资后，不得不将部分工资返还给团队，用以支付车队的基本开支。

就像艾琳·格雷及其之前的其他活动家一样，艾丽斯意识到没有人会代表她们为女性自行车运动的改变而奋斗。男子自行车联盟的一位代表非但不理解这一事业，还问她："你真的认为女性能成为职业骑手吗？"[5] 所以艾丽斯决定自己行动起来。于是，自行车手联盟（The Cyclists Alliance）成立了，这是一个为职业女骑手的骑行运动争取各种平等待遇的组织，其模式与比莉·金于 1973 年成立的国际女子职业网联（Women's Tennis Association）类似，旨在增加女性运动员的权利。

艾丽斯告诉我说，根据她的经验，"女性骑行运动仍然是许多利益相关者最不愿提及的话题"。在 2019 年，骑行运动的管理机构 UCI 共计 18 名成员的管理委员会中只有 2 名女性，这足以说明问题。埃玛·普利对这项运动中女性的不平等问题一直敢于直言。她曾说，她认为自己被业界视为"某种古怪的、激进的女权主义者"[6]，因此"在某些地方相当不受欢迎"。

艾丽斯一直在努力为其成员争取权利。到目前为止，她已经争取到一项协议，即到 2020 年，参加女子（精英组）公路赛（被称为女子公路自行车世界巡回赛，WWT）的车队必须向其车手支付最低 15000 欧元的工资，然后到 2023 年该工资将上升到 30000 欧元，与男子洲际自行车队选手的工资相当，此外，参加该比赛的女选手还有其他基本福利，如养老金。

令她感到沮丧的是，她和其他人被迫"成为活动家以获得平等待遇"，而且长期以来，人们只是期望她们"将就点，别抱怨"，就因为我们是女人。她认为，有碍解决公路自行车运动中不平等现象的最大问题之一是，有太多的钱花在了大型男子自行车赛上。你只需看看大型比赛的高额奖金，以及国际自行车联盟男子公路自行车世界巡回赛的平均奖金。男子公路自行车世界巡回赛车队的平均预算约为1500万英镑，而女子公路自行车世界巡回赛车队的平均预算约为15万英镑。艾丽斯认为，由于媒体广泛关注男子自行车赛，对男子自行车赛事的全球电视转播量很大，这带来了赞助商以及大量资金。

女子自行车赛知名度较低，这阻碍了女性骑行运动的发展。女子自行车赛事很少被电视转播。环意自行车赛是目前赛程最长的女子自行车赛事，虽然在 2019 年该比赛结束后网上播放了比赛的精彩片段，但在意大利以外的地方人们很难看到这些比赛片段，即便环意自行车赛与环法自行车赛同时举行。全世界的媒体和自行车爱好者几乎都在关注环法自行车赛，该赛事是在全球范围进行直播的。在 2016 年接受《卫报》（*The Guardian*）采访时，玛拉·阿博特说"没人知道你在做什么，你去荒郊野外参加比赛，却一个人影都没看到"，"这令人沮丧"。她得出结论，即"金钱往往代表着重要性"。这是一个恶性循环，因为报道比赛的媒体少就意味着赞助商不愿意为比赛提供赞助，所以比赛主办方更没钱组织人们想要看的比赛。公路自行车赛不同于足球等体育场馆运动，由于无法向粉丝出售昂贵的门票，因此它完全依赖他人赞助以及媒体版权的出售。

环法自行车赛是世界曝光率最高的比赛，因此它是最有钱的自行车赛事。这场比赛也暴露了这项运动中男运动员和女运动员在资源、资金和关注度方面的巨大差距。埃玛·普利说，这种不平等状态使她们看起来并且感觉到自己是"将就的"。康尼·卡彭特-菲尼认为，自

20 世纪 80 年代以来，在许多方面女子自行车赛已经"倒退"[7]，"如今，女骑手为了被人看到，付出了如此多的努力"。

　　艾丽斯认为，观众是有的，但并未获得观看比赛的机会。这一点在 2016 年里约奥运会得到了佐证，因为其中的女子公路自行车赛是法国收视率第五高的赛事。再看看 2019 年国际足联女子世界杯赛那令人难以置信的观众人数——全世界有超过 10 亿观众收看，授予广播公司的媒体版权许可比以往任何时期都多。很少有人不知道梅根·拉皮诺（Megan Rapinoe）。这场比赛是一个分水岭，促使国际足联承诺在 2023 年将该比赛从 24 支球队扩大到 32 支。

公路之外

　　在女性骑行运动的世界里，并不全是不平等现象。在某些项目中，情况要好得多，即使性别薪酬差距尚未完全消除。在山地自行车比赛中，女性现在有机会参加大量精英赛，在同一赛道，用同样的时间，获得与男性相同的奖金。女子自行车赛事也同样受欢迎：2018 年，红牛电视平台上女子世界锦标赛的观众从前一年的 9.9 万人跃升至 23.3 万人，与男子赛事持平。经营 Little Bellas 的萨布拉·戴维森告诉我，女子山地车越野赛往往比男子山地车越野赛更吸引观众。她认为这部分源于女子自行车赛更具娱乐性和不可预测性。

　　1990 年，有人错将男子自行车赛第 6 名奖金的信封递给了杰奎·菲兰（Jacquie Phelan），此后该运动取得了飞跃。因为那个信封中含一张 500 美元的支票，本来给她的支票只有 45 美元。2013 年，当萨布拉参加美国职业山地自行车越野赛时，她震惊地发现，女性奖金只有男性奖金的 65%。她及其姐妹利亚找到赞助商，后者的反应是增加资助，增加到女性的奖金高于男性的奖金为止。这些人觉得这对当时的不平等现象是有力说明。萨布拉告诉我，当奖金更高时，要做到平等就更难了。男子公路自行车精英赛就是一个典型的例子，像克里斯·弗鲁姆这样的顶级车手年收入高达 300 万英镑。她认为，有这样的明星人物参赛，就会令"比赛变得更加激动人心、更让人从政治的角度来解读赛事"，而且更不易改变其性质。

293

泥泞与平等

20 世纪初在法国和比利时兴起的公路自行车越野赛是另一个现在已经几乎全面实现男女平等的运动。该比赛赛程短（1.5~2 英里），赛时最多 1 个小时，赛道泥泞迂回，其中包括各种地形——人行道、林间小道、草地、陡峭的山丘，甚至有的障碍需要骑手扛着自行车跨越。负责积极推动变化的女性是海伦·怀曼（Helen Wyman）——2006 ~ 2015 年的英国国家赛冠军，也是女性骑行运动的开拓者。

在法国西南部朗格多克（Languedoc）的一个美丽村庄里，我见到了海伦、她的狗狗阿隆索以及正在她手下受训的两名年轻越野女骑手，她在那里生活和训练。那是一个炎热的六月天，我从当时暂居的村庄翻山越岭骑行了 25 英里。我猜想，当她看到我穿着骑行服满头大汗地前来采访她，应该不会视而不见。我猜对了。

2012 年，海伦获邀加入国际自行车联盟公路越野赛委员会，并以此为契机，彻底改变这项运动中他人对女性看法。这个过程是"极其艰难的"，她必须为自己所做的改变而奋斗。她实现的第一个重大改变是将国际自行车联盟女子赛事从清晨时段移到了男子自行车赛事之前，因为早上很少有人来观看比赛。这样做可以使那些从未出现在女子骑行比赛现场的记者也来观赛，并对女骑手们进行报道。

比利时著名的 DVV 系列公路越野赛事的组织者们努力展示其带头作用，承诺将其所有的女子自行车赛事在电视上直播。他们立获成功：观众人数迅速增加，现在女子自行车赛事的收视率达到了男子自行车赛事收视率的 93%。海伦告诉我，在她参加的比赛被电视转播后，她在比利时逛超市时会被人认出来，这表明这项运动已经有了很大进步，当时的女子自行车赛是在"墓地时段"* 播放的，几乎没人看。她认为，观众"并不关心自己在看男子自行车赛还是女子自行车赛，他们只想看一场精彩的比赛"，而且"大部分女子自行车赛比男子自行车赛更有意思"。

海伦令国际自行车联盟承诺做出了另一重大改变（"针对女性而非男性"）：截至 2021 年，女子比赛时长为 50 分钟，每场比赛奖金一致。这作为 UCI 2022 议程的一部分，在 2021～2022 年赛季 Telenet UCI 世界杯的各系列赛事中已然生效。男性只比女性多骑 10 分钟，这很难证明他们应该得到五倍于女性的奖金。海伦认为，参加自行车赛的女性常常被人们"期望是为热爱而骑行的"，而不是为了经济回报。她说，虽然热爱这项运动是至关重要的，但"骑手们也需要生活"。目前，一场世界杯越野赛的奖金是环意自行车赛冠军及其团队共享奖金的 6 倍。UCI 女子自行车赛事的奖金与从前相比可观得多，车手们的福利也改善颇多。

和萨布拉一样，海伦认为，该变化完全归结于这项运动的经济价值。她说："只要某项运动表现出经济价值，那么赞助商就会突然感兴趣。"DVV 现有一个赞助商，专为女子自行车赛而来，投入的资金超

---

*墓地时段（Graveyard Slot）指午夜至清晨电视节目收视率最低的时段。 ——译者注

出了比赛运营的成本。她认为这是支持女性参与这项运动的关键因素。

在海伦担任国际自行车联盟公路越野赛委员会委员后，女子自行车越野赛处于有利地位，现在有更多女性加入这项运动。但她意识到，16~23 岁的年轻女性比任何其他群体都更有可能离开骑行运动赛场，因此在她离开委员会之前，她令国际自行车联盟承诺在所有国内和国际锦标赛中加入一个青年女子组（14~16 岁），就像数十年来所设置的青年男子组那样。

尽管海伦于 2018 年宣布退休，但仍然致力于支持那些崭露头角的女骑手。她最近用众筹的方式为 100 名 23 岁以下的女性支付了参加全英自行车越野锦标赛的费用。她还在 2018 年组织了首个青少年女子自行车赛，即"海伦 100 奖杯"（Helen100 Trophy），其奖金与青少年男子自行车赛的奖金相当。

海伦参加过大量女子公路自行车赛，但对这些赛事的变革速度感到不太乐观。她认为公路自行车赛在很大程度上是一个"老男孩的俱乐部"，由于大量资金涌入男子公路自行车赛，她认为几乎不可能改变组织环法自行车赛的阿莫里体育协会等机构的想法。海伦曾参加过 La Course，觉得它的规模比较小。莉齐·戴格南（Lizzie Deignan）是一名职业骑手，曾多次参加该活动，也有类似感觉，她告诉我："我们在那里不过是象征性地做个样子。这与其说是赞美，不如说是侮辱。"

海伦认为，与其试图强迫 ASO 做"道德上正确的事情"，不如全心与那些已实实在在地致力于实现运动平等的组织者合作更有意义——尽管 ASO 最近宣布计划在该组织内发展女子自行车运动。她在 2014 年参加了英国首届 Ovo 能源女子自行车巡回赛（Ovo Energy Women's Tour），该赛事现在为期 6 天，是世界上最负盛名的女子公路自行车赛之一。自 2018 年以来，该赛事颁发的奖金与其男子自行车

296 赛——环英自行车赛相同。她认为这与 La Course 的区别异常明显，并认为这要归功于该赛事组织者"从一开始就把它打造成一个成功的赛事"。女子自行车巡回赛主办方与当地学校密切合作，将女性骑行课程纳入那些五花八门的学习课程（从数学到艺术，不一而足），以此向学生展示女性参加自行车赛很正常。这与 InternationElles 在法国一所学校停留时，学生们向该组织成员展示其为环法自行车赛制作的作品——当然，这些作品只涉及男骑手——形成了鲜明的对比。

还有其他一些比赛在奖金方面实现了男女平等而为人所关注，这表明它们为参与骑行运动的女性投资。科罗拉多自行车经典赛（Colorado Classic）在 2019 年完全取消了男子自行车赛，并提高了女子自行车四赛段赛事的奖金（从 30000 美元提高到 75000 美元——比男子自行车赛的奖金多了 5000 美元）。该赛事还有免费的电视媒体直播，并配备了女性评论员。同年，据称还有一个新的女子自行车赛，即"北方之战"（The Battle of North），该赛事与 Giro Rosa 赛相当。这一具有十赛段的比赛将于 2021 年 8 月启动，车手们将在丹麦、瑞典和挪威进行比赛，可能会比其意大利竞争对手 Giro Rosa 所提供的奖金高得多。但这场比赛并未按计划于 2021 年举办。它现在被称为环斯堪的纳维亚自行车赛（Tour of Scandinavia），因为乌克兰发生了战争，现在该赛事只有 6 个赛段而不是 10 个赛段。

随着其他赛事开始纷纷给女车手提供更好的参赛机会，环法自行车赛目前只开展为期一天的女子自行车赛事又有何妨？尤其是许多职业女骑手并不希望公路自行车赛变得像环法自行车赛那样漫长且艰苦。像 InternationElles 中的活动家们并不想去复制一个赛程过长且艰苦的比

297 赛，她们希望能够做些事情来缩小女骑手和男骑手之间的差距。环法自行车赛是世界上最受关注的体育赛事之一。它无疑是最受欢迎的自

行车赛事,也是大多数观众每年唯一观看的自行车赛。观众有可能改变女性不适合这一赛事的印象。我们有足够证据证明这个印象是错误的,但如果你是一个年轻女孩,正在电视上观看比赛,又将如何知道它是错的呢?

在我骑行第 15 赛段的那天,有消息称国际自行车联盟已经与环法自行车赛的组织者进行了会谈,承诺将举办一场女子自行车赛。ASO 的一位发言人后来说,尽管已宣传多年,但似乎它才刚刚想出了这一方案,"女骑手需要这样一场赛事——它对她们而言就像环法自行车赛对于男性一样,我们需要为此找到一个解决方案"[8]。

世界杯足球赛取得的惊人成功可能有助于说服 ASO,女性运动是有利可图的。我想,多年来一直有人在试图唤起 ASO 对女性骑行的兴趣,那些人所施加的压力对这种转变也有所帮助。

自行车宝贝消失了

莉齐·戴格南还是约克郡的一名女学生时,第一次想到自己有可能从事骑行运动。那是 2004 年,英国骑行协会的奥运人才团队来试训学生,他们认为莉齐有天赋。莉齐证明他们的判断是正确的。她在 2012 年奥运会公路自行车赛中赢得了银牌,并在 2015 年获得了世界骑行比赛冠军,四次获得全英自行车越野赛冠军。她在场地自行车赛和公路自行车赛方面取得了一长串的战绩。

在莉齐为 2019 年国际自行车联盟公路越野世锦赛训练的休息之余,我与她通了电话,这次比赛在英国本土举行,赛程经过她的家乡奥特利(Otley)。与她 2015 年夺冠那次相比,这次比赛的准备工作已经完全不同。差不多一年前,她生下了第一个孩子——奥拉。莉齐和

298

意大利人玛塔·巴斯蒂安妮（Marta Bastianelli）可能是选手中仅有的妈妈骑手，但是男子自行车赛的众多骑手已为人父。在女子自行车赛中，只有少数职业骑手当了母亲后还在参赛。

自行车手联盟的艾丽斯·斯拉艾德认为，这主要是女骑手出于经济考量做出的选择。除了成功地为顶级车队骑手争取更高的报酬外，她还为参加自行车世界巡回赛的骑手争取到 8 个月的带薪产假条款，这样的条款在许多工作合同中是标准福利，但在女子自行车赛事中却没有。既要比赛又要抚养孩子无疑是一大挑战。艾丽斯回忆说，她一年中有 180 天不在家；如果她有了孩子的话，这便不可能了，除非有人负责照看孩子。随着新产假条款的出台，她希望有孩子的女骑手不用在事业和孩子之间二选一。

莉齐告诉我，在她成长过程中曾认为生育将意味着自己职业生涯的终结。由于职业运动员中很少有拖儿带女的女性，人们往往认为实际情况便是这样。然而，奥拉出生后 7 个月，她参加了阿姆斯特尔黄金赛（Amstel Gold Race）。两个月后，她成为 Ovo 能源女子自行车巡回赛的总冠军。她希望其他骑手看到她重返赛场后，不再"认为怀孕意味着职业生涯的结束"。莉齐可能是从克里斯廷·阿姆斯特朗（Kristin Armstrong）那里受到类似的鼓舞，后者在产后两年，即 2012 年的奥运会上赢得了个人计时赛的金牌。39 岁的克里斯廷在当时是赢得该赛事的最年长骑手。当她在 2016 年里约奥运会上再次做到这一点时，她创造了历史，成为奥运奖牌得主中最年长的女自行车运动员，也是首位在同一项目中赢得三枚金牌的骑手。

新研究表明，怀孕使身体最接近人类耐力的最大极限，因此，产后女性可以重返运动场，比以往更为强壮。当莉齐赢得 2019 年 Ovo 能源女子自行车巡回赛冠军时，她的情绪非常激动，她曾怀疑重返赛场是否是正确决定，而这个比赛结果感觉就像是"有力的验证"。产后的几个月里，她要同时应付一个小婴儿、睡眠不足的情况和再次开展骑车训练——她把这种经历描述为"压倒性的"和"困难的"经历——她向劳拉·肯尼（Laura Kenny）和莎拉·斯托里（Sarah Storey）这样的骑手看齐，她们在生完孩子后成功地继续自行车运动生涯。如果她们能做到，那么她也能做到。

她们对她这样的优秀运动员如何管理孕期时间提出建议，因为她发现这一领域尚属未知，没有什么信息可以借鉴。莉齐承认这"不适合每个女人"，但她认为需要适用于"每个女人的知识"，以便她们意识到在怀孕期间多做点运动是可行的，这与她们之前所接受的观点不同。

她告诉我，她比许多同龄人幸运，因为她能够休息一段时间，不用急于回到赛场。新的女子自行车队 Trek-Segrafredo 在她怀孕 6 个月的时候与她签约，这让她深感震惊——在自行车骑行界，这个决定更加引人注目，因为在这个领域，最重要的是保持体能的最佳状态。运动员在怀孕和生育期间缺钱的情况在整个体育界普遍存在。耐克公司发布广告宣扬其对性别平等的投入，但是，2019 年其赞助的部分女运动员斥责耐克公司虚伪。这些女性透露，该公司暂停对怀孕运动员支付报酬。 300

当世界排名前三的奥运选手阿莉西亚·蒙塔诺（Alysia Montaño）询问耐克公司如果自己怀孕公司会怎么做时，得到的回复是在她重新参加跑步比赛前，公司将暂停她的合同并停止支付报酬。她与耐克公司决裂，随后发布了一段视频，用耐克公司广告中著名的口号"疯狂的梦想"——告诉观众"坚持信念，即使这意味着要牺牲一切"——来反驳它："如果我们想既当运动员又当母亲，那就太疯狂了……坚持信念，即使这意味着要牺牲一切，比如合同可能终止、失去报酬。"她揭露了某些体育公司围绕体育界女性的积极信息空洞无物，只是为了销售运动鞋，而非真的为了实现运动平等。

体育公司通常在其合同中加入保密条款，以防止运动员披露细节，但当阿莉西亚离开耐克时，她透露，如果没有完成特定的业绩目标，公司有权"以任何理由"减少运动员的薪酬，女运动员在分娩、怀孕或产后休息期也不例外。当她怀第一个孩子 8 个月的时候，她参加了一场重要的 800 米比赛，获得了第 7 名。她女儿出生后 6 个月和 10 个月的时候——当时她仍在哺乳期——她赢得了全国冠军。她不得不用胶带固定撕裂的腹部。阿莉西亚之所以这样做，部分因为要证明自己做母亲的同时仍有可能拥有成功的运动生涯，还因为她的新赞助商亚瑟士公司——该公司曾说其政策是全额支付运动员怀孕期间和产后的赞助费用——怀疑她是否能在计划的时间内重回赛场，并威胁要停止给她报酬。

另一位由耐克公司赞助的运动员卡拉·古彻（Kara Goucher）透露，她在儿子出生 3 个月后就按照预先的安排报名参加了半程马拉松赛，因为在重返赛场之前耐克公司暂停付钱给她。当她的儿子得了重病住院时，她不得不继续训练，而不是她曾希望的那样一天 24 小时陪伴他。她说她永远无法原谅自己，尽管她觉得自己别无选择。公司还要求她将怀孕的消息保密 4 个月，这样公司便可在母亲节那天在报纸上宣布这一消息，以宣传自己的品牌。

2019 年，耐克公司所有负责合同谈判的高管都是男性。但是，在阿莉西亚发布的这段视频和《纽约时报》的一篇文章引发国会调查该公司以及大量负面关注后，耐克公司宣布了一项新的产假政策，保证其所有运动员在怀孕期间和产后的工资和奖金。

301

莉齐的新团队采取了不同的方法，也许因为它有 2 位女性董事。新团队致力于"向女性提供与男性同等的机会"。它理解"她们是女性，故而怀孕可能是她们生活的一部分"。莉齐坚信，改善母亲们在体育运动中的权利是"为平等而战的全部"，Trek-Segrafredo 一直在为帮助实现男女平等而大声疾呼，还聘请了女性自行车活动家凯瑟琳·伯汀作为其大使。莉齐告诉我，她觉得自己有了被人信任的感觉，可以做自己认为适合的事情，比如参加因母乳喂养而错过训练营、选择适合自己的时间重回赛场。她觉得这是"一种异常开明的新方法"。

302

莉齐知道，每次怀孕和每个胎儿都是不同的，她很幸运，能够坚持骑行，直至分娩前 3 天。然后她休息了 6 个星期才重新骑上自行车。她知道，在一个竞争如此激烈的环境中，许多妇女认为不能冒险抽时间生孩子，因为她们知道分娩不仅可能令她们丢了合同，还可能失去其巅峰时的体能。但至少针对顶级骑手的新产假条款将为她们提供更多的经济保障。

莉齐很幸运地得到了其丈夫菲利普的支持，后者提前退出专业公路赛车生涯，成为一名全职父亲。虽然她最初觉得自己被"扔进了深水区"，但她说，就像所有重返工作岗位的母亲一样，"你只能撑下去"。她的体能恢复得比预期的还要快，尽管她的团队没有给她施加任何压力，但她还是比原计划提前了近 2 个月重返赛场。她说，做了母亲后，她对自行车运动的热爱又被重新点燃了；在怀孕前，她一直在赢得比赛，却并不总是乐享其中。

她觉得自己的生活更加平衡了，身为母亲意味着骑行运动现在"只是我的工作，我必须完成它"，因此，胜利也更有意义。她还发现骑行训练给自己带来极其重要的"精神休息"，得以短暂远离育儿生活。她很庆幸有这样一份工作：当她不参加比赛时，每天只需离开奥拉 4 个小时。她坚信，每个女性都有权选择何时生孩子，并得到其雇主的支持，即便在体育界也如此。她希望骑行车队能给骑手陪产假，这样一旦男骑手选择抽出时间给新生儿，也不会有丢掉合同的风险。

代表性比例十分重要

如果你在电视上费力找到了女子自行车赛的节目，你可能不太容易察觉谁可能是母亲，但你可以清楚地看到，这是一项以白人运动员为主的运动。因而每当英国场地自行车黑人业余运动员耶万德·阿德西达（Yewande Adesida）出现在比赛现场时，她总是赛场上唯一的黑人女性。

就在 25 岁的耶万德前往纽波特参加比赛之前，我在伦敦见到了她。她告诉我，在从事自行车运动之前，她曾是一名有实力的赛艇运动员，但当她意识到自己不会像希望的那样取得优异成绩时，她决定转而从事另一项运动。之前有人建议她参加田径运动，这是一项更具种族多样性的运动。然而，她决定听取另一个建议：有人跟她说她很适合从事场地自行车运动。她告诉我，自行车界缺乏多样性对她来说并不奇怪，因为赛艇运动也是如此。即便如此，当她首次参加场地自行车赛时，在起跑线上并未见到与自己类似的人，这让她怀疑，"也许我又选择了一项自己不应该从事的运动，因为这项运动中并无像我这样的人"。

如果她已读过奈特内尔·波哈（Natnael Berhane）的经历（奈特内尔是唯一参加 2019 年环法自行车赛的非洲黑人自行车手），那么耶万德有这种感觉是可以理解的。2015 年，奈特内尔为 MTN-Qhubeka 车队参赛，这是第一支参加环法自行车赛的非洲车队。当他同年参加环奥地利自行车赛时，他受到来自另一支车队某名车手的歧视。MTN-Qhubeka 表示，如果这种行为还不够恶劣的话，其非洲黑人队员所面对的情况就远比一个孤立的事件糟糕多了。

长期以来，职业自行车运动一直在努力实现种族包容性，正如我们在第五章中看到的那样，美国骑行者联盟对非白人自行车运动员实施了禁令。当它做出这个决定时，美国黑人自行车运动员梅杰·泰勒（Major Taylor）正把他的对手甩在身后，为美国和欧洲赢得国家和国际冠军头衔和奖牌。在其整个职业生涯中，除了因肤色而被禁止进入赛道外，他还得忍受来自其他自行车手和车迷们的污言秽语和身体伤害。在其中一次事件中，他被对手掐住脖子，失去了知觉。在运动生涯全盛时期，他是全球收入最高的运动员之一，但他死时穷困潦倒，被人遗忘。

就在 20 世纪 70 年代，英国首位全英自行车赛冠军莫里斯·伯顿（Maurice Burton）搬到了比利时，因为他无法再忍受其本国赛事中针对他的种族歧视行为。

耶万德很快指出，她在场地赛从未经历过任何形式的种族主义，人们总是给予她极大的鼓励，但这并没有消除不时爬上心头的疑虑。因为她觉得自己已经作为赛道上唯一的黑人女性站了出来，她更担心自己犯错。她说："也许我应该尝试他人建议的其他运动，比如田径运动。"而加入一个全女性的自行车俱乐部——Velociposse——对她是有帮助的。它看到她在利谷赛车场（Lee Valley Velodrome）的自行车比赛后，邀请她加入俱乐部。那时，加入自行车俱乐部的想法"真的很吓人"，但一个全女性的自行车俱乐部会给成员提供一个"更安全的环境"。其他成员能够借给她一辆场地赛专用自行车，所以她在决定是否坚持这项运动之前不用购买它。

　　Velociposse 帮她增强了坚守在赛道的信心，也增加了她的归属感，并令她确信自己已做出了正确的选择。两年过去了，她既要攻读运动生物力学博士学位，又要参加混合车队 SES Racing 的比赛，还专门从事骑行争先赛。这种战术性比赛由两名车手在 250~1000 米的赛程内较量。比赛开始时骑手的骑行速度极慢，每个骑手都在观察对手的一举一动，随后某位骑手开始向终点高速冲刺。

　　耶万德最初觉得场地自行车赛可能并非合适的选择，因为其他女选手都跟她不一样；但她现在意识到，她的参与可能会让别人认为她们属于同类。自我宣传来得并不自然，但她觉得在这项运动中引人关注并传达积极的观点很重要。她认为："这项运动能够带来改变，我能够看到像我一样的人。"

　　虽然有时她宁愿就这样继续骑她的车，但通过接受采访并在社交媒体上发声，她知道自己正在打破壁垒，帮助人们认识这项运动为谁而设，鼓励更多的人参与自行车赛。耶万德认为，体育公司需要站出来，展示自行车运动的多样性，而不是像环法自行车赛那样，骑行队伍中绝大多数骑手是白人，而且很大一部分广告也由白人运动员完成。

　　2019 年，耶万德被一家生产自行车部件的知名公司选中，为其数年来最重要的产品发布会做宣传，该公司生产的许多部件最终出现在各类自行车上，从职业骑手专用的自行车到山地车再到公路自行车。在有关这些产品的图片中，人们可以看到她伏在车把上，在道路上飞驰，她身后是模糊的风景。广告发布后，她收到了人们的信息，他们告诉她这则广告激励了他们骑行。她认为，其他公司应该更多地使用类似的多元化形象："这里有黑人骑手，大家需要睁大眼睛，看得再仔细一点。"

当耶万德首次接触场地自行车运动并努力寻找该运动中的其他黑人女骑手时，她不知道在美国，有一位自行车运动员已经打算成为美国职业公路自行车赛事中的首位非裔运动员。艾莎·麦高恩（Ayesha McGowan）在二十几岁时开始骑自行车，这样更便于上大学。她一下子就爱上了骑行，不久就涉足场地自行车赛，而后她又转而参加公路自行车赛，不久又赢得了州冠军。像耶万德一样，她也在寻找一个具有相似背景的导师，但一无所获，于是她决定成为这样的导师，可以指导像自己一样的人。

艾莎现在参加职业比赛，并得到主要国际品牌的赞助，但她还没有实现自己加入职业赛车队的最终目标。她说过："仅仅作为一名黑人女性参与这项运动，本身就是一种对这项运动的支持。"但她走得更远，已成为最引人注目、最积极的变革力量之一，推动这个行业更加包容，特别是对女性、有色人种和残疾人更为包容。

她的社交媒体账号、博客和播客以及媒体采访都很受人欢迎，艾莎通过这些媒介详细介绍了自己的自行车竞技之旅，让其他人有能力去做自己曾经认为不可能的事情，同时让人们关注自行车世界中的其他有色人种女性。来自马里兰州 13 岁的梅兹·"阿梅曾"·温布什（Maize "amaizEn" Wimbush）就是这样的自行车运动员，她希望成为第一个参加奥运会自行车比赛的非裔美国女性。在艾莎与耐克公司合作拍摄的影片中，她说，她参加比赛肯定是为了获胜，但同时，她的参与还有一个更为广泛的目标，即让这项运动更加多样化。她说："这是展现自我的机会，我要赢得属于自己的位置，并且知道在那里我值得拥有一席之地。"

307

当我向自行车手联盟的艾丽斯·斯拉芃德询问骑行运动中缺乏多样性这一问题时，她说体育界"对于不'普通'或其不熟悉的事物或人大做文章"。来自洛杉矶南部贫困地区的非裔美国人贾斯汀·威廉姆斯（Justin Williams）在进入职业公路自行车赛这一注重规则的领域时经历了这种情况。他说这一经历几乎击垮了他。他告诉我："参与一项以白人为主的运动，我很孤独，而这最终使我崩溃。"[9]他现在创建了自己的车队——Legion，车队队员们的外表和行为与之前人们对黑人过时的刻板印象相去甚远。他希望这支队伍能够激励下一代，并打破障碍，其队员"穿乔丹鞋，在比赛中听说唱音乐"，他们"尝试加入与白人骑手的对话"。

在卢旺达这个没有女子自行车赛历史的国家，非洲崛起骑行中心（Africa Rising Cycling Center）的目标是鼓励整个非洲大陆的黑人女性加入这项运动。这个非营利性组织已经成功地帮助许多非洲黑人骑手进入国际男子职业骑手之列，也正在推动非洲黑人女骑手这么做。让娜·达克·吉鲁本图（Jeanne d'Arc Girubuntu）是其中最为成功的女骑手之一。2009 年，让娜观看了环卢旺达自行车赛中运动员的竞逐，她立即认定这是自己想做的事情。那场比赛只有男性参加，但这并没打消她的热情。6 年后，她进入了国家自行车队，成为唯一的女性运动员，前往美国参加国际自行车联盟世界公路自行车锦标赛，成为首个参加该赛事的非洲黑人女性，创造了历史。让娜希望，通过成为卢旺达和国际自行车运动中一支引人注目的力量，她将帮助推动骑行运动在卢旺达为更多的女性所接受，因为该国的性别规范非常传统。

随着奈特内尔·贝尔哈内（Natnael Berhane）和茨加布·格尔迈（Tsgabu Grmay）等非洲黑人骑手成为环意和环法等大型欧洲公路赛的核心成员，非洲黑人女性终于开始在国际精英赛事中崭露头角。来自埃塞俄比亚的艾如·特斯佛·格布拉创造了骑行运动的历史，在 2018 年的阿尔代什国际自行车赛上，她获得了"最具战斗力骑手"的称号。她是首位在职业比赛中持有领骑衫的非洲黑人女性。与让娜一样，她在非洲崛起骑行中心受训并获益，已成为国际自行车联盟新成立的女子团队世界骑行中心（WCC）中的一员，该中心于 2019 年成立，有来自世界各地的 9 名骑手。艾如现在与其非洲同胞德西特·基丹·泰克斯特（Desiet Kidane Tekeste）一起参加国际公路赛精英组比赛。

非洲崛起骑行中心希望对长期投入不足的非洲大陆女子骑行运动提供更多支持，并继续展示非洲女性的惊人天赋。这些女性以前艰难拼搏，但因缺少训练和机会而无法参加国际自行车赛。该中心希望借此永远改变女子国际自行车赛的格局。

现在到达哪里了？

莉齐·戴格南曾说过，女子自行车职业运动"已然无法回到过去"[10]。因为像海伦、艾丽斯、艾莎、萨布拉、耶万德等骑行运动的活动家、支持者以及其他许多人在一往无前地推动变革，因此我认为她所说的话是正确的。这是一个漫长的过程，为令这项运动具有应有的平等、多样化和包容性，我们还有很长的路要走。

为了让下一代继续朝着正确的方向迈进，我们需要展现女性竞技 309 的更多情况。因为如果没有人看到女性竞技，那么人们又如何能知道什么是可能的？

如果真正的女子环法自行车赛成为现实，它将从各方面提升女性在这项运动中的形象。法国的孩子们将会画出安妮米克·范·弗勒滕、玛丽安·福斯、莉齐·戴格南和艾如·特斯佛·格布拉等人的画像。而世界各地的女孩将知道，骑自行车甚至参加自行车赛，也是她们可以做的事情。

　　女性在以男性为主的赛事中充当配角的说法应该被抛弃。人们关注的焦点应该落到骑行运动中正走上起点的女性身上，她们身心强大、具备多样化特质，且在骑行上表现出无与伦比的天赋。所有女性都应该认同她们，并坚信自己也能像她们那样出色。在报酬、奖金上她们应该获得职业运动员的待遇，不受欺侮，并在比赛中受到应有的重视。在这项运动中，她们应与男性同行一样受到关注与尊重，并得到别人的祝贺。她们是骑行女王。

310

后记　继续骑行

从对骑行的沉迷中抽身而出于我而言并非难事。在学校里，我喜欢和朋友们一起骑自行车深入布里斯托尔的林地和空地。我们常因骑行得太远而陷入麻烦。但进入青春期后，我迷上了朋克摇滚，加入了一个乐队，大多数时间里我的自行车便尘封在车棚里。我没把自己当成运动健将。我记得在某次体育成绩报告单中，老师写道："我想对汉娜这学期的进步做出评价，但我没怎么看到她。"许多女骑手告诉我，她们在学校时也不喜欢体育类课程，但因为在二十几岁时重新认识了自行车运动，从而改变了对自己的界定。事实上，有一些职业女骑手起步较晚，比如爱尔兰的奥拉·沃尔什（Orla Walsh），她从 2015 年开始骑自行车，是为了能按时到大学上课，而且这种方式很实惠。在那之前，她全心沉迷于派对，对体育运动毫无兴趣。而在 2017 年 28 岁时，她已经进入了国家自行车队。

我可能不会参加比赛，但骑行在我的生活中起着重要作用。我一开始骑行并非为了通勤（那是后来的事），而是为了逃避。我越骑越远，骑行成为我生活中日益重要的一部分。现在我的大部分假期，无论是在国内还是国外，都跟骑行有关。

这并非意味着我只是简单地从事骑行运动。我患有一种潜在的、

311 致命的心脏病，剧烈运动可能会引发这种疾病。我觉得自己很健康，而且我的心脏超声扫描结果都很正常，但是像我这种患有罕见的马凡氏综合征的人群，发生主动脉动脉壁夹层分离（主动脉夹层之间的撕裂或破裂）的风险比一般人高 250 倍，而且这往往是致命的。一位心脏病专家曾建议我只在平地上骑自行车，但我现在的医生比较随意，认为我可以自行判断什么可能会引发该疾病。虽然医生一方并无确切措施，亦无什么保证，但我随身佩戴心率监测器，并确保自己不要紧张或过度喘气。

我需要在做自己喜欢的事情时把握好方向，这样才不会因之丢掉性命。我不能忽视自己的身体状况，但我可以继续踩着踏板前行，即使我知道自己不会在旺度山（Mont Ventoux）的比赛中与任何人一较高下。我会将慢慢地、稳定地骑行，这让我有更多的时间来欣赏风景。

本书的开篇始于剑桥，1897 年，一个骑在自行车上的女性雕像被用来警告那些在格顿学院学习的"新女性"，警告她们不要进入那些已被男生宣示了主权的领地，特别是高等教育和骑行领域。本书又落笔于同一座城市，只不过是在 2020 年。显然，出现在这里的反对之声最终消失了，这里骑自行车的女性比例比英国其他地方都要高。

剑桥拥有英国最多的骑行通勤者，现在被称为"自行车之都"。如果你来到这座城市，呼呼作响的车轮声、自行车铃的声音可能会让你以为自己身处荷兰。仅在希尔斯路这条连接火车站和市中心的路上，每天至少有 5000 人骑行在这条繁忙的路段上。我们无须深入研究就可

312 以知道骑行为何会受到居民和游客的欢迎。这个城市的自行车道纵横交错，形成了覆盖面广的自行车路网。它安全无虞，还有多座专供自行车和行人横跨康河的桥梁。剑桥市积极投资了出行基础设施，自行

车和行人优先于汽车通行，因此你不会每天堵在路上，为了上班或去商场购物而奋力挣扎。古典主义超级明星作家玛丽·比尔德（Mary Beard）曾说，她骑自行车去念大学，途经一条风景优美的河边小路，这令她心情愉悦。她并非个例。骑行对身心健康的好处已经被证实了。

在剑桥骑手中有一半是女性，而在英国其他地区女骑手的平均比例为27%，这形成了鲜明的对比。在美国、澳大利亚和加拿大，该比例往往差不多，甚至低得多。但是，只要拥有良好的自行车道网络，骑行的性别比例就会更为均衡，如在德国、丹麦和荷兰便是如此。

出于种种社会文化原因，女性往往比男性更倾向于规避风险，这也解释了为何自行车基础设施越完善，骑手性别越平衡。虽然在大多数国家，并没有人告诫女性，并禁止她们骑行——这与维多利亚时代的女性不同，但道路上的不安全因素极度影响了她们参与骑行的意愿。例如，美国自行车手联盟报告说：2011年，在纽约一条未设置自行车道的大街上，只有大约15%的骑手为女性；而在附近的大街上，因有专用车道，则有32%的女骑手。[1]在费城，那些配有自行车基础设施的地方，骑自行车的女性人数增加了276%。有些国家更接受不同性别的自行车手——从上学的孩子到那些过了退休年龄还在骑车的人，为了效仿这些国家，英国显然需要还做更多工作来保证每个人的安全，令之免受汽车、卡车的威胁。

313

2020年春，新冠疫情在全球蔓延时，世界各地开始掀起新的骑行热潮。路上的车辆减少了，许多人（如大量的妇女和儿童）认为骑行更为安全，这毫不令人意外。他们这样做是为了避免在拥挤繁忙的公共交通工具上被感染，也是为了锻炼身体、享受骑行的乐趣。有新的骑行爱好者加入，也有众多暂停骑行的人从车棚里拖出过去视而不见的自行车或去街头租自行车。从纽约到波哥大，新封闭的道路和新出现的自行车道上已能看到许多人骑行。一些城市，如伦敦和巴黎，提议哪怕这场大流行病消退了，这些改变也要永久地保留下来。制造商们生产自行车的速度无法赶上需求增加的速度，而自行车维修店里排队等候的名单则越来越长。自行车运动的再度流行表明，当人们在道路上更有安全感时，他们会更高兴、更乐意骑自行车出行。

人们重拾对自行车的兴趣，这可能有助于推动另一项社会变革，即我们拒绝道路拥挤、污染而要进行的变革。我们可能转而认定：在我们的城市周边及其他更远的地方，以一种更健康、更充满乐趣的方式旅行——这是值得坚持下去的事情。很多人认为，他们的城市不会因为依赖化石燃料的车辆增加以及自行车减少而变得更美好。

我们正处于人类健康与地球健康的关键时期。2020 年，气温破了纪录，北极地区首次出现了 38 摄氏度的高温天气，而大火则在西伯利亚地区肆虐。显然，我们需要大幅减少碳排放，而令骑行——或步行——而非开车出行对人们更具吸引力，这样便可以产生重大的影响。来自英国政府的数据显示，该国最大的温室气体排放源来自交通工具（2019 年为 34%）；[2]根据城市慈善中心（Centre for Cities charity）的数据，估计每 19 个死亡案例中就有 1 例与空气污染有关。[3]我们现在还知道，糟糕的空气质量甚至使人更易受新冠疫情的影响。

目前，在英国，即便路程只有 1～2 英里，也有 60% 的人开车出行。[4]如果这变为骑行或步行，那么将对人们的健康和环境产生巨大的积极影响。电动自行车也可在这一转变中发挥重要作用，吸引那些可能认为自己不适宜经常骑自行车的人或者通勤距离过长的人。正如改装自行车和三轮车可以帮助那些身体存在各种障碍的人（无论是年龄大的人还是残疾人）继续骑自行车。

　　但是如果这一切使骑行听起来很有价值，我们也不要忘记，骑自行车也是令人极其愉快的。如果只有少部分人能够体验到它所带来的一切，那就太可惜了。

　　我不会停止骑行，希望你也不会。如果你还没骑自行车，我希望本书的故事可以激励你开始尝试。

　　骑上自行车，开启属于你的故事和冒险吧。　　　　　　　315

致　谢

　　我非常感谢撰写此书时所有同意接受采访的人：法蒂玛·阿尔-巴鲁什、耶万德·阿德西达、温德·克拉格、萨布拉·戴维森、莉齐·戴格南、香农·加尔平、珍妮·格雷厄姆、詹妮·格维兹多夫斯基、艾妮莎·拉马尔、德乌拉·墨菲、扎赫拉·纳林、艾丽斯·斯拉芃德和海伦·怀曼。如果没有她们，本书的思路将无从谈起，她们是今天女子自行车运动充满生命力的源泉。我希望我已对她们述说的故事和她们对本主题的热情做了公正的评价。我还想谈一谈自行车项目（the Bike Project），它们取得了令人难以置信的进展，我在其中也起到最微不足道的作用。

　　还要感谢我的经纪人帕特里克·沃尔什，他帮助我把内容打磨得更扎实、更有说服力。同样在 PEW 工作的约翰·艾什在这方面也发挥了重要作用。

　　在此，我还必须感谢安德鲁·富兰克林，他是我的同事和朋友，还是坚定的骑行者和经验丰富的出版商。他令我相信自己有能力写一本书，并一直鼓励我。我还要感谢汉娜·韦斯特兰，她从一开始便给予我莫大的鼓励。还有戴安娜·布罗卡多，她一直不遗余力地支持我，尤其是同意我休假以便撰写书稿。同样要感谢瓦伦蒂娜·赞卡、德鲁·杰里森和安娜·玛丽·菲茨杰拉德，他们是优秀的合作者。

特别感谢参与本书撰写的所有人，他们付出了巨大的努力。我的编辑珍妮·洛德提供了正确的指导，她热情满满。感谢 W&N 团队的其他成员，他们努力工作以确保本书顺利出版。罗西·皮尔斯、凯特·莫尔顿、弗吉尼亚·伍尔斯滕克罗夫特、布列塔尼·桑基、安妮·奥布莱恩等人共同努力将这本书推向世界。也在此感谢插画师奥托·冯·比奇。

感谢那些阅读初稿，甚至忍受我无休止地谈论女性骑行的朋友，你们都太伟大了。还要感谢那些提出建议的人、把我介绍给访问对象的人与给我提供新想法的人。

感谢我的父母——约翰和西尔维娅，以及我的兄弟姐妹——乔恩、尼克和艾玛，你们培养了我对自行车和户外运动的兴趣，这对此书的诞生起到了重要作用。我和你们一起骑行的经历现在已经成为我生命中的重要部分。我认为任何礼物都无法超越那个圣诞节，"圣诞老人"在我的床边留下了一张便条，上面有一根绳子，一直延伸到楼下的那辆新自行车。

我最要感谢的是迈克，若无他的支持和鼓励，这本书就不会问世。他对粗糙的初稿和多次改稿的解读，总是最周到、最精辟的。他总是能找到最佳骑行路线，是我最喜欢的骑行伙伴，也是其他一切行动的伴侣。

注　释

引言　"小皇后"

1　Nellie Bly, "Champion of Her Sex:Miss Susan B.Anthony", *New York World* (2 February 1896).

第二章　骑自行车的"野女人们"

1　*Cycling* (1895).

2　Harry Dacre, "Daisy Bell(Bicycle Built for Two)", 1892.

3　*Munsey's Magazine* (1896).

4　Helen Follett, "Honeymoon on Two Wheels", *Outing*, 29 (1896-97).

5　Eve Curie, *Marie Curie*, trans.Vincent Sheean (New York, Doubleday, Doran & Co., 1937).

6　Helena Maria Lucy Swanwick, *I Have Been Young* (London, Victor Gollancz, 1935).

7　Evelyn Everett-Green, "Cycling for Ladies"in *All Round Cycling* (London, Walter Scott, 1896).

8　Ethel Smyth, *The Memoirs of Ethel Smyth* (London, Viking, 1987).

9　Marguerite Merington, "Woman and the Bicycle", *Scribner's*, XVII (June 1895).

10　Nellie Bly, "Champion of Her Sex:Miss Susan B.Anthony", *New York*

World (2 February 1896).

11 Charlotte Smith, quoted in Sue Macy, *Wheels of Change: How Women Rode the Bicycle to Freedom* (Washington, D.C., National Geographic, 2011).

12 R.L.Dickinson, quoted in Patricia Vertinsky, *Eternally Wounded Women: Women, Doctors and Exercise in the Late Nineteenth Century* (Manchester, Manchester University Press, 1990).

13 Arabella Kenealy, quoted in Kathleen McCrone, *Sport and the Physical Emancipation of English Women 1870-1914* (London, Routledge, 2014).

14 James Beresford Ryley, *The Dangers of Cycling for Women and Children* (London, H.Renshaw, 1899).

15 Charlotte Perkins Gilman, *Herland and The Yellow Wallpaper* (London, Vintage, 2015).

16 Silas Weir Mitchell, *Doctor and Patient* (New York, Classics of Medicine Library, 1994).

17 Oscar Jennings, *Cycling and Health* (London, Iliffe & Son, 1893).

18 "A Lady Doctor's Views on Cycling", *The Hub* (September 1897).

19 W.H.Fenton, "A Medical View of Cycling for Ladies", *The Nineteenth Century*, 39 (23 May 1896).

20 https://www.thelancet.com/journals/lancet/article/PIIS0140-6736(17)31634-3/fulltext.

21 https://www.bmj.com/content/357/bmj.j1456.

22 Ross D.Pollock, Katie A.O'Brien, Lorna J.Daniels, et al.(2018), "Properties of the Vastus Lateralis Muscle in Relation to Age and Physiological Function in Master Cyclists Aged 55-79 Years", *Aging Cell*, 17(2).

23 https://www.bicycling.com/training/a20029339/how-cycling-makes-you-smarter-and-happier/.

第三章　你不能就那样出去

1 *Pall Mall Gazette* (5 April, 1899).

2 *Dunstan Times* (2 June 1899).

3 *The Lady Cyclist* (March 1896).

4 Elizabeth Sanderson Haldane, *From One Century to Another: The Reminiscences of E.S.Haldane 1862-1937* (London, A.Maclehose & Co., 1937).

5 Florence Pomeroy, *Reasons for Reform in Dress* (London, Hutchings & Crowsley, 1884).

6 Victor Neeesen, *Dr.Neesen's Book on Wheeling: Hints and Advice to Men and Women from the Physician's Standpoint* (London, Forgotten Books, 2018).

7 *The Lady Cyclist* (September 1895).

8 Diana Crane, *Fashion and Its Social Agendas: Class, Gender, and Identity in Clothing* (Chicago, University of Chicago Press, 2000).

9 "She Wore Trousers", *National Police Gazette* (28 October 1893).

10 *Cycling* (September 1893).

11 https://thevictoriancyclist.wordpress.com/2015/02/15/womanly-cycling-part-two.

12 http://www.sheilahanlon.com/?p=1830.

13 *Daily Telegraph* (25 November 1893).

14 *Cycling* (June 1894).

15 Oscar Wilde, "The Philosophy of Dress", *New York Tribune* (19 April 1885).

16 https://assets.publishing.service.gov.uk/government/uploads/system/uploads/attachment_data/file/736909/walking-and-cycling-statistics-england-2017.pdf.

第四章 传播

1 Frances Willard, *Writing Out My Heart: Selections from the Journal of Frances E.Willard, 1855-1896* (Urbana, University of Illinois Press, 1995).

2 Kathleen Fitzpatrick, *Lady Henry Somerset* (London, Jonathan Cape, 1923).

3 Frances E.Willard, *Writing Out My Heart: Selections from the Journal of Frances E.Willard, 1855-1896* (Urbana, University of Illinois Press, 1995).

4 *The Lady Cyclist* (March 1896).

5　*The Lady Cyclist* (June 1896).

6　*The Lady Cyclist* (September 1896).

7　https://www.accesssport.org.uk/News/celebrating-international-nurses-day.

8　Jamie J.Jirout, Nora S.Newcombe(2015), "Building Blocks for Developing Spatial Skills:Evidence From a Large, Representative U.S.Sample", *Association for Psychological Science*, 26, 3:302-310.

第五章　为骑行权而战

1　Lorenz J.Finison, *Boston's Cycling Craze, 1880-1900: A Story of Race, Sport, and Society* (Boston, University of Massachusetts Press, 2014).

2　https://www.theguardian.com/cities/2015/jul/09/women-cycling-infrastructure-cyclistskilled-female.

3　https://w4c.org/case-study/women-and-biking-case-study-use-san-francisco-bike-lanes.

4　http://content.tfl .gov.uk/analysis-of cycling-potential-2016.pdf.

5　https://www.bicycling.com/news/a20015703/an-interview-with-monica-garrison-of-blackgirls-do-bike/.

6　Xela de la X., *Ovarian Psycos*, dir.Joanna Sokolowski, Kate Trumbull-LaValle (USA, 2016).

7　https://www.latimes.com/local/la-xpm-2013-sep-22-la-me-psyco-riders-20130923-story.html.

8　"Women Defy Fatwa on Riding Bicycles", *The Times* (22 September 2016).

9　https://www.sidetracked.com/cycling-in-afghanistan/.

10　https://www.arabnews.com/node/1262466/saudi-arabia.

11　https://gulfnews.com/world/gulf/saudi/saudi-women-conquer-jeddah-streets-on-bicycle-1.61705902.

第六章　"女同胞们，行动起来吧！"

1　*Lancashire Daily Post* (14 February 1907).

2　Sylvia E.Pankhurst, *The Suffragette Movement: An Intimate Account of*

Persons and Ideals (London, Longmans & Co., 1931).

3 Sylvia E.Pankhurst, *The Suffragette Movement: An Intimate Account of Persons and Ideals* (London, Longmans & Co., 1931).

4 Sylvia E.Pankhurst, *The Suffragette Movement: An Intimate Account of Persons and Ideals* (London, Longmans & Co., 1931).

5 Sylvia E.Pankhurst, *The Suffragette Movement: An Intimate Account of Persons and Ideals* (London, Longmans & Co., 1931).

6 Eveline Buchheim and Ralf Futselaar, eds, *Under Fire: Women and World War II* (Amsterdam, Verloren Publishers, 2014).

7 Simone de Beauvoir, *Letters to Sartre*, trans.Quentin Hoare (London, Vintage Classics, 1993).

8 Simone de Beauvoir, *The Prime of Life*, trans.Peter Green (London, Andre Deutsch, Weidenfeld and Nicolson, 1963).

9 de Beauvoir, *Letters to Sartre*.

10 Henry David Thoreau, "Walking", *The Writings of Henry David Thoreau* (Boston, Houghton Mifflin, 1894).

11 Virginia Woolf, *The Diary of Virginia Woolf*, ed.Anne Olivier (London, Hogarth Press, 1980).

12 de Beauvoir, *Letters to Sartre*.

13 https://www.apa.org/pubs/journals/releases/xlm-a0036577.pdf.

14 de Beauvoir, *The Prime of Life*.

15 de Beauvoir, *The Prime of Life*.

16 de Beauvoir, *The Prime of Life*.

17 de Beauvoir, *The Prime of Life*.

18 de Beauvoir, *The Prime of Life*.

19 de Beauvoir, *The Prime of Life*.

20 de Beauvoir, *The Prime of Life*.

21 de Beauvoir, *The Prime of Life*.

22 de Beauvoir, *The Prime of Life*.

23 de Beauvoir, *The Prime of Life*.

第七章　胜利大逃亡

1 Henry David Thoreau, "Walking", *The Writings of Henry David Thoreau* (Boston, Houghton Mifflin, 1894).

2 Lillias Campbell Davidson, *Handbook for Lady Cyclists* (London, Hay Nisbet & Co., 1896).

3 Juliana Buhring, *This Road I Ride: My Incredible Journey from Novice to Fastest Woman to Cycle the Globe* (London, Piatkus, 2016).

4 Mrs Harcourt Williamson, A.C.Pemberton, C.P.Sisley and G.Floyd, *The Complete Cyclist* (A.D.Innes & Co., London, 1897).

5 "Martha", "We Girls Awheel through Germany", *Outing* (April-September 1892).

6 Margaret Valentine Le Long, "From Chicago to San Francisco Awheel", *Outing* 31, no.5 (February 1898).

7 Lillias Campbell Davidson, *Handbook for Lady Cyclists* (London, Hay Nisbet & Co., 1896).

8 Elizabeth Robins Pennell, "Cycling", *Ladies in the Field: Sketches of Sport*, ed.Beatrice Violet Greville (London, Ward & Downey, 1894).

9 Elizabeth Robins Pennell, "Cycling", *Ladies in the Field: Sketches of Sport*, ed.Beatrice Violet Greville (London, Ward & Downey, 1894).

10 Elizabeth Robins Pennell, "Cycling", *Ladies in the Field: Sketches of Sport*, ed.Beatrice Violet Greville (London, Ward & Downey, 1894).

11 Elizabeth Robins Pennell, Illustrated by Joseph Pennell, *Over the Alps on a Bicycle* (London, T.F.Unwin, 1898).

12 Elizabeth Robins Pennell, Illustrated by Joseph Pennell, *Over the Alps on a Bicycle* (London, T.F.Unwin, 1898).

13 Elizabeth Robins Pennell, Illustrated by Joseph Pennell, *Over the Alps on a Bicycle* (London, T.F.Unwin, 1898).

14 Elizabeth Robins Pennell, Illustrated by Joseph Pennell, *Over the Alps on a Bicycle* (London, T.F.Unwin, 1898).

15 Elizabeth Robins Pennell, Illustrated by Joseph Pennell, *Over the Alps on a*

Bicycle (London, T.F.Unwin, 1898).

16　Elizabeth Robins Pennell, Illustrated by Joseph Pennell, *Over the Alps on a Bicycle* (London, T.F.Unwin, 1898).

17　Elizabeth Robins Pennell, Illustrated by Joseph Pennell, *Over the Alps on a Bicycle* (London, T.F.Unwin, 1898).

18　Fanny Bullock Workman and William Hunter Workman, *Sketches Awheel in Fin de Siècle Iberia* (London, T.F.Unwin, 1897).

19　Fanny Bullock Workman and William Hunter Workman, *Sketches Awheel in Fin de Siècle Iberia* (London, T.F.Unwin, 1897).

20　Fanny Bullock Workman and William Hunter Workman, *Algerian Memories: A Bicycle Tour over the Atlas to the Sahara* (London, T.Fisher Unwin, 1895).

21　Fanny Bullock Workman and William Hunter Workman, *Sketches Awheel in Fin de Siècle Iberia* (London, T.F.Unwin, 1897).

22　Fanny Bullock Workman and William Hunter Workman, *Sketches Awheel in Fin de Siècle Iberia* (London, T.F.Unwin, 1897).

23　Fanny Bullock Workman and William Hunter Workman, *Sketches Awheel in Fin de Siècle Iberia* (London, T.F.Unwin, 1897).

24　Fanny Bullock Workman and William Hunter Workman, *Sketches Awheel in Fin de Siècle Iberia* (London, T.F.Unwin, 1897).

25　Fanny Bullock Workman and William Hunter Workman, *Sketches Awheel in Fin de Siècle Iberia* (London, T.F.Unwin, 1897).

26　Fanny Bullock Workman and William Hunter Workman, *Algerian Memories: A Bicycle Tour over the Atlas to the Sahara* (London, T.Fisher Unwin, 1895).

27　Fanny Bullock Workman and William Hunter Workman, *Algerian Memories: A Bicycle Tour over the Atlas to the Sahara* (London, T.Fisher Unwin, 1895).

28　Fanny Bullock Workman and William Hunter Workman, *Through Town and Jungle: Fourteen Thousand Miles Awheel among the Temples and People of the Indian Plain* (London, T.Fisher Unwin, 1904).

第八章 去往远方

1 https://www.bikeleague.org/content/womens-bike-history-3-days-5-women-250-miles.

2 Mrs Cattaneo, quoted in James McGurn, *On Your Bicycle: An Illustrated History of Cycling* (London, John Murray, 1987).

3 https://www.cyclingweekly.com/news/latest-news/billie-fleming-happy-100th-birthday-121964.

4 Dervla Murphy, *Wheels within Wheels* (London, John Murray, 1979).

5 Dervla Murphy, *Wheels within Wheels* (London, John Murray, 1979).

6 Dervla Murphy, *Wheels within Wheels* (London, John Murray, 1979).

7 Lillias Campbell Davidson, *Handbook for Lady Cyclists* (London, Hay Nisbet & Co., 1896).

8 Rebecca Solnit, *Wanderlust: A History of Walking* (London, Penguin, 2001).

9 Anne Mustoe, *A Bike Ride: 12000 Miles around the World* (London, Virgin, 1991).

第九章 环游世界

1 Peter Zheutlin, *Around the World on Two Wheels: Annie Londonderry's Extraordinary Ride* (New York, Kensington Publishing Corp., 2007).

2 Juliana Buhring, *This Road I Ride: My Incredible Journey from Novice to Fastest Woman to Cycle the Globe* (London, Piatkus, 2016).

3 Juliana Buhring, *This Road I Ride: My Incredible Journey from Novice to Fastest Woman to Cycle the Globe* (London, Piatkus, 2016).

4 Juliana Buhring, *This Road I Ride: My Incredible Journey from Novice to Fastest Woman to Cycle the Globe* (London, Piatkus, 2016).

5 Juliana Buhring, *This Road I Ride: My Incredible Journey from Novice to Fastest Woman to Cycle the Globe* (London, Piatkus, 2016).

6 https://news.gallup.com/poll/196487/one-three-women-worry-sexually-assaulted.aspx.

7 Juliana Buhring, *This Road I Ride: My Incredible Journey from Novice to

Fastest Woman to Cycle the Globe (London, Piatkus, 2016).

8　https://poll2018.trust.org/stories/item/?id=e52a1260-260c-47e0-94fc-a636b1956da7.

9　https://www.bbc.co.uk/news/uk-scotland-43128350.

第十章　竞赛就是生命

1　https://totalwomenscycling.com/news/nicole-cooke-evidence-british-cycling.

2　Louise Armaindo, quoted in M.Ann Hall, *Muscle on Wheels: Louise Armaindo and the High-Wheel Racers of Nineteenth-Century America* (Montreal, McGill-Queen's Press, 2018).

3　*Cycling* (August 1894).

4　Elizabeth Robins Pennell, "Cycling", *Ladies in the Field: Sketches of Sport*, ed.Beatrice Violet Greville (London, Ward & Downey, 1894).

5　http://www.sixday.org.uk/html/1889_sheffield.html.

6　Roger Gilles, *Women on the Move: The Forgotten Era of Women's Bicycle Racing* (Lincoln, Neb.& London, University of Nebraska Press, 2018).

7　http://nagengast.org/nagengast/Gast/index.html.

8　https://xmasepic2010.wordpress.com/2010/08/01/riding-in-the-26th-century-margaret-gast/.

第十一章　"像女孩一样骑行"

1　"We're Not Deviants Say the Cycling Ladies", *Independent* (28 August 2005).

2　Tim Hilton, *One More Kilometre and We're in the Showers* (London, Harper Perennial, 2004).

3　Albert Lusty, *Cycling* (August 1937).

4　Mariska Tjoelker, "Mien Van Bree" in *Ride the Revolution: The Inside Stories from Women in Cycling*, ed.Suze Clemitson (London, Bloomsbury Sport, 2015).

5　Nancy Neiman Baranet, *The Turned Down Bar* (Philadelphia, Dorrance, 1964).

6　Eileen Sheridan, *Wonder Wheels: The Autobiography of Eileen Sheridan* (London, Nicholas Kaye, 1956).

7　*Bicycle* (27 February 1946).

8　William Wilson, *Marguerite Wilson: The First Star of Women's Cycling* (Poole, CMP, 2016).

9　William Wilson, *Marguerite Wilson: The First Star of Women's Cycling* (Poole, CMP, 2016).

10　William Wilson, *Marguerite Wilson: The First Star of Women's Cycling* (Poole, CMP, 2016).

11　Eileen Sheridan, *Wonder Wheels: The Autobiography of Eileen Sheridan* (London, Nicholas Kaye, 1956).

12　Eileen Cropper, "Sod off, I'm passing you", *Daily Telegraph* (19 September 2019).

13　https://www.britishcycling.org.uk/road/article/spor20100602-Interview-Eileen-Gray-CBE-0.

14　https://www.britishcycling.org.uk/road/article/spor20100602-Inter view-Eileen-Gray-CBE-0.

15　Beryl Burton, *Personal Best* (Huddersfield, Springfield Books, 1986).

16　Eileen Sheridan, *Wonder Wheels: The Autobiography of Eileen Sheridan* (London, Nicholas Kaye, 1956).

17　Eileen Cropper, "Sod off, I'm Passing You", *Daily Telegraph* (19 September 2019).

18　https://www.vice.com/en_us/article/wj3nvb/the-champion-mountain-biker-turned-drug-smuggler-missy-giove.

19　Missy Giove, "The Champion Mountain Biker Turned Drug Smuggler", *Vice* (20 November, 2018).

20　https://www.velonews.com/2004/04/mountain/mtb-news-and-notes-missy-on-being-missy_5945.

21　"Philippa York", *Guardian* (6 July 2017).

22　Missy Giove, *Girlfriends* (July 2003).

第十二章　你现在能看到我们吗？

1　https://totalwomenscycling.com/news/nicole-cooke-evidence-british-cycling.

2　https://cyclingtips.com/2017/12/learned-connie-carpenter-womens-cyclings-first-olympic-gold-medalist/.

3　Isabel Best, "Remembering the Golden Era of the Women's Tour de France", *Daily Telegraph*(5 July 2019).

4　Isabel Best, "Remembering the Golden Era of the Women's Tour de France", *Daily Telegraph* (5 July 2019).

5　Rachel Sturtz, "Meet the Billy Jean King of Cycling", *Outside*(24 July 2019).

6　https://www.bbc.co.uk/sport/cycling/27041315.

7　https://cyclingtips.com/2017/12/learned-connie-carpenter-womens-cyclings-first-olympic-gold-medalist/.

8　https://www.theguardian.com/sport/2019/jul/21/womens-cycling-future.

9　*Cycling Weekly* (3 June 2019).

10　https://www.yorkshirepost.co.uk/sport/other-sport/video-lizzie-deignan-delighted-women-are-pedalling-alongside-men-terms-prize-money-480307.

后记　继续骑行

1　https://www.bikeleague.org/sites/default/files/WomenBikeReport(web)_0.pdf.

2　https://assets.publishing.service.gov.uk/government/uploads/system/uploads/attachment_data/file/875485/2019_UK_greenhouse_gas_emissions_provisional_figures_statistical_release.pdf.

3　https://www.independent.co.uk/environment/air-pollution-deaths-towns-cities-car-crash-particulate-matter-environment-a9302 466.html.

4　https://publications.parliament.uk/pa/cm201719/cmselect/cmtrans/1487/148705.htm.

参考文献

著作

Atkinson, Diane, *Rise Up, Women! The Remarkable Lives of the Suffragettes* (London, Bloomsbury Publishing, 2019)

——*Suffragettes in the Purple White & Green* (London, Museum of London, 1992)

Atwood, Kathryn J., *Women Heroes of World War II: The Pacific Theater: 15 Stories of Resistance, Rescue, Sabotage, and Survival* (Chicago, Chicago Review Press, 2017)

Bailey, Rosemary, *Love and War in the Pyrenees: A Story of Courage, Fear and Hope, 1939–1944* (London, Weidenfeld & Nicolson, 2008)

Bair, Deirdre, *Simone de Beauvoir: A Biography* (London, Vintage, 1991)

Baranet, Nancy Neiman, *The Turned Down Bar* (Philadelphia, Dorrance, 1964)

de Beauvoir, Simone, *Letters to Sartre*, trans. Quentin Hoare (London, Vintage Classics, 1993)

——*The Prime of Life*, trans. Peter Green (London, André Deutsch, Weidenfeld and Nicolson, 1963)

——*The Second Sex*, trans. H. M. Parshley (London, Vintage, 1997)

Buchheim, Eveline and Ralf Futselaar (eds), *Under Fire: Women and World War II* (Amsterdam, Verloren Publishers, 2014)

Buhring, Juliana, *This Road I Ride: My Incredible Journey from Novice to Fastest Woman to Cycle the Globe* (London, Piatkus, 2016)

Bullock Workman, Fanny and Hunter Workman, William *Algerian Memories: A Bicycle Tour over the Atlas to the Sahara* (London, T. Fisher Unwin, 1895)

——*Sketches Awheel in Fin de Siècle Iberia* (London, T. F. Unwin, 1897)

——*Through Town and Jungle: Fourteen Thousand Miles A-wheel among the Temples and People of the Indian Plain* (London, T. Fisher Unwin, 1904)

Burton, Beryl, *Personal Best* (Huddersfield, Springfield Books, 1986)

Campbell Davidson, Lillias, *Handbook to Lady Cyclists* (London, Hay Nisbet & Co., 1896)

——*Hints to Lady Travellers at Home and Abroad* (London, Iliffe & Son, 1889)

Clemitson, Suze (ed.), *Ride the Revolution: The Inside Stories from Women in Cycling* (London, Bloomsbury Sport, 2015)

Crane, Diana, *Fashion and Its Social Agendas: Class, Gender, and Identity in Clothing* (Chicago, University of Chicago Press, 2000)

Crawford, Elizabeth, *The Women's Suffrage Movement: A Reference Guide 1866–1928* (London, UCL Press, 1999)

Cunningham, Patricia and Voso Lab, Susan (eds.), *Dress and Popular culture* (Bowling Green, Bowling Green State University Popular Press, 1991)

Curie, Eve, *Marie Curie*, trans. Vincent Sheean (New York, Doubleday, Doran & Co., 1937)

Dodge, Pryor, *The Bicycle* (Paris, Flammarion, 1996)

Erskine, F. J., *Lady Cycling: What to Wear and How to Ride* (London, British Library, 2014)

Everett-Green, Evelyn, "Cycling for Ladies" in Richardson, Sir B. W. (ed.), *All Round Cycling* (London, Walter Scott, 1896)

Finison, Lorenz J., *Boston's Cycling Craze, 1880–1900: A Story of Race, Sport, and Society* (Boston, University of Massachusetts Press, 2014)

Fischer, Gayle V., *Pantaloons and Power: Nineteenth-Century Dress Reform in the United States* (Kent, Ohio, Kent State University Press, 2001)

Fitzpatrick, Kathleen, *Lady Henry Somerset* (London, Jonathan Cape, 1923)

Galpin, Shannon, *Mountain to Mountain: A Journey of Adventure and Activism for the Women of Afghanistan* (New York, Saint Martin's Press, 2014)

Gilles, Roger, *Women on the Move: The Forgotten Era of Women's Bicycle Racing* (Lincoln, Neb. & London, University of Nebraska Press, 2018)

Gilman, Charlotte Perkins, *Herland and The Yellow Wallpaper* (London, Vintage, 2015)

Greville, Beatrice Violet (ed.), *Ladies in the Field: Sketches of Sport* (London, Ward & Downey, 1894)

Guroff, Margaret, *The Mechanical Horse: How the Bicycle Reshaped American Life* (Austin, University of Texas Press, 2016)

Haldane, Elizabeth Sanderson, *From One Century to Another: The Reminiscences of E. S. Haldane 1862–1937* (London, A. Maclehose & Co., 1937)

Hall, M. Ann, *Muscle on Wheels: Louise Armaindo and the High-Wheel Racers of Nineteenth-Century America* (Montreal, McGill-Queen's Press, 2018)

Hallenbeck, Sarah, *Claiming the Bicycle: Women, Rhetoric, and Technology in Nineteenth-Century America* (Carbondale, Southern Illinois University Press, 2015)

Harcourt Williamson, Mrs, Pemberton, A. C., Sisley, C. P. and Floyd, G., *The Complete Cyclist* (A. D. Innes & Co., London 1897)

Hargreaves, Jennifer, *Sporting Females: Critical Issues in the History and Sociology of Women's Sports* (London, Routledge,

1994)

Harris, Kate, *Lands of Lost Borders: A Journey on the Silk Road* (New York, Alfred Knopf, 2018)

Herlihy, David V., *Bicycle: The History* (New Haven, Yale University Press, 2004)

Hilton, Tim, *One More Kilometre and We're in the Showers* (London, Harper Perennial, 2004)

Jennings, Oscar, *Cycling and Health* (London, Iliffe & Son, 1893)

Jordan, Pete, *In the City of Bikes: The Story of the Amsterdam Cyclist* (New York, HarperPerennial, 2013)

Jungnickel, Kat, *Bikes and Bloomers: Victorian Women Inventors and Their Extraordinary Cycle Wear* (London, Goldsmiths Press, 2018)

Lightwood, James T, *Cycling' Touring Club: Being the Romance of Fifty Years' Cycling* (London, Cyclists' Touring Club, 1928)

Macy, Sue, *Wheels of Change: How Women Rode the Bicycle to Freedom* (Washington, DC, National Geographic, 2011)

Marks, Patricia, *Bicycles, Bangs, and Bloomers: The New Woman in the Popular Press* (Lexington, KY, University Press of Kentucky, 1990)

McCrone, Kathleen, *Sport and the Physical Emancipation of English Women 1870–1914* (London, Routledge, 2014)

McGurn, James, *On Your Bicycle: An Illustrated History of Cycling* (London, John Murray, 1987)

Mitchell, Silas Weir, *Doctor and Patient* (New York, Classics of Medicine Library, 1994)

Murphy, Dervla, *Full Tilt: Ireland to India with a Bicycle* (London, Pan, 1967)

——*Wheels within Wheels* (London, John Murray, 1979)

Mustoe, Anne, *A Bike Ride: 12,000 Miles around the World* (London, Virgin, 1991)

Neeesen, Victor, *Dr. Neesen's Book on Wheeling: Hints and Advice to Men and Women from the Physician's Standpoint* (London, Forgotten Books, 2018)

Pankhurst, Sylvia E., *The Suffragette Movement: An Intimate Ac-*

count of *Persons and Ideals* (London, Longmans & Co., 1931)

Pennell, Elizabeth and Pennell, Joseph, *A Canterbury Pilgrimage* (London: Seeley and Co., 1885).

——*Our Sentimental Journey through France and Italy* (London, T. F. Unwin, 1887)

——*Over the Alps on a Bicycle* (London, T. F. Unwin, 1898)

——*To Gipsyland* (London, T. F. Unwin, 1893)

Pomeroy, Florence, *Reasons for Reform in Dress* (London, Hutchings & Crowsley, 1884)

Purvis, June and Stanley Holton, Sandra (eds.), *Votes for Women* (London, Routledge, 2000)

Pye, Denis, *Fellowship Is Life: The National Clarion Cycling Club, 1895–1995* (Bolton, Clarion, 1995)

Ritchie, Andrew, *King of the Road: An Illustrated History of Cycling* (London, Wildwood House, 1975)

Ryley, James Beresford, *The Dangers of Cycling for Women and Children* (London, H. Renshaw, 1899)

Sheridan, Eileen, *Wonder Wheels: The Autobiography of Eileen Sheridan* (London, Nicholas Kaye, 1956)

Smith, Robert A., *A Social History of the Bicycle: Its Early Life and Times in America* (New York, American Heritage Press, 1972)

Smyth, Ethel, *The Memoirs of Ethel Smyth* (London, Viking, 1987)

Solnit, Rebecca, *Wanderlust: A History of Walking* (London, Penguin, 2001)

Swanwick, Helena Maria Lucy, *I Have Been Young* (London, Victor Gollancz, 1935)

Sykes, Herbie, *Maglia Rosa: Triumph and Tragedy at the Giro D'Italia* (London, Bloomsbury, 2013)

Thoreau, Henry David, *The Writings of Henry David Thoreau* (Boston, Houghton Mifflin, 1894)

Vertinsky, Patricia, *Eternally Wounded Women: Women, Doctors and Exercise in the Late Nineteenth Century* (Manchester: Manchester University Press, 1990)

Ward, Maria E., *The Common Sense of Bicycling: Bicycling for Ladies* (New York, Brentano, 1896)

Wellings, Mark, *Ride! Ride! Ride!: Herne Hill Velodrome and the Story of British Track Cycling* (London, Icon Books, 2016)

Whitmore, Richard, *Alice Hawkins and the Suffragette Movement in Edwardian Leicester* (Derby, Breedon, 2007)

Willard, Frances E., *Writing Out My Heart: Selections from the Journal of Frances E. Willard, 1855–96* (Urbana, University of Illinois Press, 1995)

——*A Wheel Within a Wheel* (New York, Fleming H. Revell, 1895)

Wilson, William, *Marguerite Wilson: The First Star of Women's Cycling* (Poole, CMP, 2016)

Woolf, Virginia, *The Diary of Virginia Woolf*, ed. Anne Olivier (London, Hogarth Press, 1980)

Zheutlin, Peter, *Around the World on Two Wheels: Annie Londonderry's Extraordinary Ride* (New York, Kensington Publishing Corp., 2007)

报刊

Bicycling
Bicycling News
Casquette
Cycling
Cycling Weekly
Cycling World Illustrated
Cyclists' Touring Club Gazette
Lady Cyclist
Outing
Rouleur
The Hub
Wheelwoman

文章

Fenton, W. H.,"A Medical View of Cycling for Ladies", *The Nine-teenth Century*, 39 (23 May 1896)

Grand, Sarah, "The New Aspect of the Woman Question", *North American Review*, 158 (1894)

Hanlon, Sheila, "At the Sign of the Butterfly: The Mowbray House Cycling Association", *Cycle History*, 18 (Spring 2008)

Merington, Marguerite, "Woman and the Bicycle", *Scribner's*, XⅦ (June 1895)

网站

www.bicycling.com
www.bikemag.com
www.cyclingtips.com
www.dirtmountainbike.com
www.dirtragmag.com
https:mmbhof.org
www.pinkbike.com
www.playingpasts.co.uk
www.podiumcafe.com
www.sheilahanlon.com
www.sidetracked.com
www.singletrackworld.com
www.sixday.org.uk
www.sustrans.org.uk
www.totalwomenscycling.com
www.velonews.com

电影

A Boy, a Girl and a Bike, dir. Ralph Smart (UK, 1949)

Afghan Cycles, dir. Sarah Menzies (USA, 2018), https://www.

afghancycles.com/

Born in Flames, dir. Lizzie Borden (USA, 1983)

Cycling Family, Pathé (UK, 1961), www.britishpathe.com/video/
cycling-family/query/Fosters+cycling+family

Housewife Cyclist, Pathé (UK, 1956), https://www.britishpathe.
com/video/housewife-cyclist

Hyde Park Bicycling Scene (UK, 1896), http://www.screenonline.
org.uk/film/id/785709/index.html

Ovarian Psycos, dir. Joanna Sokolowski, Kate Trumbull-LaValle
(USA, 2016)

Racing is Life: The Beryl Burton Story, Bromley Video (UK, 2012)

'The Champion Mountain Biker Turned Drug Smuggler' (USA,
2018), https://www.vice.com/en_us/article/wj3nvb/the-
champion-mountain-biker-turned-drug-smuggler-missy-giove

The Miseducation of Cameron Post, dir. Desiree Akhavan (USA,
2018)

Wadjda, dir. Haifaa Al Mansour (Saudi Arabia, 2013)

索 引

图书在版编目（CIP）数据

自行车改变的世界：女性骑行的历史／（英）汉娜
·罗斯（Hannah Ross）著；林娟译 .--北京：社会科
学文献出版社，2023.7
（思想会）
书名原文：Revolutions：How Women Changed the
World on Two Wheels
ISBN 978-7-5228-0629-7

Ⅰ.①自… Ⅱ.①汉… ②林… Ⅲ.①妇女运动-历
史-世界 Ⅳ.①D441.9

中国版本图书馆 CIP 数据核字（2022）第 167901 号

·思想会·

自行车改变的世界：女性骑行的历史

著　　者／〔英〕汉娜·罗斯（Hannah Ross）
译　　者／林　娟

出 版 人／王利民
责任编辑／吕　剑　祝得彬
责任印制／王京美

出　　版／社会科学文献出版社·当代世界出版分社（010）59367004
　　　　　　地址：北京市北三环中路甲 29 号院华龙大厦　邮编：100029
　　　　　　网址：www.ssap.com.cn
发　　行／社会科学文献出版社（010）59367028
印　　装／北京盛通印刷股份有限公司

规　　格／开　本：889mm×1194mm　1/32
　　　　　　印　张：10　字　数：245 千字
版　　次／2023 年 7 月第 1 版　2023 年 7 月第 1 次印刷
书　　号／ISBN 978-7-5228-0629-7
著作权合同
登 记 号／图字 01-2022-1088 号
定　　价／78.00 元

读者服务电话：4008918866